中美数字内容产业版权政策与法律制度比较

孙 那 著

知识产权出版社
全国百佳图书出版单位

图书在版编目（CIP）数据

中美数字内容产业版权政策与法律制度比较/孙那著. —北京：知识产权出版社，2018.12

ISBN 978-7-5130-5939-8

Ⅰ. ①中… Ⅱ. ①孙… Ⅲ. ①电子出版物—出版业—知识产权法—比较研究—中国、美国 Ⅳ. ①D913.404

中国版本图书馆 CIP 数据核字（2018）第 249577 号

责任编辑：高 超　　**责任校对**：谷 洋
封面设计：王洪卫　　**责任印制**：刘译文

中美数字内容产业版权政策与法律制度比较

孙 那 著

出版发行：知识产权出版社有限责任公司　　**网　　址**：http：//www.ipph.cn
社　　址：北京市海淀区气象路 50 号院　　**邮　　编**：100081
责编电话：010-82000860 转 8383　　**责编邮箱**：morninghere@126.com
发行电话：010-82000860 转 8101/8102　　**发行传真**：010-82000893/82005070/82000270
印　　刷：北京嘉恒彩色印刷有限责任公司　　**经　　销**：各大网上书店、新华书店及相关专业书店
开　　本：720mm×1000mm　1/16　　**印　　张**：16.5
版　　次：2018 年 12 月第 1 版　　**印　　次**：2018 年 12 月第 1 次印刷
字　　数：300 千字　　**定　　价**：58.00 元

ISBN 978-7-5130-5939-8

序　一

数字化及网络技术深刻地影响着我们。甚至，融合了大数据、人工智能、机器人、物联网方式的新技术群，即将重新定义我们所处的这个人类社会。不过，无论技术如何发展，“内容为王”的观念是除却一切浮躁与泡沫之后的心灵求索。孙那博士的书籍，聚焦数字内容产业版权政策，选取了中美比较的视角展开，是目前国内相关领域较为全面和系统的研究成果。

孙那博士的研究，从数字内容产业出发，对比中美两国产业政策及法律制度，指出了数字环境下我国产业发展的不足之处。同时，她也看到了我国在某些领域如网络文学、游戏、新型商业模式等方面优势，以及实现“弯道超车”的可能性。数字内容产业的版权法律和政策是本研究的重点之一。孙那博士从历史和实证两个维度加以论述和分析，探讨了中美两国数字内容产业的版权立法、司法及行政执法问题。另外，对于数字内容产业技术问题，孙那博士也选取了三个视角展开研究：一是互联网自由与网络中立问题；二是视频聚合盗链行为的法律规制；三是避风港规则的改革。

孙那博士的研究，从产业政策到版权法，从版权政策到行为规制，在历史脉络与新技术发展的场景中变幻，展现了中美两国数字内容产业发展及其法律规制的现状及未来方向。其结论部分所阐释的一些规律或者认知，如技术的内生性作用、技术与文化进化路径、法律的回应性，以及如何建立起技术、政策与法律的互动关系，极具内涵，令人深思。

书籍出版之际，我想多说两句。

第一，从中美比较的视角观察，我们的数字技术、5G 网络技术、人工智能等，并不如人们当下评价的那么高。也许，我们正在步入相关技术领域的第一方阵，但绝对没有人们所说的开始“领跑世界”。尽管我们的政府存在这种企图心，但这并非政府的一厢情愿就能够办到的。技术进步及其持续服务于人类的发展，它需要一个科学的发展体制和健全的社会治理结构。从这个角度来说，技术的发展，从来都是人类历史进步主义的一部分，也服从于人类历史进化论。

第二，从社会学角度分析，我们网络文学的兴盛，并不代表文学的繁荣。

同样的，我们游戏产业的繁荣，也不代表社会生态的健康。网络文学、游戏产业等发展，一方面得益于我们的人口红利及其所衍生的市场规模，另一方面也是因为传统文化尚未真正实现创造性的转换，更无法慰藉我们民族的灵魂，并任其在所谓的现代性中失落与游荡。而与此同时，文化及意识形态的禁锢束缚着我们的手和脚，整个华夏民族在今天要么去干裂地嘶嚎与发泄，要么带着游戏的心情去娱乐世界。从这个角度来说，我们的繁荣又何尝不是一种病态，一种畸形呢！

认识自己，有时候是很残酷的。

版权观念、规则意识、历史进化论，回归到人类发展规律的基本认知，对于身处数字环境下的我们，同样是必须的。

是为序。

易继明
北京大学法学院教授
北京大学国际知识产权研究中心主任

北大理科五号楼413室
2018年11月30日深夜

序　二

改革开放以来，中国经济高速增长，取得了世人瞩目的成就，人们的物质生活水平得到了极大的提高；特别是十八大以来，党和国家提出了一系列新理念新思想新战略，全方位地开创和推进深层次变革，中国的经济体量已跃升世界前列，中华民族比历史上任何时期更加接近伟大复兴的目标。当前，中国特色社会主义进入了新时代，我们在社会生产力水平总体上不断提高的同时，也面对着国内人民日益增长的美好生活需要与不平衡不充分的发展之间的矛盾，面对着国际上经济全球化、社会信息化、文化多样化和世界多极化的复杂形势，面对着各国不断强化高新科技和文化领域竞争带来的挑战。在全面建成小康社会的历史转型期，富起来的中国人民精神寄托在哪里？如何在构建人类命运共同体的全球化时代建立中华文明崛起的文化自信？文化自信是整个民族发展的根基，而没有高度的文化繁荣和广泛的全球影响力，就难言一国文化自信的建立，更谈不上真正的民族复兴。文化繁荣，有赖于传承和弘扬优秀传统的文化事业持续发展，有赖于源源不断地为人们提供丰富精神食粮的文化产业蓬勃发展；而文化影响力，则须通过国际文化交流机制和“走出去”的文化产业能为国际市场提供优质的中华文化产品才会产生潜移默化的作用。党的十九大报告指出，要坚持中国特色社会主义文化发展道路，激发全民族文化创新创造活力，建设社会主义文化强国，需要健全现代文化产业体系和市场体系，创新生产经营机制，完善文化经济政策，培育新型文化业态；同时，需要推进国际传播能力建设，讲好中国故事，展现真实、立体、全面的中国，提高国家文化软实力。这一论断恰逢其时。

文化产业一词在世界各国并无统一的概念或定义，实践中通常与创意产业、内容产业、版权产业等概念混用，其内涵则基本相同，即将具有无形文化特性的创意转化为产品或服务内容的产业。文化产业涵盖了文化领域中几乎所有可以进行商业化运作的经济活动，包括文化和自然遗产展示、博物馆和美术馆艺术品展览、图书馆收藏、文学艺术创作、视听表演、印刷和电子出版、音像和多媒体制作、电子游戏创作、广播、录音、摄影、影视拍摄、手工艺品制作、时尚设计、广告、建筑设计，以及与文化娱乐相关的体育、电竞、旅游、节日休闲，等等。在信息社会的互联网环境下，数字内容产业是文化产业的核心部分。

从国际经验看，文化产业的发展和壮大须走法治化道路，须注重市场经济法律在产业发展中的作用、以法治保障文化产业的有序竞争；其中，最基本的法律制度就是版权法。从历史上看，西方的欧美和东亚的日韩诸国乃至我国的港台地区，无不是在各自的经济高速发展和对外交流兴盛之际，通过版权贸易向外输出自己有代表性的文化产品和服务，实现经济利益和文化影响力的双赢。以美国为例，其目前在全球的文化软实力是最强大的，同时其也是版权大国、知识产权大国；美国把围绕作品创作传播的所有提供文化产品和服务的行业统称为版权产业，或者是内容产业，而版权法所保护的作品，正是内容产业的核心。欧洲、日韩则更直接地采用内容产业的概念。文化产业发展的基础在于用于精神消费的创新成果能够持续的产出和供给，而这种创新成果一定是知识产权法尤其是版权法所保护的内容。我国的《著作权法》的宗旨第一条也写得很清楚，保护作者的著作权和著作权有关权利，旨在促进创作和传播，促进社会主义文化和科学技术事业发展和繁荣；可见，促进创作和传播的著作权法律宗旨，与文化产业和文化事业发展政策的目标是殊途同归的。

2016 年的春天，当腾讯研究院的张钦坤博士跟我提起在研究院实习的孙那博士，特别是提到她打算开展中美数字内容产业版权政策与法律制度比较研究的计划时，我很高兴孙那博士的选题跟我的研究兴趣十分契合。事实上，我 2012—2013 年到美国访学时，最为关注的就是版权制度与文化产业的互动问题；本想回国后就此展开更深入的研究，但一直应付各种科研任务而无暇顾及。我希望籍由腾讯研究院与社科院法学所的博士后联合培养研究项目，借助孙那博士的勤奋、才干和努力，能就中美数字内容产业版权政策与法律制度作出全方位的梳理和分析比较，以期能做出对我国相关产业和决策者有用的研究成果。时值我国《著作权法》第三次修订，诸多的问题争议也反映了我国文化产业兴起阶段相关利益方的博弈与诉求；我们应当如何看待这些争议、如何研判我国文化产业发展的需求以及如何最终确定新时代我国著作权法律制度的走向，对这些问题的回答均需有理性深入和具有实证性的研究成果加以支撑，以避免短视和片面的决策。促进和保障文化产业发展、建设创新型国家并非空洞的口号，要对我国版权法治环境如何完善提出有建设性的建议，不仅需要立足于国内版权经济和文化市场现状及需求进行全面系统的梳理论证，还需要参考相关的国际立法及实践经验、研究相关国家的政策和版权法治环境对产业发展的作用。美国是版权产业高度发达的国家，是多数目前国际通行的版权法律制度规则的发源地；全面了解其版权法律制度和政策对版权产业的影响，必须掌握详实的一手资料、体会其产业发展和运行的法治环境。孙那博士的书以中美两国的数字内容产业为研究对象，全面梳理了两国在数字内容产业发展过程中的产业政策、版权法律制度规则的调整，案例资料十分丰富；其所归纳和重点分析的美国做法，对我国数字内容产业发展相关政策和法律制度的完善、为我国内容产业的发展壮大及“走出去”提供了有益的经验。

尤其值得关注的是，孙那博士的书以代表性实例分析了技术变革对两国数字内容产业发展带来的影响；美国在面对技术挑战时为促进和保障产业发展而作出的政策和法律应对经验，为我国进一步完善文化产业政策和法律提供了参考。在版权法律制度发展的过程中，如何平衡促进技术发展和版权保护的关系问题贯穿始终；一方面技术发展极大地便利创作和传播，另一方面又让版权保护十分困难。在数字环境中，保护原创者和传播者的版权制度很重要，但同时数字技术自诞生以来就伴随着信息共享的需求，尤其是对终端消费者——网民来说，谁和谁的权利怎么样划分都没关系，获得低廉甚至免费的数字内容和信息是大家喜闻乐见的。不过，回顾美国版权制度的发展，版权法不仅没有消亡，相反其重要性更得到强调。网上并没有免费的午餐，以激励创作和传播的版权保护制度的根基也未改变，只是在数字环境下，内容产品或服务相关利益的合理分配需要通过商业模式的转换来实现。比如内容生产中的合作和权利共有模式，“免费内容+广告收入”模式，区分免费和付费内容提供质量的模式，3D、4D影院或游乐园项目建设模式，以及通过社交传媒建立朋友圈共同体、正版用户可与版权人交流互动的模式，等等；在现有版权法治保障下，权利人完全可以与技术提供者或平台商协作，借助技术手段调整商业模式，采取各种与时俱进的方式满足正版用户更深层次的精神需求，而普通网民可根据不同层次的精神需求采取适当的消费模式。技术的发展肯定会给版权保护带来挑战，美国经验是严格的版权保护制度加上完善的产业链生态实现多赢，将代表美国文化的海量产品推广到全球，使得其文化影响力长期居于领先地位。

在文化产业政策与法治领域，尤其是版权法治相关规则的完善与产业需求和文化发展的关系方面，我国学界的研究尚未充分开展。本书无疑在这方面开了个好头，希望孙那博士今后再接再厉、有更多成果问世；也期望我国文化产业能面向将来，充分利用现代化科技手段，善于运用国际通行的版权交易和法律规则，创造出与时俱进、集经济效益与文化影响力为一体的创新成果，宣扬中华文化，助力民族振兴。

管育鹰
中国社科院法学所知识产权教研室主任
2018 年 11 月于北京

序　三

数字内容产业是信息时代科技和文化融合的产物。以数字技术、网络技术、信息技术为代表的现代科技，已交融渗透到文化产品的创作、生产、传播、消费的各个层面和环节，在颠覆传统文化产业生产方式的同时，也催生出了一大批新的文化产业业态，数字内容产业也因此应运而生。在我国经济面临产业转型升级和国外贸易保护主义抬头的国际形势下，发展数字内容产业是我国实现可持续增长的强劲动力和新的发展机遇。

关注数字内容产业的发展不仅仅要关注包括网络视频、网络音乐、网络文学、网络动漫、网络游戏等在内的产业动态，更要密切关注与产业发展息息相关的产业政策及相关的法律制度建设。本书从产业发展、产业政策以及立法、司法和执法等实践角度出发，对比了我国和美国的异同，视角全面，对我国数字内容产业的未来发展具有积极的理论和实践意义。本书的另一个重要视角在于探讨新技术和产业政策及法律制度变化之间的关系。近些年人工智能、区块链、大数据等新兴科技蓬勃发展，在促进技术本身进步的同时，这些技术积极赋能数字内容产业，为数字内容产业的发展注入了崭新的活力。例如 VR、AR 等技术提升了网络游戏的游戏体验，人工智能技术的应用为网络文学发展提供了创作支持，语音识别技术提升了创作效率，智能写作助手进一步优化人类的创作过程。这些技术的发展如何在国家产业政策的支持和扶持下得以发展，又如何进一步影响司法实践，相信通过阅读本书会得到相应的答案。

孙那博士在腾讯公司从事博士后研究工作期间，积极关注我国和国外数字内容产业发展的新情况，进行了大量的素材收集和整理，同时依托腾讯公司博士后流动站的丰厚资源，与业务部门的同事展开了密切的交流和探讨，加深了其对产业发展和相关技术原理的理解，为本书的顺利完成奠定了良好的基础。期待本书可以为法律从业者和相关行业从业人员提供一些具有启发性的思考，也祝孙那博士在教学生涯中展开新的篇章！

张钦坤

腾讯研究院秘书长

2018 年 11 月 1 日

前　言

本书选取中美两国数字内容产业作为研究对象，对比两国数字内容产业的行业发展情况、产业政策及以版权法为核心的法律制度。通过分析近三年来两国数字内容产业的发展情况，对比两国产业发展的特征，总结各产业之间的发展现状及未来发展趋势。美国政府在产业发展初期搭建了良好的信息基础设施，也赢得了产业发展的先发优势。但是这种优势随着人口红利的递减及市场的逐渐饱和慢慢退却。我国具有历史悠久的传统文化，但是在数字环境中，面对新技术带来的巨大冲击，曾显示出不足之处。在新的发展阶段，随着新技术的创新发展和新商业模式的兴起，我国可以利用机遇期进行追赶，实现弯道超车，甚至在某些内容产业领域例如网络文学领域可以实现变道超车。

从两国数字内容产业的政策维度进行分析，将两国不同时期的产业政策以相应的时间节点为依据进行切割，划分为不同的发展时期。由于美国的数字内容产业起步较早，产业发展较为成熟，形成了一批以好莱坞、迪士尼等为代表的全球内容产业发展的引领企业。我国的数字内容产业在发展初期有着较强的行政管制色彩，随着市场机制发展的不断健全，我国的数字内容产业发展在国家政策的引领下逐渐走向规范，迎来了历史发展的黄金期。本书立足于两国的法律制度层面，分别从立法、司法和行政执法三个角度进行分析，比较分析两国的不同特点。

技术发展是数字内容产业发展过程中的一条重要线索，也是推动产业发展的核心。本书分别选取技术中立问题、新型版权侵权问题以及美国避风港规则中“通知—删除”规则等问题进行讨论。试图回答技术的不断进步与产业发展、政策和法律制度建构的相互关系。技术理性的价值观在网络环境的语境下并非完全自洽，尤其是中美两国沿着不同意识形态的国家制度发展的过程中，在法律制度、政治制度和技术发展路径选择上都存在巨大差异，并无所谓的优劣之分，我国的发展需要摆脱以往的制度选择上的路径依赖，吸收和借鉴对方的成功经验，在数字内容产业层面更多地开展合作，增强文化自信和文化软实力，丰富文化多样性。

目　录

1. 引　言

早在二十世纪初期，美国“伯克利学派”的创始人之一的塞尔茨尼克和诺内特等人已经开始关注和探索法是如何适应社会的需求，进而解决社会现实问题的理论。在他们的研究方法中开始强调针对社会现实问题提出有针对性的对策，评价和分析对策与法律的实施效果，使得法学的研究与政策性的研究紧密结合，法学不再仅仅是天花板上的精灵，诺内特将这种共通的学术方向谨慎地称为“伯克利观察法”（Berkerly Perspective）。[1] 这种研究方法使得法学研究更加贴近社会关切，可以更好地回应法与社会、法与道德、法与政策之间的关系。本书拟试探性地运用传统法学分析方法之外的研究方法开展研究，将产业发展情况、政策分析工具与法学的研究方法进行初步地结合，探索新的研究路径。而本书选取的产业是目前互联网行业中发展态势良好、发展潜力和发展空间都较大的数字内容产业。如果说互联网是产业发展的助推器，那么以内容要素为核心、以内容生产为基础的内容产业则实现了传统文化与现代技术的完美结合。

法国社会学家弗雷德里克·马特尔曾在其论著中谈及：“文化与商业或曰合谋，或曰联姻，或曰对接，这种联姻、对接的果实便是文化产业。”[2] 文化产业与内容产业在某种程度

---

[1] P. 诺内特、P. 塞尔兹尼克：《转变中的法律与社会：迈向回应型法》，张志铭译，中国政法大学出版社，2004年版，第5页。

[2] ［法］弗雷德里克·马特尔：《主流：谁将打赢全球文化战争》，刘成富译，商务印书馆，2012年版，第26页。

上有一定的重合，都是以文化内容生产为核心、与商业有机结合的产业集群。与传统的制造业相比，内容产业的发展不消耗能源和产生污染，可谓是“绿色产业”，但是其产生的社会经济价值却不容小觑。传统的内容产业强国美国，其文化产品几乎遍布世界各大消费市场，其文化产品的出口额高居美国出口业的第二位，仅次于美国的航空航天业。[1] 我国内容产业的发展比起美国起步较晚，但是近年来发展势头迅猛。2017 年党的十九大报告中明确提出，“要推动文化事业和文化产业发展，坚定文化自信，推动社会主义文化繁荣兴盛”。国家层面的政策支持对一个行业的发展至关重要。除此之外，一国的文化传统、司法制度、经济制度等都与该产业的未来发展紧密相关。本书试图从内容产业的概念辨析出发，厘清其概念的内涵和外延，进而从中美两国内容产业发展的产业现状出发，梳理其背后的历史发展脉络，其中又以版权法律制度为主要对比因素，分析中美两国内容产业发展的前世今生以及背后版权法律制度对内容产业的作用，从而为我国内容产业的未来发展提供有益的探索。

1.1 研究路径

第一章引言部分主要描述了研究目的和研究方法。重点在于划定本书的研究范围，区分相关的概念，尤其是版权产业、文化产业、创意产业和文化创意产业几个概念之间的关系，从而为本书的数字内容产业给出恰当的定义。本书“数字内容产业”概念的内涵和外延的界定需要综合考虑相关产业的不同特征和上下游产业之间的关系，从而对其范围和特征做出准确概括。本书所指的数字内容产业是指通过网络技术的应用，融合出版、广播电视、音像电影、动漫游戏等多种媒体形态，从事创造、生产、制造、表演、传播、发行和销售，并依赖网络和版权保护的以内容作品为核心的产业集群。具体包括的类别有网络游戏产业、网络文学产业、网络视频产业、网络音乐产业、网络新媒体产业、网络动漫产业等，本书也将主要围绕这几个产业展开分析和研究。

第二章中美数字内容产业发展情况分析，以上述定义中的六大产业为研究客体，分析近三年来中美两国数字内容产业的发展情况。数据来源主要依托腾讯研究院 2016—2017 年数字内容产业的研究报告，对比两国产业发展的特征，总结出各产业之间的发展现状及未来发展趋势。具体来说，美国的行业发展情

---

[1] 蔡翔、王巧林：《版权与文化产业国际竞争力研究》，中国传媒大学出版社，2013 年版，第 1 页。

况可以概括为：视频领域广告收入依然保持上涨，用户付费订阅习惯良好；网络游戏产业增长放缓，移动化趋势明显，游戏与科技的结合日益紧密；流媒体促进数字音乐产业升级方面发挥重要作用，付费订阅成为主流；网络新闻的移动端增长迅速，超越 PC 端；网络动漫产业逐渐完成产业链整合，实现内容生产到渠道的融合发展。

从中国的行业发展情况来看：网络文学领域发展迅猛，成为世界内容产业的新现象；网络视频领域持续增长，用户付费习惯正在逐渐养成；网络动漫具有强大的变现潜力，二次元文化逐渐走入大众视野；网络游戏市场规模居世界第一，有待向网络游戏强国转变；网络音乐的消费场景朝多元化发展，付费用户的潜力有待挖掘；网络媒体的信息流和社交流相互融合。移动端用户增长明显。对中美两国行业发展情况的客观描述和行业分析，对于更好地理解各产业所处的不同发展阶段和特征有积极的意义。

第三章主要研究中美两国数字内容产业版权相关的产业政策。将两国不同时期的产业政策以相应的时间节点为依据进行切割，划分为不同的发展时期。具体来说，由于美国的数字内容产业起步较早，依据其不同时期的产业政策发展路径可以划分为初始孕育期、成长成熟期、持续发展期和引领发展期几个阶段。中国的产业政策发展划分为初步探索期、深化发展期和提升发展期三个时期。不同的发展时期两国的产业政策又具有相应的发展特征，运用政策量化分析的方法可以更准确地通过词频的比较，分析出该时期的特征。

第四章聚焦中美数字内容产业版权法律制度的演变，分别从立法、司法和行政执法三个角度进行分析。首先，对于两国的立法演变过程进行分期研究和分析。美国以数字产业的相关法律文献为分析样本，中国以数字内容产业相关的法律文献为分析样本，运用量化分析的方法提取出各个时期的关键词，之后进行特征的归纳。其次，对于司法部分，由于美国是判例法国家，相关司法判例数量较多，本书选取各分领域的典型案例进行整理，试图分析出典型案例的司法判例对于产业发展及立法活动的影响。中国的案例通过北大法宝等数据库选取各产业的典型案例进行比较研究。由于有些案例在司法实践过程中可能涉及多项权利、涉及多个行业领域，无法进行严格地区分，在分类的周延性问题上可能会存在不足。但是在具体分类选择上，将案件归入与其联系最为紧密的行业，并做重点问题的分析和梳理。最后，对于行政执法部分的内容，全面梳理了美国的海关、行政准司法机构、专利商标局和司法部等部门的行政执法情况，并对比我国具有中国特色的版权行政执法的内容，提出相关的政策建议。

第五章以技术发展为研究主线，分别选取了以技术理性为视角引发的技术中立问题、以新技术发展引发的新型网络侵权行为、以技术冲击引发的对于平台责任美国避风港规则中通知—删除原则的讨论等。前四章是从宏观层面对于两国数字内容产业进行比较分析，第五章选取的是微观的层面对几个具体的热点问题进行深入思考和研究，是宏观视角和微观视角相结合的过程。同时在分析这些微观问题时也会引用前四章的部分案例和数据进行论述分析。

第六章结论部分，具体从前几章的分析中试图回答技术的不断进步与产业发展、政策和法律制度建构的相互关系。比较中美两国的不同特点。技术理性的价值观在网络环境的语境下并非完全自洽，尤其是中美两国沿着不同意识形态的国家制度发展的过程中，在法律制度、政治制度和技术发展路径选择上都存在巨大差异，并无所谓的优劣之分，我国的发展需要摆脱以往的制度选择上的路径依赖，吸收和借鉴对方的成功经验，积极开展交流和对话，在数字内容产业层面更多地开展合作，增强文化自信和文化软实力，丰富文化多样性。

1.2 研究目的

本书以中美两国的内容产业为研究对象，通过梳理两国对于数字内容产业发展过程中不同的产业政策和两国不同的版权法律体系以及大量的司法判例，有助于进一步优化我国数字内容产业政策的制定，完善我国现有的版权法律体系。其次，通过研究可以助力我国政府深入思考在数字内容产业发展中的职能定位。美国政府一方面是本国数字内容产业政策的制定者和监督者，另一方面其并不对本国产业进行直接的监管，而是尊重市场、服务与文化企业。这些做法对于我国有积极的借鉴意义。本书的研究有助于推动我国在数字内容产业领域的文化竞争力，促进我国数字内容产业的出海。中国入世后，中国的经济与国际世界进一步接轨，同时文化领域也迎来了新的挑战与机遇。一方面，我国面临美国文化扩张主义的威胁；另一方面，随着近年来我国优秀文化内容的不断增多，积极输出我国优秀的文化内容，对于增强我国综合国力、提高国际影响力具有重要的现实意义。

我国有着悠久的历史和经典的文化传承，如何促进传统文化在数字环境中的传播和推广，除了技术支撑之外，还需要国家从行业发展的政策体系构建、知识产权等相关法律体系的完善以及探讨如何在司法领域进行适应性的调整，从而在法教义学的框架下找到合理的法律规制路径。分析和评价我国数字内容产业的发展情况，并对比美国的产业发展现状，才能从国际视野找到不同点和相同点。以好莱坞影视产业为代表的美国数字内容产业在历史的发展过程中一直引领着国际娱乐产业的发展。美国的发展经验有其独特的发展背景，也与美国沿袭的英美法系的法律体系密切相关。只有研究和分析清楚两国不同时期的政策、法律发展路径以及以技术为先导的产业发展关系，才能更深刻地理解技术变革对数字内容产业发展带来的影响，理解技术、产业、政策和法律变化之间的相互关系，为未来的产业发展、政策制定和法律修改提供有益的借鉴和参考。

1.3 研究方法

1.3.1 历史研究法

历史研究法是以某事物的历史作为研究的资料。历史是人类过去活动的记载，供我们了解过去、预测未来。历史研究方法是研究过去发生事实的方法，并以科学的态度收集资料，进行检验和证实，再透过系统的整理和理解，来重建过去、了解现状和预测未来。[1] 由于历史现象错综复杂，同时历史资料在收集方面也可能存在缺失等问题，因此在历史研究的时候需要作者对历史研究资料进行有根据的解释。在本书资料的收集和撰写过程中，对中美两国历史文件的梳理至关重要。这对于我们了解和掌握两国对数字内容产业的政策变更及未来政策走向具有指导性意义。

1.3.2 比较研究法

比较研究法是指对两个或两个以上的事物或对象的特征加以比对，从而找出事物之间的相似性与差异性的一种研究方法。通过对两个或两个以上的事物进行考察，寻找其异同，探求普遍规律与特殊规律。[2] 本书之所以采用这种研究方法，是因为美国作为当今世界互联网领域发展的领头羊，其对于数字内容

[1] 参见：国家教育学院网 http://terms.naer.edu.tw/detail/1678683/，网页最后访问时间：2016 年 11 月 30 日，网页最后更新时间：2012 年 10 月。

[2] 林聚任、刘玉安：《社会科学研究方法》，山东人民出版社，2008 年版，第 35 页。

产业的发展扶持的政策和法律动向对于推动和促进该产业的发展起到了巨大的作用。对比美国数字内容产业的行业发展情况，研究其与我国的相同点与不同点，从而为我国未来的数字内容产业的发展提供有益借鉴。在文献的收集和整理过程中，尽可能穷尽两国在相同的历史时期的产业发展状况、政策及法律文件和司法案例的比较，以期可以做到横向时间上的对比研究。从纵向研究方面，通过分析和研究两国数字内容产业发展过程中不同时期的文献，对比不同时期的发展特点及前后的延续和发展脉络，从而对两国的数字内容产业的相关情况有更全面的理解。

1.3.3 文献研究法

整理和分析以往和现有的相关文献资料，对于了解和掌握国内外的研究情况，更有效、更有针对性地开展对现有课题的研究，具有重要意义。这其中既包括对现有我国文献的梳理，也包括查找和整理美国数字内容产业的相关政策性文件、法律规定、相关判例、行业报告等英文文献。本书收集的资料性文件，主要是两国政府发布的各类政策性文件，一二级立法文件以及具有代表性的案例。从时间节点上来看，包括从数字内容产业开始发展一直到 2017 年年底的所有相关文献，范围广，时间跨度长，收集难度大。美国的文献收集主要是一手英文资料，中国的资料来源主要是政府对外公开发布的立法性文件和司法指导性案例、最高人民公报、政府工作报告和国家各部委发布的年鉴。中国案例的主要来源为北大法宝数据库、中国裁判文书网、中国知识产权裁判文书网等，美国的司法判例主要来源于 Westlaw 和 Lex-Nexis 数据库。

1.3.4 政策量化分析研究法

政策量化分析研究法是政策文献量化研究的方法之一，是对政策文献内容进行系统性的定量和定性分析相结合的一种语义分析方法。它是以选定时期内的政策性文件（本书包括法律文件）为样本，以统计学的方法，以 Python 计算机语言为数据处理语言，运用机器学习和计算机语言进行分析，发现隐藏于政策文献背后关于政策选择和政策变迁规律的方法。从选取的样本来看，是可以公开检索到的中美两国与互联网数字内容产业相关的政策性文献和立法文献，运用量化政策分析工具开展政策研究，从而弥补定性研究的主观性、不确定性和模糊性，更好地分析不同时期两国政策的相同点和不同点，增强本书的数据支撑力度和可信性，也是跨学科研究方法的首次尝试。

1.4 研究对象分析

本书以数字内容产业为分析和研究的对象，具体到研究对象的内涵及外延的界定，以及与其他相关词汇的关系梳理是本书的重点内容。由于数字内容产业的范围较广，研究对象的外延与版权产业、文化产业、创意产业、文化创意产业等诸多定义相互交叉和重叠，导致对研究对象的内涵界定较为困难。本书以中美两国相关产业中都涵盖的子概念作为研究对象，以此为基础界定研究对象的内涵和外延，可能会存在分类不周延等情况。

1.4.1 数字内容产业的定义

目前，国内外尚没有对数字内容产业的明确定义，通过检索，维基百科将数字内容产业（Digital Content Industry）定义为“运用信息技术来制作数字化产品或服务的产业”❶。一般可以分为八大领域，包括数字游戏、电脑动画、数字学习、数字影音应用、移动应用服务、网络服务、内容软件和数字出版，❷ 这些领域中的大部分产业属于创意产业或文化创意产业的范畴。也有学者将数字内容产业定义为“一个以创意为核心、以数字化为主要表现形式的新型产业群，是基于信息技术，由内容制作、内容服务、内容渠道等行业中的企业协作实现产业价值的综合性产业群体”❸。目前世界各国对数字内容产业的界定并不一致，有的是将其作为内容产业的一部分，有的将其作为版权产业的子集，有的将其视为文化产业的一部分，也有的将其视为创意产业的有机组成部分。为了更好地分析数字内容产业的概念和外延，下文将对相关上位概念进行对比，通过分析给出本书中关于“数字内容产业”的定义。

1.4.1.1 版权产业

2003 年，世界知识产权组织（以下简称 WIPO）公开发布《版权相关产业经济贡献调查指南》，其目的在于为各国调查、测量版权产业之规模提供

---

❶ 参见：http://zh.wikipedia.org/wiki/数字内容产业，网页访问时间：2016 年 11 月 30 日，网页更新时间：2014 年 7 月 31 日。

❷ 罗海蛟：《发展数字内容产业是国家级的战略决策》，《中国信息界》，2020 年第 3 期，第 37 页。

❸ 罗海蛟：《发展数字内容产业是国家级的战略决策》，《中国信息界》，2010 年第 3 期，第 25 页。

实用的指导，确立用于比较参照的指标体系基础以及测量方法。按照 WIPO 的界定，版权产业是指“版权可发挥显著作用的产业，是国民经济中与版权相关的诸多产业部门的集合”。这些产业部门的共同特点是以版权制度为存在基础，其发展与版权保护息息相关。值得注意的是，WIPO 指南在论述中专门强调了互联网的特殊地位“一种新兴的、变动中的、颇具潜力与前途的产业，将来可能有资格作为核心版权产业的一部分”。❶ 同时，根据 WIPO 发布的版权产业的分类标准，将版权产业分为核心版权产业、相互依存的版权产业、部分版权产业和非专用支持产业四个产业组。❷“核心版权产业”是指完全从事创作、制作和制造、表演、广播和展览或销售和发行作品及其他受保护客体的产业。这里所说的版权核心产业的概念与我国文化产业的概念基本相同，包括新闻出版、广播影视、文学艺术、动漫、软件等产业部门。“相互依存的版权产业”是指其部分活动与作品及其他受版权保护客体相关的产业。“部分版权产业”是指那些专门从事制作、制造和销售其功能完全或主要是为了作品及其他受版权保护客体的创作、制作和使用提供便利设备的产业。“非专用支持产业”是指部分活动与促进作品及其他受版权保护客体的广播、传播、发行或销售密切相关，却不属于核心版权产业的其他产业。❸ 之后，2006 年 WIPO 在新版的《版权产业的经济贡献调研指南》中将“版权产业”定义为“基于版权的产业，是以生产和经营受版权保护的客体为主题的文化商品和文化服务，以创新为核心，以文化价值转化为经济价值的协作关系为纽带所组成的社会生产的基本组织机构”。版权产业的核心是产权化的智力成果，与版权作品的创造、生产、传播和消费具有很强的关联性。❹

美国借鉴 WIPO 在 2003 年《版权产业的经济贡献调研指南》中基于产业对版权依赖程度进行划分的分类方法，将以版权为基础的产业分为四类：核心

---

❶ 田小军、张钦坤：《我国网络版权产业发展态势与挑战应对》，《出版发行研究》，2017 年第 11 期，第 35 页。

❷ 权国强：《试论知识产权抵押在我国文化产业融资中的应用》，西北大学硕士论文，2008 年 6 月。

❸ Copyright Industries in the U. S. Economy：The 2011 Report，IIPA.

❹ 世界知识产权组织：《版权产业的经济贡献调研指南》，法律出版社，2006 年版，第 30 页。

版权产业❶、交叉版权产业❷、部分版权产业❸和边缘版权产业❹。这种分类方法的生产链发端于核心版权产业，随后辐射出一系列后续活动，同时范围不断缩小，因此其产出比较依赖于其核心环节在所有生产链条中的价值，而且不能重复统计，同时还能准确测量出每一类别的总增加值。❺ 根据 WIPO 对世界 30 多个国家的报告和调查结果显示，核心版权产业对 GDP 的贡献中几乎 2/3 来源于出版，比例约为 40%。❻ 这与核心版权产业最早脱胎于出版业紧密相关，随着新技术和新媒体等传媒介质和传播技术的发展，版权产业中各产业的占比也会随之有所调整。

1.4.1.2　文化产业

“文化产业”（Culture Industry）的概念是由法兰克福学派最先提出的，在霍克海默、阿道尔诺的《启蒙辩证法：哲学断片》一书中可以找到最早的词源。❼ 从阿多诺、霍克海姆到马尔库塞、哈贝马斯，早期的法兰克福学派的学者们普遍认为“文化产业的内涵与大众文化紧密相连，文化产业更强调文化与工业社会在技术上的联系，更强调文化产品已经完全成为商品的文化具有无深度、模式化以及易复制性的特点”❽。这时期“文化产业”的概念是在人们所熟悉的中国传统文化中融入了新特质，其目的是迎合大众消费而特别制作的，这在很大程度上决定了文化产品的消费性质。❾ 法兰克福学派对文化产业的界定具有两个基本设定：强调文化的大众性；强调文化的教化、启蒙功能，而对其娱乐性进行批判，法兰克福学派学者眼中的文化产业具有被否定性的色彩，与传统文化具备的精英性特点背道而驰。随着经济社会的变化发展，人们对文化产业的认识也在逐渐改变。1965 年马克拉伯认识到信息技术对于国民

❶ 核心版权产业包括出版与文学、音乐、剧场制作、歌剧、电影与录像、电视广播、摄影、软件与数据库、视觉艺术与绘画艺术、广告等。

❷ 交叉版权产业包括电视机制造与批发零售、收音机制造与批发零售、录像机制造与批发零售、CD 和 DVD 机的制造与批发零售、电子游戏设备以及其他相关设备的制造与批发零售。

❸ 部分版权产业包括服装、纺织品与鞋类、珠宝与钱币、其他工艺品、家具、家用物品、瓷器及玻璃、墙纸与地毯、玩具与游戏、建筑、工程、测量、室内设计、博物馆。

❹ 边缘版权产业包括为发行版权产品的一般批发与零售、大众运输服务、电讯与因特网服务。

❺ 许云杰：《文化创意产业传播路径研究》，苏州大学硕士论文，2013 年 5 月。

❻ ［英］露丝·陶斯：《文化经济学》，周正兵译，东北财经大学出版社，2016 年版，第 96 页。

❼ ［德］马克思·霍克海默、西奥多·阿道尔诺：《启蒙辩证法：哲学断片》，渠敬东、曹卫东译，上海人民出版社，2006 年版，第 35 页。

❽ 欧阳坚：《文化产业政策与文化产业发展研究》，中国经济出版社，2011 年版，第 39 页。

❾ 常凌翀：《中西方文化产业理论嬗变对比研究》，《民族论坛》，2013 年第 11 期，第 32 页。

经济的特殊贡献，因此创造性地提出了“知识工业”的概念。❶ 20世纪80年代，文化已经成为了整个社会经济政策的一部分，被法兰克福学派赋予否定性色彩的文化产业从此便开始具有更加积极的含义。❷ 1980年年初，欧洲议会所属的文化合作委员会首次组织专门会议，探讨“文化产业”的含义，“文化产业”作为专有名词从此正式出现，并成为一种广泛意义上的文化经济类型。❸

文化产业作为特殊的文化形态和特殊的经济形态，❹ 不同国家因本国的文化不同而在理解上存在差异，各国并没有统一的说法。英国曼彻斯特大学的贾斯汀·奥康纳认为“文化产业是指以经营符号性商品为主的活动，这些商品的基本经济价值在于他们的文化价值，而文化产业由经济、技术和艺术组成的三角进行支撑”。❺ 法国使用文化产业的概念并将其界定为“传统文化事业中具有可大量复制特性的产业”❻。1980年蒙特利尔专家会议对文化产业进行了一定的说明，认为“文化产业形成的条件是文化产品和服务在产业和商业流水线上被生产、再生产、存储或者分销”，也就是说规模庞大且同时配合基于经济考虑而非任何文化发展考虑的策略。❼ 从对文献的检索和分析来看，西方国家对于文化产业的定义基本上可以分为三类：第一类是从实用功能的角度理解文化产业，将其泛化为一个经济活动的领域。例如联合国教科文组织将其定义为“按照工业标准生产、再生产、储存以及分配文化产品和服务的一系列活动”❽，从而排除了舞台演出、造型艺术等的生产和服务活动。第二类是从文化的商品性和服务性的属性角度出发，将文化产业定义为“生产和传播文化产品和文化服务的机构”，例如，出版部门、影像公司、音乐出版公司和商业性体育机构等。❾ 第三类是从文化产业的概念发展的角度来定义文化产业，

❶ 胡惠林：《文化产业学——现代文化产业理论与政策》，上海文艺出版社，2006年版，第198页。

❷ 李成实：《马克思的文化产业思想及其当代意义》，《河北联合大学学报（社会科学版）》，2013年第11期，第15页。

❸ 贾斯汀·奥康那：《欧洲的文化产业和文化政策》，http://www.mmu.ac.uk/h-ss/mipc/iciss/reports/.

❹ 郑克强、王志平：《产业结构服务化与江西非物质文化遗产产业发展》，《求实》，2011年第11期，第10页。

❺ 吴庆阳：《文化创意产业概念辨析》，《经济师》，2010年第8期，第57页。

❻ 苑洁：《文化产业行业界定的比较研究》，《理论建设》，2005年第2期，第28页。

❼ 罗兵、温思美：《文化产业与创意产业概念的外延与内涵比较研究》，《甘肃社会科学》，2006年第5期，第36页。

❽ 蔡翔、王巧林：《版权与文化产业国际竞争力研究》，中国传媒大学出版社，2013年版，第19页。

❾ 常凌翀：《中西方文化产业理论嬗变对比研究》，《民族论坛》，2013年第11期，第25页。另参见金元浦：《文化创意产业概论》，高等教育出版社，2010年版，第3页。

强调文化产业的创新性。文化和艺术是出版、设计、信息设备和电子商务等的有机结合，更加注重创意和创新的特性使得其成为区别于传统的文化产业。❶2009 年联合国教科文组织给出对文化产业的定义："按照工业标准，生产、再生产、储存以及分配文化产品和服务的一系列活动。"❷

我国对文化产业的定义见于 2003 年我国文化部印发的《关于支持和促进文化产业发展的若干意见》，该文件中将文化产业界定为"从事文化产品生产和提供文化服务的经营性行业"，❸ 并将包括影视、音像、文化娱乐、文化旅游、图书报刊等在内的九大行业纳入文化产业的管理范围。我国统计局于 2015 年发布的《文化及相关产业统计概览》中，给出"文化及相关产业"的定义："为社会公众提供文化产品和文化相关产品的生产活动的集合"。❹ 在《文化及相关产业分类（2012）》中规定了"文化及相关产业"包括文化产品的生产、文化产品生产的辅助生产、文化用品的生产和专用设备的生产等。❺根据国家统计局对"文化及相关产业"的定义和分类，将我国的"文化及相关产业"界定为："为社会公众提供文化、娱乐产品和服务的活动，以及与这些活动有关联的活动的集合。"❻"文化及相关产业"主要可以分为文化产品的生产及文化相关产品的生产。文化产品的生产包括新闻出版发行服务、广播电视电影服务、文化艺术服务、文化信息传输服务、文化创意和设计服务、文化休闲娱乐服务、工艺美术品的生产；文化相关产品的生产包括文化产品生产的辅助生产❼、文化用品的生产及文化专用设备的生产。2012 年，文化部在 2004 年制定的《文化及相关产业分类》的基础上进行了修订，将我国文化部及统计局统计口径的文化产业主要分为七大类：新闻出版、广播电视电影、软件网

---

❶ 林拓、李惠斌、薛晓源：《世界文化产业发展前沿报告（2003—2004）》，社科文献出版社，2004 年版，第 134-144 页。

❷ 季琼：《国际文化产业发展理论、政策与实践》，经济日报出版社，2016 年版，第 18 页。

❸ 王晓红、柴林涛、刘林：《加强两岸文化创意产业合作的探讨》，《时代经贸》，2012 年第 4 期，第 45 页。

❹ 国家统计局社会科技和文化产业统计司、中宣部文化体制改革和发展办公室编：《2015 文化及相关产业统计概览》，中国统计出版社，2015 年版，第 60 页。

❺ 国家统计局社会科技和文化产业统计司、中宣部文化体制改革和发展办公室编：《2012 文化及相关产业统计概览》，中国统计出版社，2012 年版，第 48 页。

❻ 张振鹏、王玲：《我国文化创意产业的定义及发展问题探讨》，《科技管理研究》，2009 年第 6 期，第 564 页。

❼ 文化产品生产的辅助生产包括七大类：版权服务（知识产权服务、版权和文化软件服务）、印刷复印服务、文化经纪代理服务、文化贸易代理及拍卖服务、文化出租服务、会展服务、其他文化辅助生产。

络及计算机服务、广告及会展、设计服务、艺术品交易、动漫游戏及其他辅助服务。❶

从上述中外学者对于“文化产业”的定义可以归纳得出三点共识：一是文化内容是文化产业中商业价值的核心；二是文化产业以服务文化大众消费为根本目的；三是文化内容的创意性是文化产业保持发展的动力。目前，国内学者对文化产业的定义基本认同的概念是：“以生产和经营文化商品和文化服务为主要业务，以创造利润为核心，以文化企业为骨干，以文化价值转化为商业价值的协作关系为纽带所组成的社会生产的基本组织机构。”❷

1.4.1.3 创意产业

与“文化产业”相关的一个概念是“创意产业”（Creative Industry），这个概念是1997年英国前首相布莱尔于为了振兴英国经济而提出的概念，指出“创意产业主要是源自个人创意、技巧及才华，通过知识产权的开发与运用，具有创造财富和就业潜力的行业”。❸ 英国的创意产业包括十三个行业：广告、建筑、艺术和文物交易、工艺品设计、时装设计、电影、休闲软件游戏、音乐、表演艺术、出版、软件与计算机服务业、电视和广播。❹ 我国政府文件中关于“文化创意产业”的概念首次出现于2006年中共中央办公厅、国务院印发的国家《“十一五”时期文化发展纲要》中，在“十一五”时期文化发展重点中首次提出“抓好文化产业体系建设，重塑市场主体，优化产业结构，确定重点发展的产业门类……形成以公有制为主体、多种所有制共同发展的文化产业格局”。

经济学家霍金斯认为从知识产权的角度，应将创意产业界定为“其产品都在知识产权法的保护范围内的经济部门，通过具体可操作的经济职能部门所能保护的范畴”。因此他将创意产业的类别归属在专利、版权、商标和设计四大领域中。❺ 美国学者卡弗斯在《创意产业经济学：艺术的商业之道》中给出了创意产业的6个特点：创意产品的需求具有不确定性；关注原创性和专业技能；创意的独特性导致创意产品的差异性；创意产品受创意者的技能水平影响

---

❶ 梁昊光、闵婕：《知识经济的层次分析与产业测度研究——基于北京市产业发展的经验证据》，《经济与管理战略研究》，2013年第5期，第76页。

❷ 蔡翔、王巧林：《版权与文化产业国际竞争力研究》，中国传媒大学出版社，2013年版，第21页。

❸ 吴庆阳：《文化创意产业概念辨析》，《经济师》，2010年第8期，第58页。

❹ 李世忠：《文化创意产业概念探微》，《经济论坛》，2008年第11期，第87页。

❺ ［英］约翰·霍金斯：《创意经济》，上海三联书店，第36页。

重大；时间因素对于一个创意产品的传播销售具有重大意义；由于知识产权的保护，有些创意产品具有长期盈利性等特点。❶

1.4.1.4 文化创意产业

目前，在世界范围内由政府使用“文化创意产业”这一概念的，仅有我国。2002年，我国台湾地区在制定的文化创意产业规划中，首次明确提出了文化创意产业的定义即“源自创意或文化积累，透过智慧财产的形式与运用，具有创造财富与就业机会潜力，并促进整体生活提升之行业”❷。2006年，北京市统计局在其发布的《北京市文化创意产业分类标准》中首次将“文化创意产业”定义为以创作、创造、创新为根本手段，以文化内容和创意成果为核心价值，以知识产权实现或消费为交易特征，为社会公众提供文化体验的具有内在联系的行业集群。❸ 2009年的《文化产业振兴规划》中强调“文化创意产业”要着重发展文化科技、音乐制作、艺术创作、动漫游戏等企业，增强影响力和带动力，拉动相关服务业和制造业的发展。❹ 我国的“文化创意产业”概念的提出强调其中的“创新性”特征，同时以科技发展为产业的推动力，强调与我国传统文化产业紧密结合。

1.4.1.5 数字内容产业

最早提出数字内容产业（Digital Content Industry）概念是在1995年召开的西方七国信息会议上。❺ 之后，1998年经合组织在其《作为新增长产业的内容》报告中，将数字内容产业界定为“由主要生产内容的信息和娱乐业所提供的新型服务产业”❻。中国关于数字内容产业的定义最早出现在2003年上海市政府的工作报告中，其中指出“数字内容产业是依托先进的信息基础设施与各类信息产品行销渠道，向用户提供数字化的图像、字符、影像、语音等信

---

❶ ［美］理查德·E. 凯弗斯：《创意产业经济学：艺术的商业之道》，孙绯等译，新华出版社，2004年版，第3-18页。

❷ 罗建幸：《刍议文化创意产业的定义与分类》，《科技、经济、社会》，2012年第1期，第162页。

❸ 李萌：《基于文化创意视角的上海文化旅游研究》，复旦大学博士论文，2011年4月。

❹ 《文化产业振兴规划》，中华人民共和国国务院，国发（2009）30号。

❺ 熊励、周璇、金晓玲等：《基于云服务的数字内容产业协同创新与创新绩效实证研究》，《科技进步与对策》，2014年第2期，第58-59页。

❻ 来尧静、徐梁：《发达国家数字内容产业：发展历程与配套措施》，《学海》，2010年第6期，第78页。

息产品与服务的新兴产业类型”[1]。从上述定义来看，数字内容产业是传统的信息产业加以内容生产为主的文化产业的一部分。

1.4.1.6 词类关系及本书定义

上述几个词语在各国都有使用，即使在我国不同地区和国家的不同机构使用的概念也不尽相同。梳理这些词汇之间的内在关系才能更加准确地定义本书中使用概念的内涵和外延。世界知识产权组织曾对“版权产业”和“文化产业”的区分做出了概括：“当提及版权发挥明确作用的活动或产业时，以版权为基础的版权产业、创意产业以及文化产业往往可以认为是表达的同一语义。”[2] 但是我们必须认识到其中的某些差异。其中的文化产业指那些以规模复制具有厚重文化内涵之产品的产业，其使用往往与大众传媒的制作相关。以创造性为基础的版权产业具有广泛的内涵，除了文化产业之外，还包括所有文化与艺术生产，既包括现场表演，也包括以个体为单位进行生产。[3] 从上述的表述中可以分析得出，创造性是版权产业和文化产业的共同点，但是文化产业的创造性活动建立在复制技术的基础之上，而且生产规模化；版权产业既包括上述内容，也包括那些基于个人独创性表达的作品。新加坡商业和产业部认为“文化产业围绕发源点聚集，而版权产业延伸到了营销，创意产业在两者之间”。[4]

从上述概念的区分来看，版权产业是范围最广的一个概念，包括文化产业、创意产业及其下游产业，其中的核心版权产业与文化产业的内容基本一致（见图1-1）。其次，文化产业在英国首次提出后，文化产业、创意产业或文化创意产业大多在欧洲及亚洲国家使用。美国多使用内容产业的概念，而数字内容产业是特指在互联网领域中的内容产业。我国台湾地区对数字内容产业的定义是：“使用图像、文字、影像、语音等资料加以数字化并整合运用的产品或服务（不含硬件）。”[5] 通过上述概念的分析与界定，本书所定义的数字内容产业是指通过网络技术的应用，融合传统的广播电视电影、动漫、游戏、音乐、

---

[1] 罗海蛟：《发展数字内容产业是国家级的战略决策》，《中国信息界》，2010年第3期，第26页。

[2] 郑鲁英：《文化产业与我国著作权集体管理组织角色的重新定位》，《中国文化产业评论》，2012年第9期，第30页。

[3] 世界知识产权组织：《版权产业的经济贡献调研指南》，法律出版社，2006年版，第24页。

[4] ［澳大利亚］约翰·哈特里著，意娜译《创意产业》，《产业研究译丛》，2005年第5期，第113页。

[5] 陆琳：《数字内容产业园区建设研究》，苏州大学硕士论文，2015年4月。

新闻等多种媒体形态，形成数字内容产品的创造、生产、加工、发行和传播及销售的闭环，以版权保护为手段的核心产业集群。

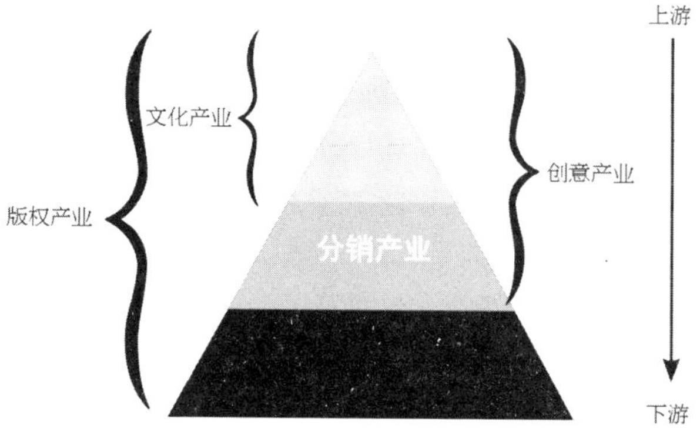

图 1-1 版权产业、文化产业与创意产业关系❶

1.4.2 数字内容产业的范围

1995 年，美国、加拿大和墨西哥的统计机构已经开始使用“北美产业分类系统”（NAICS）。其中数字内容产业主要包括：音乐、电影、电视节目、网站设计、互联网出版、广告、出版、游戏、数字图书馆。❷ 2009 年，美国软件与信息业协会（U. S. Software and Information Industry Association，SIIA）在其网站 SIIA 里提出了“内容产业”的概念，具体概括为“将在线内容出版商和提供商、支持信息产品和服务营销与提供的技术和服务提供商都归类为从事内容产业的企业”❸。欧盟在其《信息社会 2000 计划》中把数字内容产业的范围明确为各种媒介的印刷品（书报杂志等）、电子出版物（联机数据库、音像服务、光盘服务和游戏软件等）和音像传播（影视、录像和广播等）。❹ 我国台湾地区将数字内容产业分为数字内容产品和数字内容服务两大类，以及数字游

❶ 数据来源：新加坡商业和产业部，NOIE2003。

❷ 姚杰、刘俊杰、高成：《广告创意产业竞争力评估指标体系构建——对南京市国家产业园的实证研究》，《中国广告》，2016 年第 12 期。

❸ 韩洁平、毕强：《数字内容产业研究与发展》，《情报科学》，2009 年第 11 期，第 65 页，原文参见：Dick Kaser. SIIA's Global Information Industry Summit：Content Industry Considers Business Models. Information Today. November 2008：52-53.

❹ 曾伏波：《欧盟实施“信息 2000 年”计划》，《现代通信》，1996 年第 5 期，第 137 页。

戏[1]、电脑动画[2]、数字学习[3]、数字影音应用[4]、行动应用服务[5]、网络服务[6]、内容软件[7]、数字出版典藏[8]八个领域。

我国在《国家"十一五"时期文化发展规划纲要》中列明的文化产业类别包括影视剧作业、出版业、发行业、印刷复制业、广告业、演艺业、娱乐业、文化会展业、数字内容和动漫产业九大类。[9] 其中在第九项中提及："积极发展以数字化生产、网络化传播为主要特征的数字内容产业"。《上海市政府工作报告》（2003）指出：数字内容产业依托先进的信息基础设施与各种信息产品行销渠道，向用户提供数字化的图像、影像、语音等信息产品与服务的新兴产业类型，它也包括软件、远程教育、动漫、媒体出版、音像、数字电视、电子游戏等产品与服务，属于智力密集型、高附加值的新兴产业。[10] 根据联合国教科文组织的《文化统计框架2009》的分类方法，将文化产业分为两大部分十大类，在这个分类之下，数字内容产业是文化产业的子集。同时，根据我国国务院发布的《2006—2020年国家信息化发展战略》中，数字内容产业属于我国信息产业的重要组成部分。

通过上述的分析，可以看出由于各国和各地区所采用的概念不同，其范围界定和类别的划分也不相同。本书认为数字内容产业由于所具有的依托数字技术发展，以内容生产为核心，以内容营销和传播为途径的特点与版权产业的关系更为密切，其涵盖了从内容创作到内容营销的全产业链环节。无论我国在现有的政策框架下是将其归类为文化产业、版权产业抑或是信息产业的一部分，都不会影响该产业集群发展的方向，只是在于我国不同部门的统计口径不同。本书为了重点分析目前数字内容产业中的核心产业集群的发展情况，从中选取了重点的六大产业领域作为本书的研究对象。但从国家GDP核算统计角度来看，核算数字内容产业的产值应包括但不限于这六个核心产业。因此，本书所指的数字内容产业具体包括的类别有网络游戏产业、网络文学产业、网络视频

[1] 数字游戏，以资讯硬件平台提供声光娱乐给一般消费大众。

[2] 运用电脑产业或协助制作的连续影像，广泛应用于娱乐及其他工商业用途。

[3] 以点终端设备为辅助工具进行线上或离线的学习互动。

[4] 运用数位化拍摄、传送、播放之数位影音内容。

[5] 运用行动通信网路提供数据内容及服务。

[6] 提供网络内容、连线、存储、传送、播放等。

[7] 提供数字内容应用服务所需的软件工具及平台。

[8] 数字出版、数字典藏、电子资料库。

[9] 盘剑、方明星：《论中国动漫产业发展的"杭州模式"》，《当代电影》，2010年第12期。

[10] 周继红：《爱尔兰如何促进数字内容产业的发展》，《中国青年科技》，2005年第9期，第40页。

产业、网络音乐产业、网络新媒体产业、网络动漫产业等产业。这些产业的选取依据是数字内容产业的产业链条分布情况。产业链条的上游是网络文学或者网络音乐作品，在通过数字化技术处理之后，可以改编为网络动漫、网络视频等内容进行传播。而传播的渠道即覆盖网络媒体产业，既包括传统的电视、广播等，也包括互联网、移动通信终端等，在这些数字内容传播的过程中产生相应的数字内容产品或服务的价值。

1.4.3 数字内容产品的特征

数字内容产业以数字内容产品的生产和传播为主要的盈利方式。从数字内容产品的产生和传播途径分析，其具有与传统文化产品相似的一些特征，例如，其价值的无形性、高风险性等。但是由于其在数字环境下产生与发展，因此又有一些独有的特征，只有很好地把握这些特征才能使我们更好地理解其发展规律，从而更好地推动产业发展及优化产业政策与法律制度。

1.4.3.1 数字产品价值的反向折旧

由于数字内容产品具有非耗损性的经济特征，不同于有形的以物理或化学形式存在的物体经过人们的利用，其使用价值会随着时间的推移发生一定的损耗，最终物体会消失。而作为数字内容产品却不会因为人们的不断使用而发生损耗，❶ 反而随着传播半径的不断扩展，数字内容产品影响力的增强，其价值往往会逐年提升，在版权领域及文化艺术品领域表现尤为明显。在此过程中，传播介质发挥着关键的作用，数字内容产品价值是否能够增加，很大程度上取决于后续传播的广度和深度。因此，传播途径的控制和争夺成为数字内容产业发展过程中各企业竞争的核心资源。

1.4.3.2 数字内容产品交易市场信息的不对称性

传统的经济学理论认为交易的发生是在交易的双方掌握了完全的对称、充分的市场信息的情况下进行的。但是在现实的生活中，交易双方对于对方的信息和情况的了解是存在偏差的。如果一方掌握的信息量多于另一方，或者双方掌握的信息质量存在较大差异就被称为信息不对称。❷ 而在数字内容领域的信息不对称可以体现在数字内容产品交易和保护的各个环节中。数字内容产品的

---

❶ 孙那：《知识产权惩罚性赔偿制度研究》，《私法》，2016 年 12 月，第 31 卷。

❷ 孙雪涛：《不对称信息下的知识产权交易问题研究》，安徽农业大学 2005 硕士学位论文，第 8 页。

交易本身存在于信息市场中，而信息市场本身就是一种典型的不对称市场。❶由于信息商品具有滞后性的特点，在知识产权交易前，买方对于卖方所交易的知识产权的信息掌握是不全面的，而买方对于卖方交易产品信息的获得大部分是通过卖方自我的披露或通过代理人的评估完成的，如果卖方没有尽到诚实信用的义务进行信息的有效披露，买方受到损害的可能性就随之增加。

这种信息的不对称性容易造成机会主义行为。❷ 机会主义行为的基础在于经济学上普遍承认的理性人假设。❸ 但是新制度经济学认为人的理性是有限的，人不可能获得环境和未来的变化的所有信息，因此，行为人可能利用某种对自己有利的信息优势从而向对方隐瞒事实情况，或者利用自身的优势地位谋取私利。❹ 数字内容产品交易活动中的机会主义行为表现出双边性的特征。一方面，卖方通过夸大自身数字内容产品的功能、效用、价值等或者通过打包、搭售等行为将知识产品的价值人为提高，而买方由于获取信息的有限性无法及时获知从而遭受损害❺；另一方面，买方的机会主义表现为交易后拒绝付费、未经卖方授权将数字内容产品的 IP 转让他人，以及仿造侵权产品通过“搭便车”的方式无偿使用他人的 IP 等，获得不当利益。

1.4.3.3　数字内容产品投资收益的高风险性

数字内容产品的投资方在投入创作或者投资购买某个 IP 时，往往无法准确预测其之后的市场走向。以电影产品为例，某电影剧本在投资拍摄之初可能投入巨资，但是最后票房不尽如人意。也有相反的情况，例如国产《战狼 2》其初期的制作投资成本为 2 亿元，最后获得的票房收入是 56.7 亿元；美国好莱坞电影《蜘蛛侠》其前期拍摄投资是 1.39 亿美元，全球票房收入为 8 亿美元，后期产出是前期投资的 576%；《泰坦尼克号》的总投资为 2 亿美元，全球票房收入为 18 亿美元，后期产出是前期投资的 900%。❻ 这些电影作品票房

❶ 李安渝：《我国省级区域、主要行业电子商务信用信息透明度》，《中国信息界》，2011 年第 4 期，第 56 页。

❷ 机会主义行为是新制度经济学的概念。经济学家奥利弗·威廉姆森认为，机会主义行为是为追求自身利益最大化而实施的偷懒、欺骗、误导等行为。

❸ 根据古典经济学和新古典经济学理论认为人是完全理性的，由于人具有完全理性能洞察现在和未来，以说谎、欺骗和毁约来谋取私利的行为都无从得逞。郑也夫：《新古典经济学“理性”概念之批判》，《社会学研究》2000 年第 4 期，第 36 页。

❹ 刘强：《机会主义行为规制与知识产权制度完善》，《知识产权》2013 年第 5 期，第 65 页。

❺ 孙那：《知识产权惩罚性赔偿制度研究》，《私法》，2016 年 12 月，第 31 卷，第 98 页。

❻ 季琼：《国际文化产业发展理论、政策与实践》，经济日报出版社，2016 年版，第 57 页。

的高收益是制片人拍摄初期无法预料的。但是有的电影作品却是相反的情况，例如电影《神话》投资1.2亿元人民币，最后票房只有9 000多万元人民币，投资人亏损很大。这种投资收益的难以预测性使得数字内容产品的投资方更加审慎地选择制作方，并通过购买保险等方式最大限度地降低投资风险。此外，由于其投资的高风险性的特征，也促使该产业的投资并购交易频繁。据统计显示，我国仅在2014年发生的数字内容产业的投资并购就多达169起，包括影视、游戏、出版、广播、有线和卫星电视等多个行业，涉及的资本约为1 605亿元。❶ 投资并购交易过程中，一些企业通过购买方式获得对方的核心IP资源，进而为后续的数字内容产品的创作奠定基础。核心IP资源的价值也随着企业市场交易行为的频繁发生而具有广阔的升值空间。

1.4.3.4 数字内容产品的快速迭代性

数字内容产品的生命周期普遍较短。无论是网络游戏还是网络音乐抑或是网络文学作品，其从创作完成到步入市场再到生命周期结束，有的往往只有几个月，生命周期长的数字内容产品也不过几年。上述特征的形成一方面与互联网的快速消费特征相关，另一方面与消费者的注意力强度关联密切。随着年轻消费群体逐渐成长为数字内容产品的主力消费群体，面对快节奏的生活和消费需求，人们更喜欢消费那些时尚度高、与前沿科技紧密结合的内容产品，而这些产品为了吸引消费者有限的注意力，需要快速迭代，以便在市场中占据一席。其次，数字内容产品虽然冠以“数字”的限定，但从其产生和发展过程分析，数字内容产品以“内容”为王，内容是数字内容产品的核心竞争力。❷ 优质的数字内容产品例如网络文学作品、网络动漫等只有以丰富的内容才能吸引消费者的注意力，从而实现产品的价值变现。技术的发展在扩展数字内容产品的传播途径和传播范围方面具有更明显的优势。

---

❶ 季琼：《国际文化产业发展理论、政策与实践》，经济日报出版社，2016年版，第42页。

❷ 谢友宁、杨海平、金旭虹：《数字内容产业发展研究——以内容产业评估指标为对象的探讨》，《图书情报工作》，2010年第12期，第55页。

2. 中美数字内容产业发展情况分析

根据美国普华永道和 eMarketer 的统计数据显示，美国 2016 年数字内容产业的营收总值约为 59 亿美元，仅互联网广告收入就达到 586 美元，市场规模达到5 972亿美元。亚太地区的日本和中国数字内容产业市场规模紧随美国之后，分别是1 989亿美元和1 209亿美元，美国相对于中国数字内容产业无论从营收规模来说还是从市场规模来说都处于领先地位。[1] 2017 年，中美两国在数字内容产业发展速度和产业发展特点方面呈现出各自的优势。中国的数字内容产业在消费升级和新技术的拉动下，产业规模已经达到美国的七成，部分领域例如网络游戏产业已经实现了超越，网络文学领域的内容输出成为新的文化现象。但是对比中国数字内容产业各细分领域的用户规模，人均内容消费与美国仍存在明显差距。随着中国网络用户版权意识的提升、移动支付的便捷和独特的打赏模式的兴起，付费用户仍存在较大的上涨空间。美国的数字内容产业发展依然保持高增长的态势，整体上数字内容产业以广告模式为主，依赖新闻媒体和各类视听节目及应用的广告价值实现流量变现。用户付费在网络视频、网络动漫和网络音乐领域表现更为突出，以 VR、AR 和 AI 等新技术为代表的新兴科技正在与数字内容产业快速结合，丰富数字内容产品的用户体验，继续引领全球数字内容产业的整体发展方向。下面分别就中美两国的产业发展情况进行分析。

---

[1] 熊澄宇、张铮、孔少华：《世界数字文化产业发展现状与趋势》，清华大学出版社，2016 年版，第 13 页。

2.1 美国的数字内容产业

回顾美国数字内容产业的历史发展，以无线电、放映机等新技术的发展为标志，美国的文化产业从第二次世界大战后开始起步，直到20世纪30年代初期，美国渡过了经济危机后进入了“好莱坞”发展的黄金期。❶ 之后，20世纪50年代计算机的发明触发了传播媒介的第三次革命，美国的数字内容产业发展迎来了新的转折点。❷ 可以说从这时起，美国的数字内容产业发展的速度无人能及。20世纪90年代，美国的网络化进程进一步深入发展，新的互联网可以实现用户之间的及时交互，使得用户之间的交流画面也更加生动。网络化在美国的广泛应用为互联网在全球范围的应用与传播奠定了良好的基础。与此同时，互联网的发展给传统文化产业的发展也带来了冲击：一方面，以传统报业等为代表的传统传媒领域受到冲击；另一方面，美国的强势数字内容产业的发展不断向外输出，引发许多国家对于本国文化安全的担忧。近年来，随着美国内容产业用户的渗透率不断提升，占美国用户投入时间比例第一位，超过了社交（25%）和电商（4%）。根据美国 Pew Research 的报告统计数据显示，2016年美国移动用户在音乐、游戏、多媒体视频、新闻门户上合计投入的时间比达到了40%。按照中国数字内容产业的概念范畴，统计得出可比美国数字内容产业的规模，2017年约为1 423亿美元，同比2016年增长15%，基于庞大基数的基础上仍然保持强势增长势头。2017年中国数字内容产业的市场规模约为美国的70%。从各细分领域分析（见图2-1），美国数字内容产业细分市场中，网络新媒体占比最高达到58.3%，其次是网络游戏和网络视频，占比分别为11.6%和11.5%。之后是网络动漫和网络音乐，占比和约为12%。值得注意的是，美国的电子书市场占比高达5.8%，而这一数字比在我国的内容产业市场不足1%。

❶ 张慧娟：《美国文化产业发展的历程及启示》，《中国党政干部论坛》，2011年第10期，第24页。

❷ 白玉：《浅析二战后美国娱乐业的发展及对社会的影响》，《湖北成人教育学院学报》，2012年第3期，第34页。

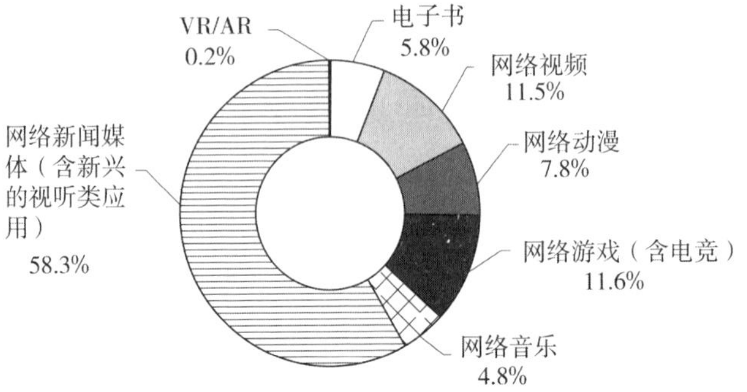

图 2-1　2017 年美国数字内容产业细分产业市场结构

2.1.1　视频广告收入依然保持上涨，用户付费订阅习惯良好

2013—2015 年，根据美国 comSore 的报告显示（见图 2-2），美国用户通过移动端 Youtube 访问的时长增长了近一倍，而 PC 端基本保持稳增。与此同时，在流量增长的带动下，美国在线视频广告规模不断增长，但是中美的差距正在逐渐缩小。2013 年，美国在线视频广告规模约为中国的三倍，而 2016 年缩小为两倍。但是用户前向付费订阅市场中美存在较大差异，中国用户付费市场空间巨大。

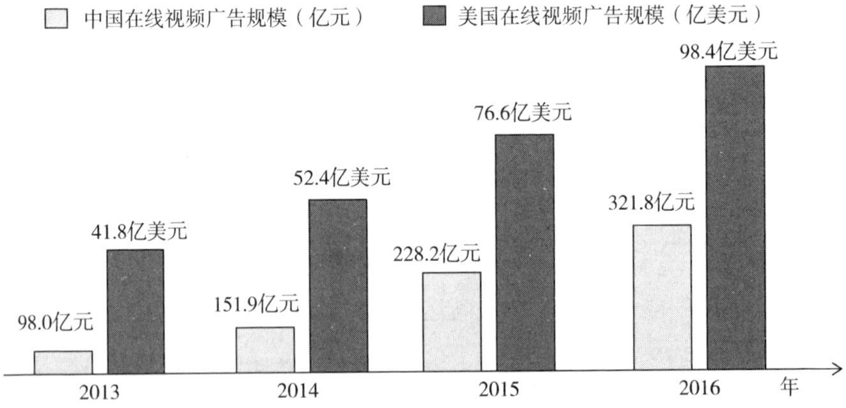

图 2-2　2013—2016 年中美互联网视频市场规模对比

以视频内容付费为主的美国互联网视频市场，用户前向付费业务高度发达，峰值时近一半的流量来自付费视频网站。根据 Netflix 发布的报告来看，近 95%的用户均为付费用户。全美流量峰值时，有近半的流量来自 Netflix、Amazon Video、Hulu 等付费视频网站。美国有 42%的家庭付费订阅了至少一家

互联网视频服务，Netflix 覆盖了近 1/3 的美国家庭。❶ 同时，随着移动智能手机的出现，极大促进了互联网视频的整体流量提升，同时促使网络视频的广告收入增加。

2.1.2 网络游戏产业增长放缓，移动化趋势明显，游戏与新科技结合日益紧密

美国移动游戏市场正在经历市场成长放缓、玩家数量饱和、玩家投入时间减少的阵痛。与以往相比，2015 年美国用户花费更多的时间在其他娱乐和社交上，这直接导致美国移动游戏的营收规模增速迅速冷却，2016 年增速仅为个位数，从 2013 年的 71.2%的增长率逐年下降至 2016 年的 8.9%。美国移动游戏市场正在逐渐接近饱和。同时，随着移动技术的发展和移动设备的普及率不断提高，移动内容平台吸引了大量移动用户，移动互联网比起 PC 游戏，更加方便、利于用户打发碎片化的时间，移动端游戏正在成为网络游戏的主流并不断改变着美国游戏产业的格局。根据美国市场研究机构 eMarkerter 发布的报告显示（见图 2-3），2011—2012 年美国移动游戏市场的收入人均呈现出三位数增长，2013 年，约有 1.26 亿的手机用户玩移动游戏，但全美手机用户的比例超过一半。但是，随着移动游戏市场的不断发展成熟，其年收入的增速也将开始逐渐放缓，2017 年的总收入为 37.7 亿美元。同时，2017 年的游戏内购买收入在美国游戏总收入中所占比例接近 50%，是移动游戏广告收入的两倍左右。❷

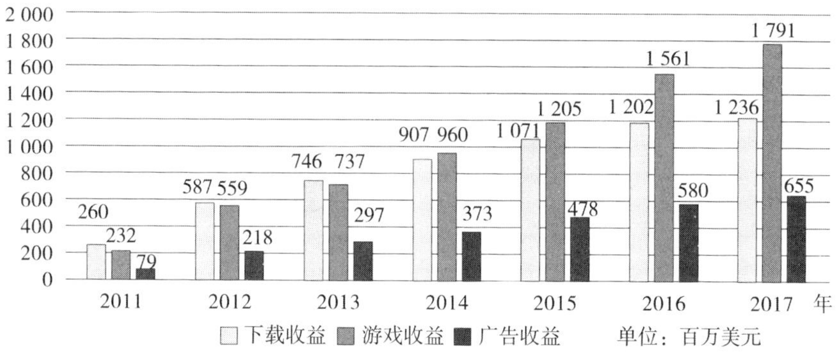

图 2-3 2011—2017 年美国移动游戏收益数值

---

❶ 数据来源：腾讯研究院 2016 年数字内容产业报告。

❷ 熊澄宇、张铮、孔少华：《世界数字文化产业发展现状与趋势》，清华大学出版社，2016 年版，第 43 页。

此外，由于美国游戏市场不断接近饱和状态，美国游戏的开发商不断创新游戏玩法，新技术不断渗透，例如，在游戏中增加 AR 创新，以 Pokemon Go 为代表的“AR+户外”的玩法创新，重新激发了用户对游戏的热情，自 2016 年 7 月上线到 7 月底，Pokemon Go 已经成为美国用户量排名第 13 的应用。而其用户的年龄普遍集中在 18~34 岁。此外，网络游戏市场正在向电竞化和游戏直播转型，用户规模不断增长，同时美国完善的版权保护机制为电竞赛事的运作提供了有力保障。

2.1.3　流媒体促进数字音乐产业升级，付费订阅成为主流

随着网络音乐不断走进我们的生活，全球网络音乐收入的规模正在稳步增长，同时向流媒体音乐逐渐转型。从全球范围来看，流媒体音乐收入近些年的迅速增长，正在弥补音乐下载衰减而带来的产业损失。根据 IFPI 的统计显示（见图 2-4），2015 年全球网络音乐规模达到了 67 亿美元，音乐下载收入占到 45%，流媒体音乐收入占到 43%，广告和赞助等其他形式的收入占比为 12%。预计到 2022 年，音乐流媒体付费订阅收入将占到全部音乐产业收入的 79.2%，而音乐下载收入将减少至 5% 左右，广告赞助等其他形式的收入占比将上升至 15.8%。[1] 因此，随着智能手机的普及、高品质流音乐和正版化的影响，未来流媒体付费订阅将成为网络音乐收入的主要来源。

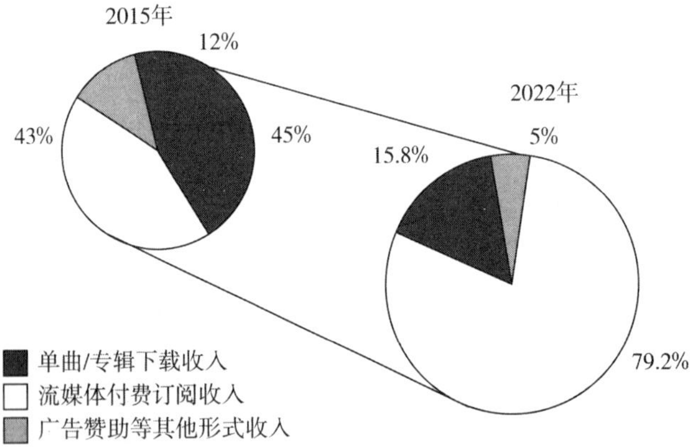

图 2-4　2015—2022 年全球数字音乐收入结构预测

具体到美国市场，2015 年美国仅通过网络和数字渠道销售唱片专辑和单曲的

[1] 腾讯研究院 2016 年数字内容产业报告。

销售额就达到了10.68亿美元，而中国包括用户付费、广告、直播等在内的在线音乐市场收入整体规模在42亿元人民币，中国在线音乐用户付费规模在10亿元人民币。但是其中，中国用户付费收入仅为10亿元人民币，不到美国可比规模的1/6。

美国网络音乐用户有其独特的特点。用户偏爱流媒体，流媒体音乐点播量不断增长。美国占据统治地位的音乐应用以Pandora、Spotify、Apple Music等在线流媒体音乐为主。流媒体音乐在促成用户付费订阅、嵌入广告创意上要优于音乐本地下载。以美国为代表的全球互联网音乐正向流媒体方向转型，付费订阅已经成为主流。此外，移动端音乐用户的比例不断提高，根据eMarkerter的统计，从2015年至今，在手机端听音乐的用户的数量每年的增速都在两位数以上，2017年这一数字达到1亿人左右。这里的数据不仅包括在Spotify、Pandora或其他数字电台上在线听歌的人，也包括通过在iTunes商店直接下载音乐到手机的用户。

2.1.4 网络新闻移动端增长迅速，超过PC端成为主流

如果以广告营收来衡量互联网新闻类内容的发展，美国和中国是全球的推动器。根据eMarketer的报告显示，2015年全球互联网新闻类内容的广告收入规模达到1 710亿美元，中国和美国占到了其中的一半。而在移动端的广告收入中，中美占比超过了60%。美国移动新闻用户三年间增长66%，高于整体移动网络用户57%的增长幅度。移动媒体的兴起，使得美国的千禧一代用户更加依赖移动新闻，移动端和PC端用户消耗的时间比是7：3。美国移动新闻用户近2亿人，相比美国，中国的移动新闻用户2016年已经突破了2.5亿人，在近两年半内增幅超过80%。

2.1.5 动漫产业逐渐完成产业链整合，实现内容生产到渠道的融合发展

美国是动漫产业起步最早的国家，也是最为发达的国家之一。从全球动漫产业的市场规模来看，2013年的全球动漫产业产值就已经超过了3 000亿美元，动漫相关衍生产品的产值都在6 000亿美元以上。美国动漫产业的复合年增长率都在7%以上。❶ 从动漫产业的发展来看，由于动漫作品可以被改编成电影等系列作品，美国的动漫产业在整个产业链的整合中不断发展，实现内容创作和内容渠道的融合发展。例如美国的动画片《神偷奶爸》系列电影票房就超

❶ Global Animation Industry：Strategies，Trends and Opportunities Report 2013，http://www.researchandmarkerts.com/research/9qq7c4/global_ animation.

过了《钢铁侠》《速度与激情》等多部大片。其中的主角“小黄人”也成为世界范围内大家喜爱的角色，其周边衍生产品如玩具在全球市场取得的收益，与电影的票房基本持平。其次，迪士尼公司依靠其动漫中的形象的成功塑造，不仅斩获票房，还在之后运用到主题乐园的场景中。据 2016 年迪士尼公司年报显示（见图 2-5），迪士尼主题公园和度假区部门营业收入达到 170 亿美元，营业利润高达 35 亿美元，占迪士尼公司总收入的 30%。❶ 而由动漫角色及其主体乐园、衍生产品等带给迪士尼公司的营业利润也呈现出逐年递增的良好态势。

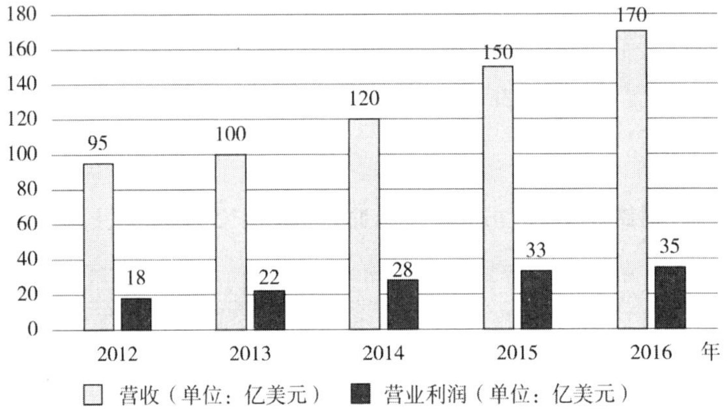

图 2-5　2012—2016 年迪士尼全球乐园及度假村营收及利润❷

2.2　中国的数字内容产业

经历了数十年的奇迹增长，中国经济正处“三期叠加”❸ 的新常态，增速较之数年前有所下降，但经济结构持续优化。根据国家统计局数据，2017 年，我国国内生产总值达到 82.7 万亿元。中国的数字内容产业的市场规模较之

❶《迪士尼公司 2016 财年年度财政报告与致股东书（Fiscal Year 2016 Annual Financial Report And Shareholder Letter）》，第 40 页。来源：迪士尼公司官方网站 http://thewaltdisneycompany.com/sites/default/files/reports/10k-wrap-2014_ 1.pdf，访问日期：2017 年 3 月 18 日。

❷ 数据来源：2016 年度迪士尼财报。

❸ 三期叠加：1. 增长速度换挡期，是由经济发展的客观规律所决定的。2. 结构调整阵痛期，是加快经济发展方式转变的主动选择。3. 前期刺激政策消化期，是化解多年来累积的深层次矛盾的必经阶段。

2016 年 5 万亿元的基础上又提升了1 300亿元。在此背景下，伴随“互联网+”战略的持续推行，作为第三产业的典型代表，数字内容产业已经成为拉动居民文化消费的新动能。以网络文学、网络视频、网络游戏、网络音乐、网络动漫、网络新媒体等细分领域为代表的数字内容产业的增长势头持续良好，无论其营收规模还是产业产值都在加速提升。根据腾讯研究院的统计，中国数字内容产业 2014 年的产值为2 905亿元人民币，2015 年上涨到了3 847亿元人民币，到 2016 年攀升至5 003亿元人民币，2017 年的产值为6 323亿元，是 2013 年的 3 倍，在 5 年的时间内增加了 2 倍，增速迅猛。[1] 我国的数字内容产业已经成为我国社会经济发展中的有机组成，与相关经济领域形成了关系密切的产业发展链条。同时，新业态新商业模式不断涌现，2017 年以短视频这一新业态的兴起与成熟为代表，移动电竞领域的全民化程度逐渐提升。

2017 年，中国数字内容产业的市场规模达到1 423亿美元，同比增长 15%，市场规模约为美国的 70%，产业规模位列全球第二。[2] 根据艾瑞咨询的报告显示，2006—2017 年，中国在线娱乐月度覆盖人数增长了 5 倍。在类比渗透率上，以视频、新闻阅读、音乐、游戏为代表的内容类均名列前茅，仅次于社交类。中美在互联网内容领域方面表现出了共同点，即“内容产业与社交相结合”，占据了用户至少 2/3 的时间。预计 2020 年中国互联网内容产值规模将明显超过日韩，位列全球第二。根据易观国际、普华永道等机构的数据显示，中国借助移动平台实现了内容产业的大发展，多领域成为全球的最大市场。中国通过发挥本身的制造业优势，降低了硬件成本，提高了移动端的普及率，扩大了数字内容产业的用户数量。

从行业发展规模来看，中国数字内容产业行业规模逐渐扩大，同时随着版权保护的推进和用户付费意愿的增加，尤其是非游戏类付费规模不断增加，内容商和分发商正逐渐减少对广告盈利的依赖，不断推出以优质内容为核心的产品。从行业发展重心来看（见图 2-6），网络新媒体行业市场规模占比达到 35. 18%，网络游戏市场规模占比达到 38%。网络新媒体和网络游戏的合计贡献率超过 73%，网络直播、网络音乐、网络文学等业务的市场规模也在逐渐提高，细分产业的结构更加多元化。行业整体的付费用户比例超过半数，用户付费能力的提高正带动行业从“流量变现”时代步入“内容付费”时代。

---

[1] 数据来源：腾讯研究院《2017 年中国网络版权产业发展报告》。

[2] 数据来源：腾讯研究院《2017 年中国网络版权产业发展报告》。

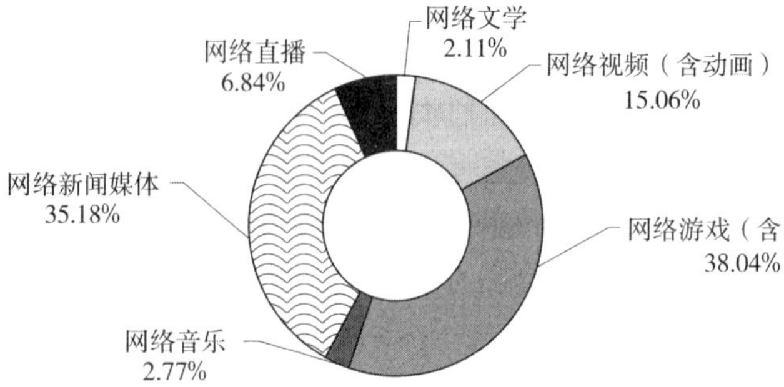

图 2-6　2017 年中国数字内容产业细分行业占比❶

从细分行业的增长情况分析（见图 2-7），2013—2017 年，各细分产业年均保持较快发展态势。近两年，随着网络直播和短视频的快速发展，市场规模处于高速增长阶段，而网络游戏随着市场的逐渐饱和，增速逐渐放缓。网络漫画虽然市场规模整体量级不大，但随着年青一代逐渐成为内容消费的主力，未来市场增量空间较大，同时 VR 和 AR 等新技术与内容产品的深度融合，可望成为推动市场持续发展的新力量。

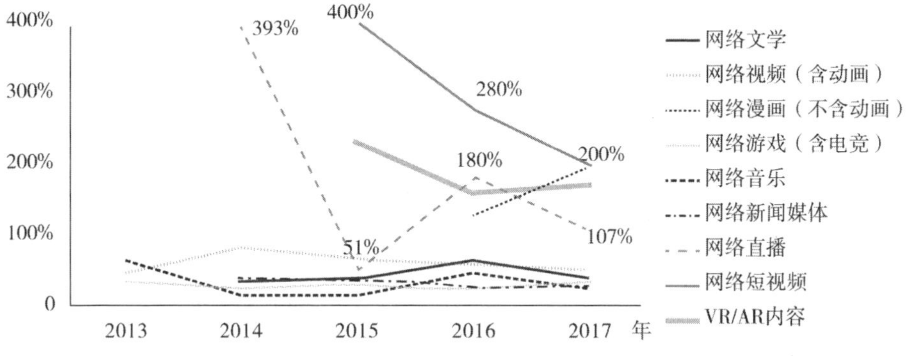

图 2-7　2013—2017 年中国数字内容产业细分领域同比增长情况❷

2.2.1　网络文学领域发展迅猛，成为世界数字内容产业新现象

首先，移动端备受网络文学用户青睐。随着我国网络文学市场规模的平稳增长，越来越多的网络文学用户选择移动端来观看网络文学作品，更大网络文学平台也都不断加强对移动端的布局。根据数据统计（见图 2-8），以用户付

❶ 数据来源：腾讯研究院《2017 年中国网络版权产业发展报告》。
❷ 数据来源：腾讯研究院《2017 年中国网络版权产业发展报告》。

费阅读收入为统计标准，2012—2017 年，中国网络文学市场规模保持稳步增长态势。2013 年网络文学市场的规模为 15 亿元，截至 2017 年，网络文学市场规模已达 63.3 亿元。2017 年，中国网络文学用户规模达到 3.78 亿人，比 2016 年增加4 455万人。同时，手机网络文学用户的增长数量远超网络文学整体规模的增长数量，手机网民的渗透率达到 45.6%。移动端的网络文学产品可以利用用户的碎片化时间，以轻松的内容和吸引人的情节备受追捧。

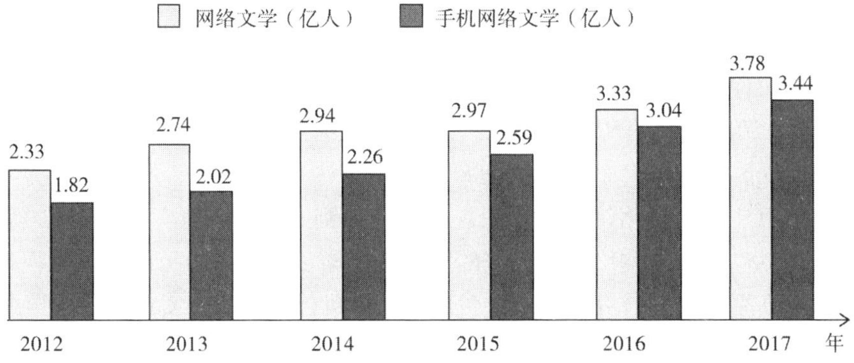

图 2-8　2012—2017 年中国网络文学用户规模[1]

其次，网络文学作品成为数字内容产业重要的 IP 源头。网络文学作品自带完整世界观和人生观的预设，这种预设使其可以成为其他作品形式的天然载体。其作品中的核心价值观在改编之后也容易吸引原有的粉丝用户，拥有良好的用户基础。近年来网络文学作品的跨界改编也越来越多，好的网络文学 IP 成为各大内容运营平台和影视剧制作厂商竞相争夺的资源。根据易智观库数据统计，2017 年移动游戏题材主要来源于影视、文学、单机或 PC 游戏、动漫、综艺等，其中有 23.1%来源于影视作品，19.9%为文学作品。根据腾讯研究院的综合测算，2017 年，中国网络文学用户对网络文学改编为影视剧的付费意愿在 68%，网络文学改编为网络动漫的付费意愿比例为 50%。越来越多的优秀网络文学逐渐被改编成电影、电视剧乃至游戏、动漫等不同形式的内容产品，跨界联动发展成为新的发展趋势。

最后，变现模式从以往的以用户付费阅读为主走向多样化，激励粉丝消费。网络文学作品改编之后，促进了跨界授权以及上下游厂家之间开展合作营销，拉动周边衍生产品的消费。同时，由于粉丝对原有网络文学作品的喜爱，

---

[1] 数据来源：艾瑞咨询 2017 年中国网络文学用户报告。

也会持续关注和购买网络文学作品改编之后的作品及其衍生产品。这些产品的价值通过授权费等多种途径反馈给网络文学的作者，同时激发了网络文学作者的创作热情，使得这些作者可以更多更好地创作出新的高质量的文学作品。

2.2.2 网络视频产业持续增长，用户付费习惯逐渐养成

首先，网络视频产业的市场规模持续扩大，移动端用户规模贡献突出。网络视频行业积极拥抱线下影视，借力热门 IP 跨界发展，优质内容资源扩大了市场机遇并丰富了变现方式。根据艾瑞咨询数据（见图 2-9），仅以广告收入与会员付费计，2016 年网络视频行业市场规模已超过 520 亿元，2017 年接近 700 亿元，2018 年则有望接近千亿。预计到 2020 年，市场规模将接近2 000亿元。与此同时，2017 年我国网络视频用户规模达 5.79 亿人，网民的渗透率达到 75%，其中手机网络视频用户的规模已经达到 5.49 亿人，手机网民的渗透率达到 72.9%。虽然网络视频领域的用户规模增长空间有限，但是各大视频网站通过提高视频内容自身的质量吸引更多的付费订阅用户，实现与各大电影公司的合作和 UGC 内容的生产。各大网络视频平台通过优质的 UGC 内容和独家自制剧等吸引用户，随着平台订阅用户规模的不断扩大，平台流量变现的能力也在逐渐提高和增强。

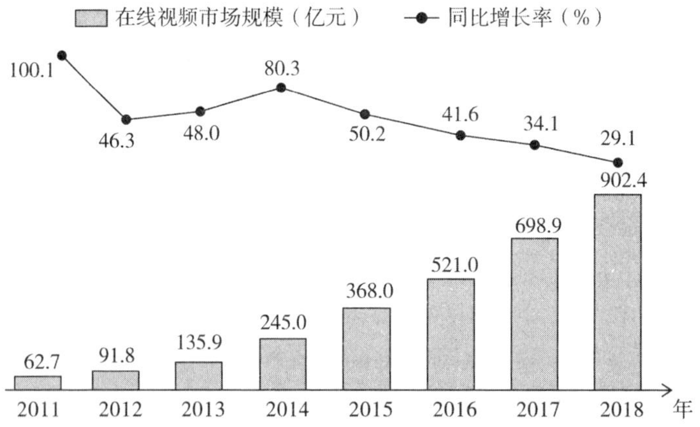

图 2-9 2011—2018 年中国网络视频行业市场规模

其次，通过打通产业链实现优质内容同步，进一步打造娱乐生态系统。由于国产电影线上的发行窗口期不断缩短，更多的付费订阅用户可以更快地观看到热门电影和电视剧等，提高用户对自身平台的黏性。根据艺恩咨询数据，2015 年视频网站播映国产电影的窗口期比 2013 年缩短 50%以上，且仍有继续

缩短的空间。[1] 特别是对于国产电影，线上发行已成为继院线之外的重要渠道，各大主流视频网站都在积极与各影视机构开展合作，提高视频平台的变现能力。

网络视频前向收费业务取得突破，同时广告形式同步创新。2017 年，中国的网络视频广告收入规模达到463 亿元，同比增长 42%。随着大数据和人工智能技术的发展，视频广告可以实现精准推送，广告的内容更加丰富，形式也更加多样，为视频行业的营收奠定了良好的基础。同时，根据艺恩智库的数据显示，2017 年，中国网络视频付费用户规模已经突破 1 亿人，网络视频用户付费市场规模为 218 亿元，会员促销和会员专属特权等新模式吸引更多的付费订阅用户。网络视频的付费用户规模的增大，带动网络视频市场的发展，各大综艺平台在用户订阅付费之外，不断探索多种增值服务，扩展会员权利，带动用户付费意愿的进一步提升。此外，网络视频流量更多地向移动端转移，从 2015 年起，在移动端进行在线观看的网络视频用户的观看时间首次超过 PC 端，2017 年用户在 PC 端、移动端等多终端观看的比例都有所提高，用户更倾向于将自己喜爱的视频节目通过跨屏的方式进行观看。因此，网络视频企业也加大了与平板、电视等硬件厂家的合作，通过 OTT 端内置 APP 等方式，提供多种套餐，实现软件和硬件的结合营销。

此外，2017 年视频领域的短视频和网络直播成为用户的新的消费热点。自 2016 年以来，网络直播和短视频的兴起为网络视频领域注入新活力。2017 年中国网络直播用户规模达到 4.22 亿人，比 2016 年增加7 778万人。网络直播向高清精品化方向发展，直播与各个垂直领域相互融合，直播的内容制作上也向专业化方向不断转型。其中，网络游戏的直播直接带动 2017 年直播市场的规模增长，赛制直播的质量和清晰度不断提升，IP 运营的变现能力良好。短视频在 2017 年集中爆发，是适应碎片化消费时代下的数字内容产品发展的新方向。2016 年，中国短视频用户的市场规模为 1.9 亿人，2017 年增长至 4.1 亿人，同比增长 115%。[2] 未来几年短视频的发展将朝着更加精品化的方向迈进，优质的短视频内容将会吸引用户的付费或打赏，市场规模和新盈利模式的探索值得期待。

---

[1] 2013 年国产电影网络与院线的平均窗口期为 119.8 天，2014 年为 60.4 天，2015 年缩短为 50.1 天。

[2] 数据来源：艾瑞咨询、腾讯研究院综合测算。

2.2.3 网络动漫具有强大的变现潜力，二次元文化逐渐大众化

首先，由于网络传播的快速性特征和“00 后”“10 后”用户成为市场消费主体，二次元动漫逐渐从以往的小众亚文化迈向大众视野。据统计（见图 2-10），2017 年中国网络动漫用户规模突破 3 亿人，核心用户群体9 000万人，带动其亲友、同学、同事等周边人群的观看，推动了网络动漫的普及。2017 年中国网络动漫的市场规模已经增长至1 500亿元，其中网络漫画用户付费市场达到 7 亿元。中国的网络动漫市场随着本土网络动漫的成长与成熟，未来市场空间仍有望继续保持上涨。

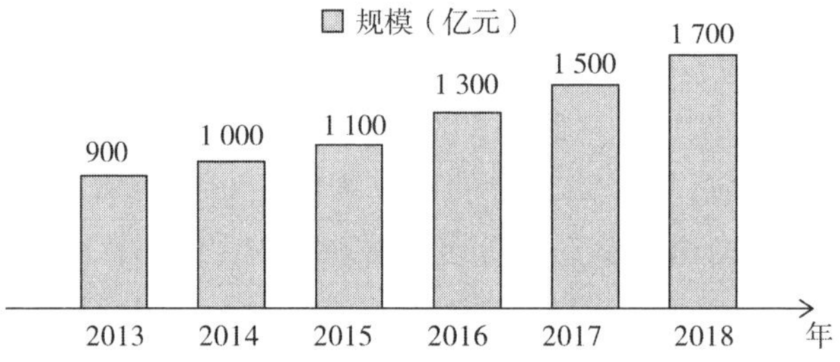

图 2-10 2013—2018 年中国动漫行业市场规模❶

其次，网络动漫改编成多种形式的作品，IP 的运营更加多元化。随着网络动漫成为其他类型内容 IP 的重要来源，越来越多的优秀网络动漫被改编为电视剧、游戏、电影等新的形式，吸引了广大动漫粉丝，增强了其持续盈利的能力。其中，网络文学作品是网络动漫改编的重要来源，占比接近 90%。将动漫 IP 改编为游戏具有天然优势。2012 年，中国网络动漫改编为动画作品的数量仅为 2 部，2017 年这一数量已经增长至 60 部。❷ 此外，根据广发证券数据（见图 2-11），2017 年用户在 ACG（Animation、Comic、Game，动画、漫画、游戏的总称）上的主要消费类型包括购买周边、为游戏付费、购买漫画、购买手办模型和虚拟消费等。由于粉丝的喜爱网络动漫的周边产品显示出未来可期的商业潜力。

---

❶ 数据来源：前瞻产业研究院、艾瑞咨询、艺恩智库、中信证券、申万宏源、中金公司、三文娱，腾讯研究院综合测算。

❷ 数据来源：艺恩智库，腾讯研究院综合测算。

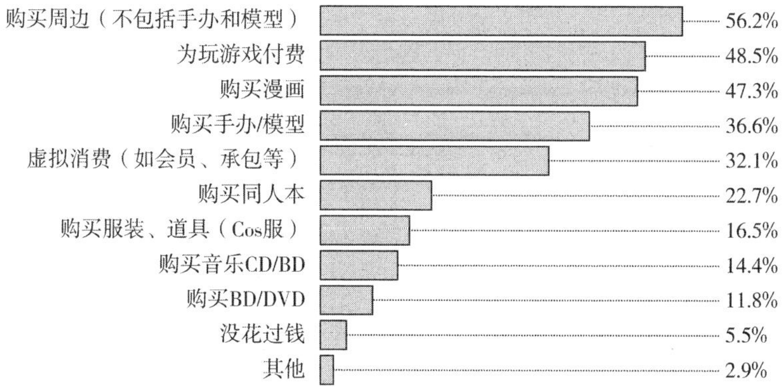

图 2-11　2017 年中国二次元用户在 ACG 上的消费类型❶

此外，中国动漫的市场规模正逐渐赶超日本。2015 年，中国网络动漫的市场规模仅为1 100亿元，而同期网络动漫大国日本的动漫市场规模为18 253亿元。2016 年中国的网络动漫市场规模已经达到1 300亿元，较之日本的20 009亿元的市场规模虽然还有不小的差距，但未来随着我国市场的不断成熟和用户的培养，可望进一步缩小差距。我国网络动漫市场规模的增大，使得跨国的动漫合作开发模式成为可能。之前我国对日本等其他国家的动漫是通过授权的方式引入，随着我国动漫水平的提升和动漫专门人才的不断丰富，可以与其他国家进行战略合作和联合投资等方式进行联合开发动漫，共同开发优质的动漫内容，以此提升我国动漫的制作水平和国际影响力。

2.2.4　网络游戏市场规模居世界第一，有待向网络游戏强国转变

首先，近年来，网络游戏市场规模稳步上升，网络游戏整体市场看好，手游全力赶超端游。根据艾瑞咨询数据显示（见图 2-12），2012—2017 年，我国网络游戏市场的增长率都稳定在 20% 以上。移动端游戏增长最为明显，同时游戏电竞赛事发展迅猛。2017 年，中国电子竞技市场规模达到 730 亿元，同比增长 44.8%。其中，移动电竞市场规模的迅速上升，已经达到与端游电竞游戏市场规模相当，总体市场规模在 346 亿美元。此外，MOBA 类和沙盒射击类头部作品引发的移动电竞推动市场加速增长。❷ 未来随着更多种类电子竞技类产品的出现，市场结构还会进一步朝移动化方向发展。

---

❶ 数据来源：腾讯研究院。

❷ 参见：腾讯研究院《2017—2018 年中国网络版权产业发展报告》。

图 2-12　2013—2020 年中国网络游戏市场规模❶

其次，玩家数量饱和，依靠提高网游产品的质量争夺市场。中国目前已经超过美国成为全球第一大移动游戏市场。2017 年，中国网络游戏用户规模达到 4. 42 亿人，较 2016 年增加2 457万人。手机网络游戏用户规模达到 4. 07 亿人，手机网民渗透率达 54%。同时，年轻用户人口红利的减退和智能终端的饱和，促使网络游戏厂家推出新游戏作品的数量有所减缓，但是各大游戏厂商更加注重游戏产品的质量，并紧跟国际网游发展趋势，推出拳头产品，引领市场发展。由于我国网络游戏市场趋于饱和，国内的游戏厂商更加注重网络游戏的海外输出，根据腾讯研究院的综合测算，2017 年中国自主研发的网络游戏的海外市场销售收入达到 82. 8 亿美元，同比增长 14. 5%。❷ 海外新兴市场的扩展对于我国网络游戏产业的发展具有战略意义，可以实现网络游戏产业的长期发展。

最后，网络游戏电竞化成为新趋势，网游直播推进市场多元化发展。2017 年在头部网游的拉动作用下，电竞赛事飞速发展，并通过与社交网络等新渠道的融合，吸引了更多新用户的加入。同时，移动电竞的产业链逐步形成，电竞参赛水平正稳步提高，电竞选手和游戏主播人数逐渐提升，电竞比赛也正在申请成为奥运会参赛项目，获得世界级的比赛资格。这些都提高了游戏电竞的关注度和参与度，也在不断扩大其用户规模。

2.2.5　网络音乐消费场景多元化发展，付费用户潜力有待挖掘

首先，2017 年，中国网络音乐的市场规模达到 175 亿元，同比增长 22%，

---

❶ 数据来源：中国音数协游戏工委、艾瑞咨询、易观智库。

❷ 腾讯研究院《2017—2018 年中国网络版权产业发展报告》。

占全球数字音乐整体市场的比重超过 30%。[1] 同时，网络音乐用户规模达到 5.48 亿人，较 2016 年增加4 496万人，网民渗透率达 71%。其中手机网络音乐用户规模达到 5.12 亿人，较去年增加4 381万人（见图 2-13）。网络音乐行业在内生市场和外衍市场均获得了较大提升。此外，音乐与社交、短视频等新领域加速融合，互动性增强，吸引大量新用户的加入。

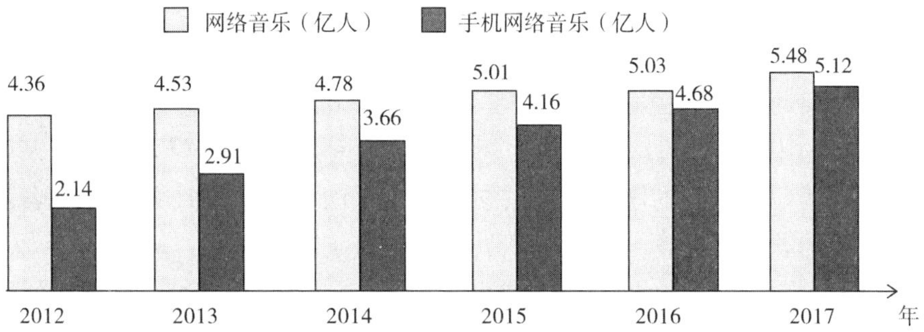

图 2-13　2012—2017 年中国网络音乐用户规模[2]

其次，得益于多年来国家版权行政机关打击侵权盗版的专项行动，中国的网络音乐市场正在高速发展的轨道中运行。其中增长的核心动能来自用户的付费。这些付费用户为我国的网络音乐市场带来了百亿级的市场规模。同时，移动端的音乐用户数量迅速增长，基本与 PC 端规模相当。移动端音乐用户的迅速发展不仅与用户碎片化的时间紧密相关，也与我国近年来移动支付的加快布局密不可分，移动支付的布局便利了用户的付费，也有助于用户付费习惯的进一步培养。用户对版权内容价值的认可，进一步促进了其为自己喜欢的原创音乐人付费收听音乐，前向用户付费的收入规模从 2016 年的 20 亿元提升至 2017 年的 32 亿元。2016 年中国用户可接受的月度付费价格区间集中在 10~30 元，与美国用户的消费水平相当，未来中国付费用户的增长潜力巨大。同时有近一半的中国音乐用户使用流媒体在线收听音乐，以此为基础的用户付费和广告营收的收益增长值得期待。与美国用户不同的是，根据尼尔森的报告研究显示，中国用户更偏爱现场音乐，这为在线音乐会和在线演艺的蓬勃发展提供了土壤。中国的互联网音乐正在向以美国为代表的流媒体方向转型，在线演艺不断提升用户的付费规模。

---

[1] 数据来源：中国音像与数字出版协会音乐产业促进工作委员会，艾瑞咨询、易观智库，腾讯研究院综合测算。

[2] 数据来源：CNNIC，腾讯研究院综合测算。

最后，“泛音乐”的发展态势良好，音乐与社交网络紧密结合。随着“泛音乐”时代的来临，网络音乐通过 O2O 模式向线下延伸，明星演唱会通过 VR 直播以及音乐电影等多种音乐形式层出不穷。各大网络音乐平台围绕着热门音乐艺人，打造从音乐唱片到线上线下演唱会互动乃至艺人话题等多种经济模式。同时，随着越来越多的用户开始在自己的社交网络分享自己喜欢的音乐，可以更多地获得朋友及家人的交流，社区内的网络音乐平台获得更多的互动，用户的使用时长和使用率显著提高，音乐和社交的结合进一步提升了用户的黏性。

此外，移动 K 歌的模式迅速发展，深受用户欢迎。随着移动网络速度的提升，更多的用户开始青睐移动的 K 歌模式。在移动 K 歌的模式下，个人可以不用受到场地和时间的限制，可以参与在线互动、多人同时 K 歌、发表评论并对喜爱的歌曲打赏等。从中国移动 K 歌的市场规模来看，从 2015 年的 7 亿元发展到 2016 年的 12 亿元，2017 年的 12 亿元。随着移动 K 歌曲库的增加、服务性能的提高以及其他增值服务的出现，移动 K 歌市场的未来规模将会继续扩大。

2.2.6 网络新媒体的信息流和社交流相融合，移动端用户持续增长

首先，移动端用户增长迅猛，变现能力持续增长。网络新闻媒体用户规模持续增加，其贡献主要是移动新闻客户端用户增长。数据显示（见图 2-14），2017 年中国网络新闻用户规模达到 6.47 亿人，比 2016 年增加4 388万人。同时，中国网络新媒体的市场规模已经达到 305 亿元，同比增长超过 40%，其中移动端新闻收入占比超过 75%，成为最主要的新闻渠道。

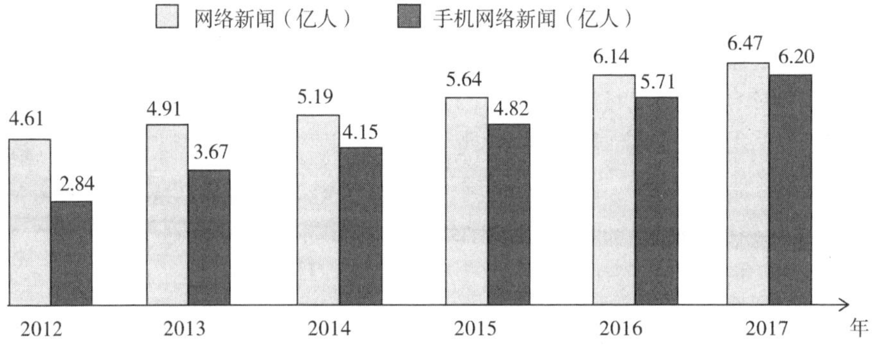

图 2-14　2012—2017 年中国网络新闻用户规模[1]

[1] 数据来源：CNNIC，腾讯研究院综合测算。

以网络新闻为依托的网络广告市场由于网络媒体内容的用户黏性的增强而拉动网络广告市场规模的增长，2017 年达到2 224亿元，同比增长 30%。同时，网络广告与网络新闻之间的融合度进一步提升，网络软文等新型广告形式与网络新闻之间更加难以区分，提高了广告的用户点击数量。

其次，社交媒体成为新闻资讯互动的主要阵地，成为用户新的关注焦点。根据 CNNIC 的统计数据显示，从 2016—2017 年网民评论的网络新闻渠道来看，通过微信和微博渠道参与新闻评论的网民数量分别占到了 62.8% 和 50.2%，手机客户端和新闻网站的占比分别是 42.5% 和 35%。❶ 网络新闻与社交媒体的结合，为用户提供了更加精确的新闻内容，同时也有利于用户通过新闻事件进一步参与评论和交流，扩大了社交渠道，同时也可以弥补仅仅依靠算法和大数据推送内容的偏差，做到更加精准的新闻推送。

最后，知识付费内容有望成为网络新闻媒体新的收入增长点。随着网络用户收入水平的提到和对提高自我知识的需求，以内容付费订阅为主要内容的平台逐渐兴起，并成为网络媒体内容创作者新的收入来源。用户通过订阅自己感兴趣的内容，通过知识付费的方式为自己和家人投资。网络媒体内容新的变现模式形成，这种模式下，用户可以为付费订阅的平台付费学习特定的知识，也可以为网络媒体中自己喜爱的作者的媒体内容打赏，从而激励内容创作者持续产出优质内容。在这种双向互动的关系中，知识的价值得以更加充分的体现，内容创作者的智力劳动成果也得到更加充分的尊重，网络媒体的渠道价值得以扩大。

2.3 本章小结

从中美两国的产业发展来看，美国在数字内容产业方面依然全面领跑，中国凭借巨大的市场优势正在强势赶超，以网络文学为代表的数字内容产业正在成为全球数字内容产业的新增长点。但是两国数字内容领域的部分细分领域从趋势上呈现出趋同的发展态势，例如，用户付费比例的不断提高，流媒体的日益发展以及移动端的日益普及。从数字内容产业发展的情况来看，可以看出以下几个因素起到了重要的推动作用。

❶ 腾讯研究院《2017—2018 年中国网络版权产业发展报告》。

第一，技术的革新动力。首先是包括大数据、移动互联网、人工智能和VR、AR等技术的不断快速迭代，为数字内容的创作和传播不断提供新的媒介和渠道，丰富了用户体验，不断扩大着人们的想象。其次，以大数据为驱动力，例如新媒体、数字音乐、网络视频等领域可以依托海量的大数据资源，分析用户喜好和需求，实现精准推送。基于大数据技术所形成的数据挖掘、文本分析等技术进一步促进用户内容消费的提升，实现数字内容产业媒介与科技的跨界融合。

第二，资本的驱动和用户需求带动的紧密结合。各大互联网企业为了抢占数字内容产业的高地，纷纷进行投资并购，运用资本的力量扩大自身的竞争力。资本在拉动产业增长的同时，产业的高回报也会反向吸引更多资本的涌入，形成良性的互动关系。同时，由于用户需求的拉动作用，文化需求旺盛，移动端的普及和移动支付的便捷化进一步便利了用户利用碎片化时间进行数字内容产品的消费，从而带动了数字内容产业的市场需求的进一步提升，为行业的发展提供新动力。

第三，中国数字内容产业赶超美国的方式将依靠创造优秀内容加创新内容运营模式两条路径共同发力。从上文两国的产业发展情况来看，中美数字内容产业市场规模的差距正在逐步缩小，个别领域例如网络游戏领域中国已经完成了“量”的超越，但是“质”的提升仍需时间。中国数字内容产业发展起来的运营模式的创新力量不容小觑，从短视频、直播到知识付费、打赏、移动K歌等新兴的商业模式的不断推陈出新为产业发展不断注入新的活力。未来，中国数字内容产业的发展不仅仅是内容产品的输出，更是新兴内容运营模式的输出。

综上，中美两国数字内容产业的发展站在不同的历史发展起点之上，两国产业发展现状与两国产业的发展历史和发展模式相关。美国虽然在数字内容产业的多个领域例如视频、音乐等领域一直处于世界领先地位，但是我国数字内容产业发展的后发优势也不容小觑，以网络文学、视频直播等为代表的中国数字内容产业正在成为引领世界数字内容产业发展的新模式和新现象。在产业发展过程中，中美两国在不同时期制定的政策在很大程度上决定了两国产业发展的不同道路和发展进程。下面一章将梳理中美两国在数字内容产业发展进程中的相关政策的演变。

3. 中美数字内容产业版权相关政策研究

何为“政策”？国内外的学者对这一概念的界定表现出多样性的特征。政策科学的倡导者和创立者哈罗德·拉斯韦尔将政策视为“一种含有目标、价值与策略的大型计划”❶。也有学者认为“政策是政府、政党及其他团体在特定时期为实现一定的政治、经济、文化和社会目标所采取的政治行动或所规定的行为准则，它是一系列谋略、法律、法令、措施、办法、方法、条例等的总称”。❷ 而政策外化所形成的政策文献作为政策的物化载体，是政府行为中较为正式的、系统的和可以追溯的文字记录，❸ 是我们研究和分析一国政策最为重要的依据。政策根据不同的表现形式可以分为不同的类别。例如根据政策作用的方式不同，可以分为分配性政策、再分配性政策和调节性政策。也可以根据其作用的层次不同，分为元政策、基本政策和具体政策。本书以政策的作用领域为分类的依据，对政府在一定时期内对法律领域出台的相关法律政策，包括但不限于法律、法规、法律政策性文件或其他相关政策内容。

此外，根据公共政策理论，政策主体在制定和执行政策时，必须依据政策之间的客观关系将它们有机结合起来，以形成政策合力，发挥理想的政策效应，在功能上实现互补。❹ 因

---

❶ Lasswell H D，Kaplan A. Power and Society. New Haven：Yale University Press，1970：71.

❷ 任弢、黄萃、苏竣：《公共政策文本研究的路径与发展趋势》，《中国行政管理》，2017 年第 5 期。另参见苏竣：《公共科技政策导论》，科学出版社，2014 年版，第 9 页。

❸ 任弢、黄萃、苏竣：《公共政策文本研究的路径与发展趋势》，《中国行政管理》，2017 年第 5 期。

❹ 黄萃：《政策文献量化研究》，科学出版社，2016 年版，第 73 页。

此，合力的政策结构需要政策主体兼顾自身所在的政策位置与其他政策主体之间的关系。从本章节的体系结构来看，是通过政策的纵向时间脉络和横向的空间脉络来进行分析和梳理，进而整体理解和把握中美两国在数字内容产业版权相关政策的异同。为了与下一章中的法律文件相区分，本节只列举了两国数字内容产业相关的狭义政策文献，不包括法律政策文献。这些政策文献的制定主体是国家行政机关或政党组织。这些政策文献的形成过程是政策主体履行职能、实施调控或管理的过程，主要目的是处理各种公共事务，具有法定效力和规范格式。具体来说包括下列种类的政策性文献：通知、公告、公报、通告、通报、决议、决定、命令、意见、请示、批复、议案、报告、函和纪要。

本部分主要运用到政策的量化分析研究方法，主要包括中美两国与数字内容产业（鉴于本书用于选择，在量化分析的样本选择上也包括了文化产业、版权产业等）相关的政府各时期的政策性文件，在本部分量化分析的样本选择上，尽可能地穷尽相关政策性文件，但是不能保证样本的全覆盖，使用的分析工具为 Python 语言及相关模块。首先，根据所有样本书献中这些共词的统计频次，统计出不同时期频率出现最高的关键词汇，在去除掉无关分析主题的词汇，例如“以上”“社会主义”“国家”等后，保留的词汇作为不同时期内关键词。之后，对不同时期的关键词进行共词分析和聚类分析。具体实现的步骤是通过数据统计一组关键词两两出现在同一篇文献中的次数，以判断这些关键词的相关强度。之后运用层次聚类分析的方法，将相关性高、距离较近的关键词聚合起来形成不同的组群，而每个时期内的组内关键词反映了这个时期的政策特点，进而分析出不同历史时期政策的变迁。

3.1　美国数字内容产业发展的版权相关政策历史变迁研究

美国政府对数字内容产业发展的政策扶持与其重视创新并以创新政策为基础推动产业发展的政策方向密切相关。美国数字内容产业的发展可以说经历了几个阶段：1973—1992 年为“初始孕育期”，以数字内容产生的源头 TCP/IP 协议带来的数字技术为特点。1993—2001 年为“成长成熟期”，该时期美国政府从资金扶持和政策支持方面为数字内容产业的发展奠定了良好的基础。2002—2009 年为“持续发展期”，美国主要从政策层面完善对市场的引导。

2010 年至今为“引领发展期”，美国在数字内容产业发展方面不断引领世界发展的趋势。[1] 本部分在研究方法上运用文献分析法和政策量化分析方法，收集整理了美国各时期关于数字内容产业发展的政策性文件，并利用计算机的深度学习算法进行分析，梳理出各时期出现最高的主题词，按照词频进行筛选后得出每个不同发展时期的不同特点，进而更好地分析不同历史时期的发展脉络。

3.1.1 初始孕育期（1973—1992 年）

美国数字内容产业的发展肇始于以互联网为标志的数字技术创新。互联网被称为“万网之网”，是由美国国防部基于国际研究议程订立的 TCP/IP 协议而创建。在互联网诞生初期，英国、法国和加拿大等国都创建了本国的专门计算机网络。[2] 这些网络不仅技术上存在差异，而且由于是各国政府分别管理，要实现国家之间跨网络通信是个难题。为了解决这个难题，美国提出建立 TCP/IP 协议，使得不同国家的网络之间可以实现跨网通信。因此，TCP/IP 协议的出现，使得数字内容在互联网上出现成为可能。[3] 同时，随着无线电、放映机等新技术的发展和成熟，美国数字内容产业中的一些重要分支例如电影业、广播业等开始发展。除技术因素外，美国的经济、政治和文化因素也为该产业的发展提供了必要的基础。

从政治形态上看，在美苏对峙的半个世纪中，美国的内容产业具有深刻的意识形态符号。美国加大了对其内容产业的输出，使其对外扩张性凸显，国际形势逼迫美国重新获取对苏联等国的知识优势。1950 年年末，文化繁荣的延续以及美国肯尼迪总统将有关教育和文化的内容融入其执政时期提出的“新边疆”政策中，[4] 使得文化内容扶持的相关政策得以在国家政治形态中体现。[5] 另外，伴随着美国“新自由主义”思潮的影响，面对由两次石油危机引发的

---

[1] 王京案、徐梁：《美国数字内容产业发展历程及其启示》，《现代情报》，2010 年 8 月第 30 卷第 8 期，第 119 页。

[2] 来尧静：《发达国家数字内容产业：发展历程与配套措施》，《学海》，2010 年第 11 期，第 73 页。

[3] 周志平：《媒体融合背景下数字内容产业创新发展研究》，浙江工商大学出版社，2015 年版，第 31 页。

[4] “新边疆”政策包括两个方面。对内采纳新经济学的减税主张，实行长期赤字财政政策，实施老年医疗保险，提出种族隔离的民权法等。对外推行称霸世界的全球战略，把大规模报复战略转变为灵活反应战略，加强对拉美的控制，提出宏图计划，试图将西欧纳入以美国为主的大西洋共同体之中。参见：黄安年：《当代世界史资料选辑（第二分册）》，首都师范大学出版社，2013 年版，第 106 页。

[5] ［法］弗雷德里·克马特尔：《论美国的文化——在本土与全球之间双向运行的文化体制》，商务印书馆，2013 年版，第 12 页。

大规模的经济滞胀，凯恩斯主义显得力不从心。“新自由主义”❶ 在里根当选总统后对美国文化产业的发展影响深远。该时期里根总统重视市场经济，强调自由贸易政策，并努力减少政府对经济干预的“新自由主义”的经济政策，为之后美国文化产业的发展奠定了良好的基础。❷

3.1.2 成长成熟期（1993—2001 年）

美国数字内容产业的发展离不开美国“国家信息技术设施计划”的扶持。1993 年，美国政府以互联网的发展为基础提出“国家信息基础设施行动计划”。该计划的提出成为美国数字内容产业发展的重要基础。该计划初步形成于 1995—2000 年，到 2013 年全部建成。该计划的最终目标是“使所有的人都能经过信息高速公路进行联机通信”，从而实现数字出版、数字通信、数字图书馆、家庭数字影院、电子商务等服务。通过该计划美国希望将个人、企业和政府等密切连接起来，并为这些主体提供相应的服务。1994 年，美国政府自此基础上进一步提出“全球信息基础设施行动计划（GII）”，计划在 21 世纪初完成对通信基础设施（硬件）的部署，计划在 2000 年前完成对网络硬件和网络服务的系统化。❸ 通过上述两个计划的实施，美国在计算机硬件、软件、信息数据和技术标准四个方面取得了举世瞩目的成就。其中多媒体技术、数字网络技术、计算机网络化技术、无线通信技术、信息传输服务技术、视觉通信技术和音频处理技术等为其他新技术的发展和数字内容产业的发展提供了有利的技术支持。❹ 从这一时期的政策性文件的量化分析结果来看（见图 3-1），美国政府很注重信息基础设施的搭建，关注电信技术和相关产业的发展，积极促进软件产业和电脑硬件产业的发展，并制定相关的行业标准。可以看出，“信息”“网络”“软件”“基础设施”“标准”等主题词频繁出现在政府的相关政策性文件中。从对经济发展的影响角度分析，1993 年美国以信息为基础的产业总收入达到了4 180亿美元，约占当时美国 GDP 总额的 7%，成为当时

---

❶ 新自由主义是一种经济自由主义的复苏形式，是指反对国家对于国内经济的干预。强调自由市场的机制，主张减少对商业行为和财产权的管制。在对外政策上，新自由主义支持以政治手段利用经济、外交压力或是军事介入来打通国外市场。参见：［美］大卫·科茨：《美国新自由主义的衰落和社会主义的未来》，《当代世界与社会主义》，2016 年第 2 期，第 37 页。

❷ 张慧娟：《美国文化产业政策及其对中国文化建设的启示》，中共中央党校博士论文，2012 年 4 月。

❸ 来尧静：《发达国家数字内容产业：发展历程与配套措施》，《学海》，2010 年第 11 期。

❹ 何枭吟：《美国数字经济研究》，吉林大学 2005 年博士学位论文。

极具发展潜力的产业之一。❶

此外，在新自由主义思潮的继续影响下，美国的数字内容产业在这一时期开始了兼并和垄断的进程。20 世纪 90 年代各大广播电视传媒集团之间掀起了一系列的并购狂潮，“文化帝国主义”的概念和口号开始在世界主要地区和国家开始流行，以“好莱坞”等为代表的美国文化开始陆续输出。❷

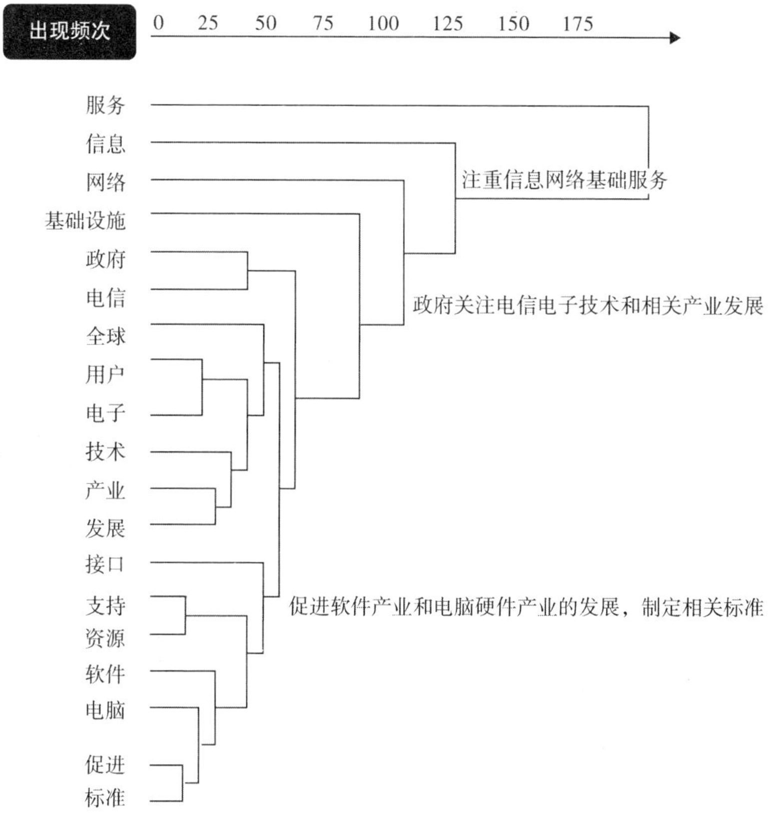

图 3-1　1993—2001 年美国数字内容产业发展特征量化分析

3.1.3　持续发展期（2002—2009 年）

美国“信息高速公路”的搭建，为美国数字内容产业的发展提供了良好的技术支持。进入持续发展期之后，美国政府开始着力建立数字内容产业市场

❶　王京安、徐梁：《美国数字内容产业发展历程及其启示》，《现代情报》，2010 年第 8 期。
❷　张慧娟：《美国文化产业政策研究》，学苑出版社，2015 年版，第 36 页。

体系。特别是 1996 年通过的《电信法案》对 1934 年的《电讯法》进行了大幅度的修改，打破美国电信行业的垄断，美国境内的所有电信市场保持开放，从此之后，美国的市场竞争体系逐渐建立和完善。其中的两项重要决策即美国的《域名权保护法案》和《北美产业分类系统》（简称 NAICS）发挥了重要的作用。[1] 其中，北美产业分类系统对信息业下属的子部门进行了扩展，将网络服务业分离出来，进行了市场的细分。《域名权保护法案》对域名和商标进行统一保护，为创造公平、自由的市场提供了保障，确立了美国数字内容产业市场的统一规范体系。法律层面，《数字千年法案》等为数字内容产业的发展提供了法律支持。《数字千年法案》是进入 20 世纪以来对美国版权法最为重要的修改，其中创设性的制度性构建，例如版权的“避风港规则”给美国乃至全球探索网络服务提供商的平台责任及其规制提供了示范性的立法，之后我国也在立法中予以引入。

2003 年 10 月，美国竞争力委员会启动了“国家创新计划”，动员来自美国产业界、政府、学界等多方机构讨论如何创造出一个最具吸引力的创新环境。2004 年，美国竞争力委员会公布题为《创新美国：在挑战与变革的世界中达到繁荣》的报告，该报告对美国的科技政策和立法产生了重要影响。2006 年，美国前总统小布什正式启动“美国竞争力计划”（American Competitiveness Initiative），提出要在基础研究方面、在人才和创造力方面领先世界。2007 年，美国国会通过了一项旨在促进创新的《美国竞争法》，该法案要求进一步加大对国家科学基金与国家标准和技术研究院的资金在支持力度，以促进创新的发展。2009 年，美国总统执行办公室、科技政策办公室和国家经济委员会联合发布了《美国创新战略：推动可持续增长和高质量就业》，[2] 其核心内容在于承诺要充分发挥创新潜力，促进新产业、新企业和新就业。2011 年 2 月，时任美国总统的奥巴马发布了《美国创新战略：确保经济增长和繁荣》，该战略是 2009 年战略的升级版，其目的是实现从“创造就业”到“确保经济增长和繁荣”的转变。新版的美国创新计划提出了五个行动计划：“无线网络计划”，计划在未来五年内实现美国高速无线网络的接入率为 98%；“专利的审批改革计划”，缩短专利的审批时间；积极帮扶中小企业的创业能力并提高其吸收就业的能力；促进科技研究成果快速转化等。

从政策量化分析的角度来看（见图 3-2），由于前期对网络基础设施的铺

---

[1] 王京安、徐梁：《美国数字内容产业发展历程及其启示》，《现代情报》，2010 年第 8 期。

[2] 杨东德：《关于中国国家创新体系建设的思考》，《创新》，2015 年第 11 期，第 62 页。

设和构建为其数字内容产业的发展奠定了良好的基础，这一时期的美国政府更加注重在教育领域的研发投入，提倡充分发挥大学在研发领域的功能和作用。为了扶持相关数字内容产业的发展，政府加大资金扶持力度以促进投资，并辅之以相应的税收优惠措施以促进产业的发展。此外，除了发展本国相关产业之外，积极关注日本等国家和我国台湾地区的竞争性产业的崛起，以保持其在本国科学技术等领域的优势地位。“工程”“技术”“教育”“创新”“投资”“税收”等主题词在政府文件中出现频次较高，成为这一时期的标志性主题词，也反映了这一时期美国通过政府的资金和税收等多方面投入，注重科研和创新以促进产业保持领先优势的积极态度。

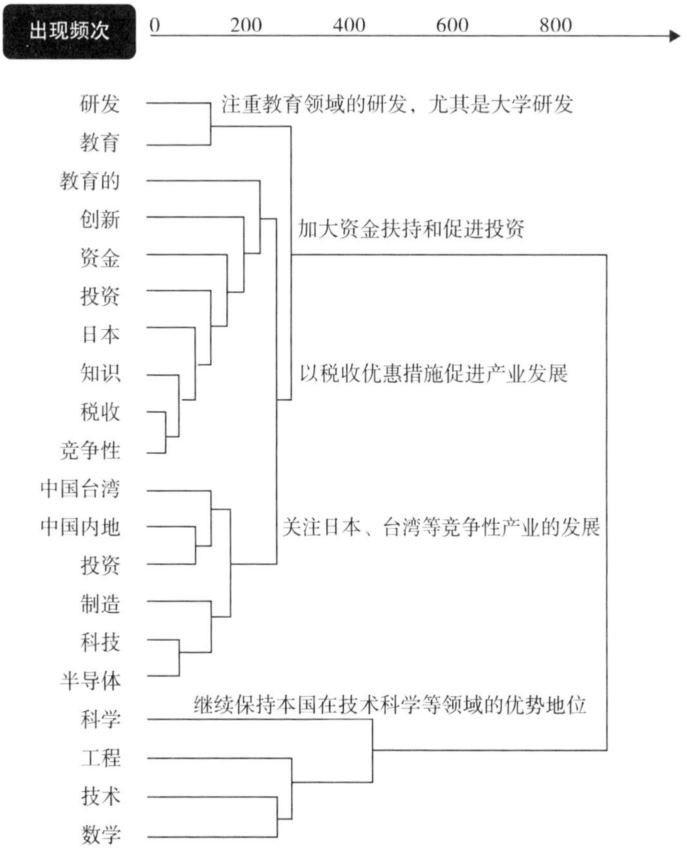

图 3-2　2002—2009 年美国数字内容产业发展特征量化分析

3.1.4 引领发展期（2010 年至今）

2010 年之后，美国的数字内容产业进入发展的快车道，成为引领世界数字内容产业发展的强国。以“互联网”“专利”“出口”“效率”“无形资产”“突破”“创新”“进步”等主题词为这一时期的政策特征代表（见图 3-3）。首先，美国政府为了继续保持其在原有产业中的优势地位，注重技术的突破性创新和研究，关注以专利为代表的核心技术性突破。其次，继续关注美国以电影产业为代表的内容产业的文化出口和互联网的发展。注重教育对经济的促进作用，美国的年青一代基本都接受过好莱坞文化和以“超人”等为代表的美国英雄人物的文化熏陶，也为当今以这些题材为主题的电影的热卖奠定了文化基础。继续强调税收和市场对无形资产的重要影响，利用税收优惠措施的实施促进数字内容产业的繁荣发展。

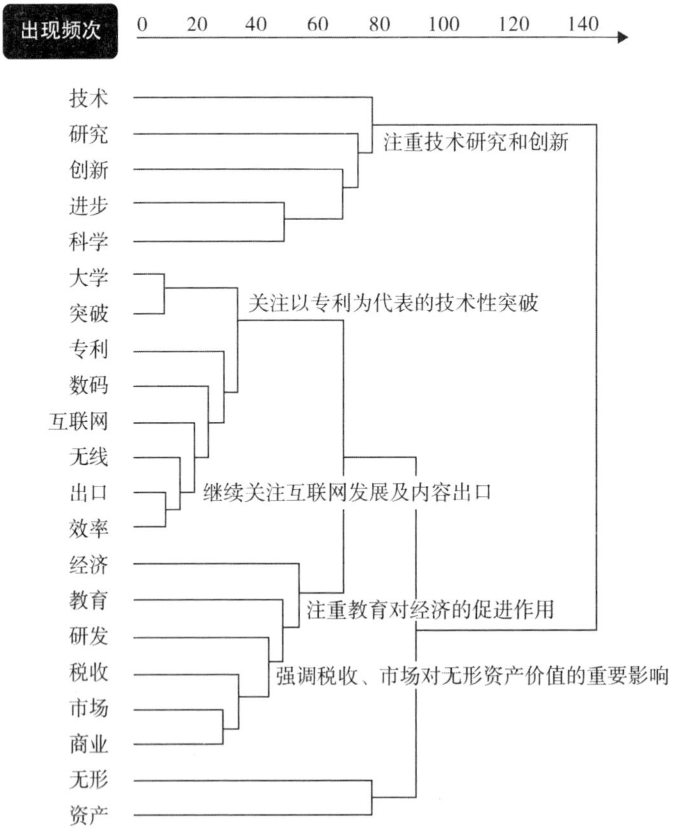

图 3-3　2010 年至今美国数字内容产业发展特征量化分析

由于上述政策的实施，美国数字内容产业的发展速度惊人。根据 eMarketer 的统计，2002 年美国的网民人数约为 1. 55 亿人，其中约有 10. 5% 的网民购买线上的内容产品，约有1 630万人；2003 年这一数目达到了2 230万人，占总上网人口的 13. 8%，到了 2004 年，这比重已经占到总上网人口的 20. 9%，并从此呈现出逐年递增的趋势。❶

从上述的美国数字内容产业的发展状况来看，美国政府虽然出台了一系列促进创新与发展的国家政策，但是与我国内容产业监管模式不同的是，美国没有一个专门负责内容产业的类似我国的文化部或者新闻出版广电总局这样的国家专门机构。这些政策文件散落在美国的国会、政府和商务部甚至是协会等各个机构中。造成这种现象的原因需要追溯美国对内容产业管理的领导人乃至政府机构设置的历程。

早在 20 世纪 60 年代的约翰·肯尼迪执政期间，他对于联邦政府在文化领域的任何接入都是持怀疑态度的，他坚信政府只能在文化领域起到有限的、间接的以及边缘的作用。对他而言，只有这种去中央化的有依靠美国个人捐赠的美国方式才可以从根本上保障美国文化体制的自由和活力。因此，肯尼迪在执政期间为美国今后的执政者确定了一个基本的发展路线，即美国不会有文化部，而是通过创设国际艺术委员会❷的形式推动文化融入国家生活中。之后，在美国的工会动员、强大的专业组织的发展和院外游说集团的游说之下，国家艺术基金委员会❸最终建立。之后的历任美国总统，例如尼克松和卡特等无论其奉行的是文化精英主义还是文化多元主义在文化发展与国家创新方面都延续了不希望有统一的文化部来管理的执政理念。正如卡特所说：“在这个国家，我们没有文化部，而且我希望我们永远没有。我们没有官方艺术，而且我祈祷我们永远不会有。”❹

美国虽然没有统一的文化部，却存在着一种独特而复杂的去中心化的文化体制，这种独特的美国文化体制是多元而分散的。这种体制的形成是一个国家历史发展的产物，有着独特的国家基因。这种以内容为核心的内容产业的发展有着美国自身独特的优势。美国在国家层面有上百个基金会的支持，还有国家

---

❶ 王京安、徐梁：《美国数字内容产业发展历程及其启示》，《现代情报》，2010 年第 8 期。

❷ 美国肯尼迪总统于 1963 年 6 月 12 日独自创立了自己的国家艺术委员会。

❸ 1964 年 9 月 3 日，时任总统的林肯·约翰逊签署了法案，建立美国的国家艺术委员会。

❹ ［法］弗雷德里·克马特尔：《论美国的文化——在本土与全球之间双向运行的文化体制》，商务印书馆，2013 年版，第 100 页。

激励性的税收政策以及非营利机构和行业协会的支持。除此之外，美国各州和各地方城市政府对内容产业的发展也有着直接和间接的支持，它们的支持构成了美国独特的“文化生态系统”，但却运行有效，支撑着美国数字内容产业的蓬勃发展，使这个外来人口聚集的大国将各国的文化基因各自发扬，成为引领全球内容产业发展的强国。

3.2 中国数字内容产业发展及相关政策

从2001年至今，国家出台了近百个关于扶持数字内容产业发展的相关国家政策性文件。从文件样本的收集和整理来看，不仅仅包括国家各文化主管机关出台的政策性文件，也包括党的十六大到十九大以来的报告和相关政府工作报告内容。在收集分析样本时，尽可能做到全面。在分期研究方面，进行先行分期，之后再对不同时期的文件提取主题词，再按照主题词出现的频次进行排序。之后再对主题词进行筛选，去掉与主题无关的词汇，留下该时期特有的主题词，并结合该时期的政策法规等相关文献，分析出不同时期的产业政策特点。

3.2.1 初步探索期（2001年之前）

这一时期是我国内容产业发展的初步探索期。国家层面的相关政策性文件并不多。在改革开放以后，我国传媒产业的属性开始显现，但是国家政策的基本取向是以计划和管制为主。主要的政策性文件包括十六大报告、国务院的《文化体制改革试点中支持文化产业发展的规定》、文化部的《关于支持和促进产业发展的若干意见》《关于加强文化市场管理工作的通知》《关于加速发展第三产业的决定》以及《进一步完善文化经济政策的若干规定》等文件。这一时期出现频率较高的关键词包括“文化”“文化产业”“改革”“推进”“加强”“改革开放”“全面”等。

这一时期我国数字内容产业的发展刚刚起步。1994年4月，中国正式接入互联网国际专线，1995中国电信在北京、上海开通网络信道开始提供互联网接入服务。以《神州学人》《中国贸易报》《中国日报》为代表的纸媒成为首批走向互联网发布“电子报”“电子版”的媒体。这时候对媒体“触网”还未有约束。互联网从引入到高速发展只用了短短几年时间，并迅速成为继报纸、广播、电视之后传播新闻的第四媒介，关于网络媒体的相关政策在这一时期开始出台。例如1996年2月出台的《中华人民共和国计算机信息网络国际联网管理规定》明确要求“个人、法人和其他组织用户使用的计算机或者计算机信息网络必须通过接入网络进行国际联网，不得以其他方式进行国际联网”，这是我国互联网的第一个法规。

这一时期，总体的政策是支持和鼓励数字内容产业的发展，并且有着明显的政治导向性（见图3-4）。1988年，我国在《关于加强文化市场管理工作的通知》中首次提出“文化市场”的概念，打开了文化市场的窗口。1996年国务院颁发《进一步完善文化经济政策的若干规定》，从金融、投资、财税等方面细化关于传媒产业的政策优惠措施，并逐步开始探索将内容产业相关的国有企业和事业单位推向市场。1998年第九届人大一次会议上提出将在三年内取消电视台等事业单位的政府财政拨款，实现自负收支，广播电视事业进入市场运行轨道。1999年，中共中央办公厅转发了《中央宣传部、中央对外宣传办公室关于加强国际联网络新闻宣传工作的意见》，这是中共中央关于互联网新闻宣传的一个指导性文件。文件从争夺21世纪思想舆论制高点的高度，明确了网络新闻宣传工作的发展方向，并对网上新闻信息发布提出了原则规范，提出“适应世界信息化趋势，抓住当前有利的时机，开展和加强国际互联网络上的新闻宣传，努力建设有中国特色社会主义的网络新闻宣传体系，是党的新闻宣传工作一项重要而迫切的任务”。再如，2000年6月，国务院发布了《关于印发鼓励软件产业和集成电路产业发展若干政策的通知》，规定通过政策引导，鼓励资金、人才等资源投向软件产业和集成电路产业，进一步促进我国信息产业快速发展。主要包括：投融资政策支持，多方筹措资金，加大对软件产业的投入，为软件企业在国内外上市融资创造相关条件。

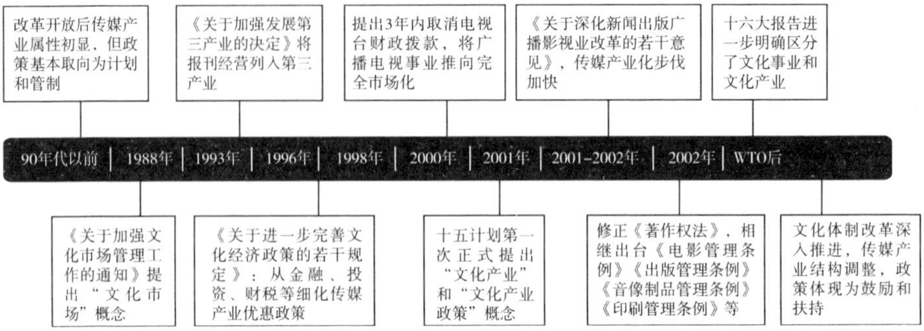

图 3-4　2000 年后中国数字内容产业政策发展历程[1]

鼓励发展并不意味着放任不管，这一时期出台众多相关监管政策的直接原因确实是因为行业发展初期存在一些发展不规范的现象，这些相关政策起到了一定的管理和规范的作用。在这背后有着更深层次的意识形态的因素，数字内容产品中所体现的价值观、道德观、意识形态等都是相关部门审查的重点。例如，2000 年《互联网信息服务管理办法》中就规定从事新闻、出版类互联网信息服务的，“依照法律、行政法规以及国家有关规定须经有关主管部门审核同意的，在申请经营许可或者履行备案手续前，应当依法经有关主管部门审核同意”，并由相关部门监管处罚。

通过计算机学习分析出的共词和聚词之间的相对关系，可以分析出这一时期的主要特点（见图 3-5）：国家着力坚持推进改革开放和体制改革，在国家“十五计划”中首次提出“文化产业”和“文化产业政策”概念之后，十六大报告又进一步区分了“文化事业”和“文化产业”的概念。通过国家层面的政策积极推进与内容相关的产业的发展，并逐渐引入市场运行机制，促进这些产业的自我“造血”式发展。由于我国处于社会主义初级阶段的基础国情，决定了在发展具有中国特色社会主义和社会主义文化建设过程中，必须坚持政治民主，坚持具有中国特色的文化发展道路，政治特色鲜明。2001 年 10 月 18 日，文化部发布了《文化产业发展第十个五年计划纲要》（以下简称《计划纲要》），提出“文化产业发展的程度是经济与文化融合的具体反映，同时也已经成为衡量经济发展水平的重要标志”。首次从国家经济的角度突出文化产业对推动经济增长、有效拉动内需和解决就业等重要的促进作用。我国的文化产业从此进入新的发展时期。

[1] 资料来源：中信证券研究部整理。

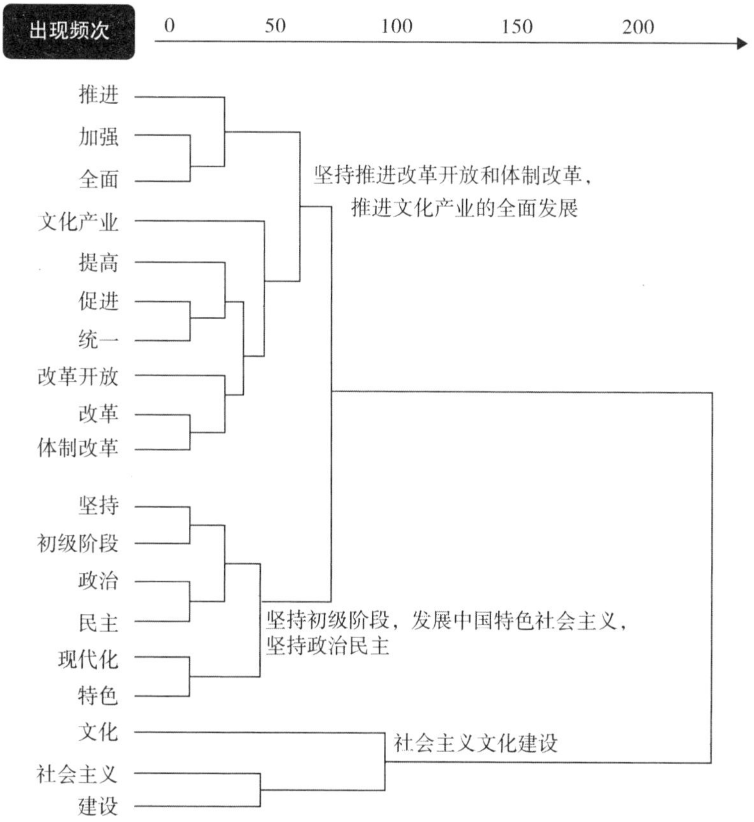

图 3-5　2001 年之前中国数字内容产业发展特征量化分析

3.2.2　深化发展期（2002—2011 年）

2002 年之后，我国的数字内容产业进入深化发展时期。随着互联网技术的飞速发展，博客、播客、SNS、WIKI 等为普通网民打造的互联网应用平台出现。截至 2003 年 1 月，中国网民数量已达到5 910万人，超过日本，仅次于美国。[1] 互联网的飞速发展与普及为数字内容产业的发展和崛起提供了巨大的契机。“发展”成为这一时期最重要的主题词。这一时期的主要政策性文件包括国务院《关于深化文化体制改革的若干意见》、文化部《关于鼓励、支持和引导非公有制经济发展文化产业的意见》、国务院《关于非公有资本进入文化产业的若干决定》《关于文化领域引进外资的若干意见》《关于深化文化体制

[1] 数据来自中国互联网络信息中心（CNNIC）公布的第 11 次《中国互联网络发展状况统计报告》。

改革的若干意见》《国务院办公厅转发财政部中宣部关于进一步支持文化事业发展若干经济政策的通知》等系列政策性文件。

数字内容产业在此时期进入深化发展期，产业效益开始平稳增长，内容产品不断涌现，包括数字娱乐、数字出版、影视动漫等数字产品，成为市场领域新的蓝海。以数字游戏产业的发展为例，我国游戏产业此时已步入客户端游戏、网页游戏、移动游戏三足鼎立时代。2009 页网页游戏兴起，并且一度出现了月收入过亿的产品。此后，随着 App Store 的上线和智能手机的普及，手机游戏获得了爆发式增长，产业效益不容小觑。为保障数字内容产业更快、更好的发展，2009 年 9 月，国务院发布《文化产业振兴规划》，落实党的十七大提出的大力发展文化产业，激发全民族文化创造活力，更加自觉、更加主动地推动文化大发展大繁荣的要求，要求加快振兴文化产业，充分发挥文化产业在调整结构、扩大内需、增加就业、推动发展中的重要作用。提出要着力做好八个方面的重点工作，其中包括发展新兴文化业态，采用数字、网络等高新技术，大力推动文化产业升级。技术和政策的双向推动将网络游戏的发展推向了繁荣。在经济层面对于外部资本的态度也更加包容开放：例如，十八届三中全会做出全面深化改革的决定后，中央分别出台了《关于推动传统媒体和新兴媒体融合发展的指导意见》和《关于推动国有文化企业把社会效益放在首位、实现社会效益和经济效益相统一的指导意见》两个重头文件，明确提出“鼓励符合条件的重点新闻网站上市融资”“鼓励符合条件的国有文化企业上市融资”。

但是，需要注意的是伴随产业的飞速发展，政策与产业的脱节也越发显现。以数字媒体产业的发展和规制为例，这一时期，综合性网站采编权规范、互联网视听节目服务许可制度、网络舆论导向成为互联网新闻政策的关键词。但在互联网与生俱来的开放格局中强调限制与监管，实际上与技术发展、公众期待和社会进步是不相适应的。为了减少这种不适应，这一时期的政策更新出台得较为频繁。例如，同时 2004 年 9 月，中国共产党十六届四中全会通过《中共中央关于加强党的执政能力建设的决定》，提出高度重视互联网等新型传媒媒介对社会舆论的影响，打造网上正面舆论的强势地位。2005 年 9 月国务院新闻办公室和信息产业部联合发布的《互联网信息服务管理规定》，强调出台是“为了规范互联网新闻信息服务，满足公众对互联网新闻信息的需求，维护国家安全和公共利益，保护互联网新闻信息服务单位的合法权益，促进互联网新闻信息服务健康、有序发展”，取代了 2000 年发布的《互联网站从事登载新闻业务管理暂行规定》，严格区分了互联网新闻信息服务单位的种类。

2007 年的《互联网视听节目服务管理规定》加强了对网络视听类节目在舆论导向方面的监管和引导。

通过对这些政策性文件的共词和聚词之间的相对关系的分析（见图 3-6），我们选取了这一时期的一些关键词，例如“发展”“鼓励”“规范”“创新”“自主”“推进”等。“发展”和“创新”这两个关键词在这一时期尤为醒目。“创新”这一关键词在相关的政策性文化中出现频率明显增多，可见政府在促进内容产业发展的过程中，注重“创新”的引领和带动作用，同时，积极协调发展，优化现有体制机制，在不同的领域进行重点推进。此外，这一时期的政策面上出台了一系列促进内容产业发展的扶持政策，在经济层面表现尤为明显，包括税收优惠政策、促进外资投资文化产业领域政策、非公有资本进入文化产业等系列政策。

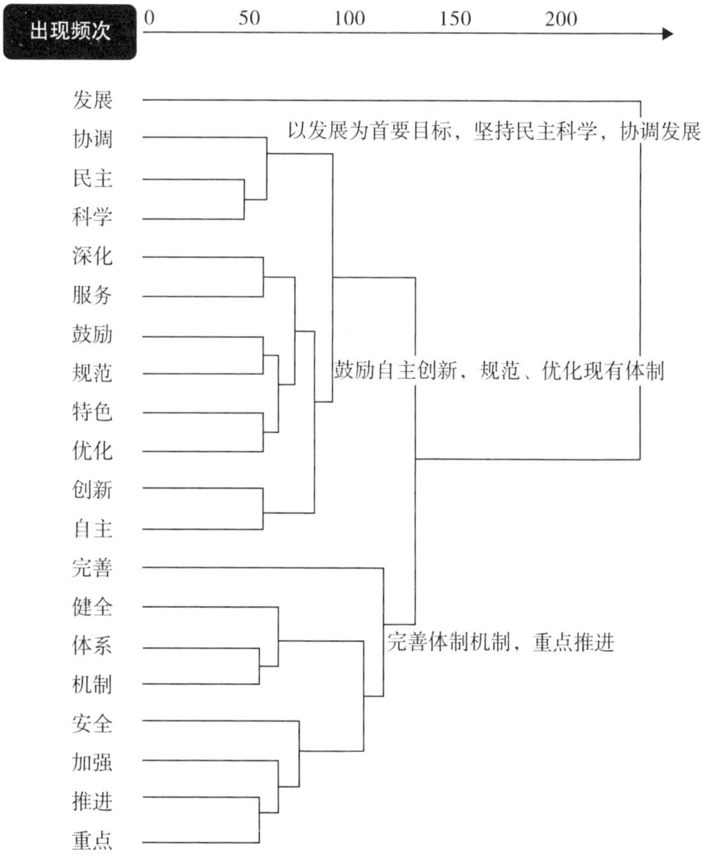

图 3-6　2002—2011 年中国数字内容产业发展特征量化分析

3.2.3 提升发展期（2012 年至今）

2008 年，我国出台《国家知识产权战略纲要》，将发展我国知识产权事业提升至国家战略层面。作为知识产权事业重要组成的内容产业，也迎来了新的提升发展期。具体来看，2008 年以来，我国在内容产业方面的政策密集出台。2009 年，我国还专门出台了文化产业振兴规划，此外，还有《国家“十二五”时期文化改革发展规划纲要》《中共中央关于深化文化体制改革推动社会主义文化大发展大繁荣若干重大问题的决定》《关于金融支持文化产业振兴和发展繁荣的指导意见》等二十多个政策性文件，对数字内容产业的规范也从模糊渐趋清晰。

以数字出版产业为例。随着网络技术的发展和互联网应用的普及，网络出版业也在迅猛发展，特别是近几年，网络出版业产值在整个出版产业产值中所占比例逐年提高。关于网络出版的管理规定最初可以在各种网络政策法规之中找到相应规定，其处罚见于一些司法解释之中。2016 年 2 月 4 日国家新闻出版广电总局在原有政策的基础上发布了专门规范网络出版行为的《网络出版服务管理规定》，强调“从事网络出版服务，必须依法经过出版行政主管部门批准，取得网络出版服务许可证”，并对网络出版单位和内容审查方面做出了明确的规定，规定“网络出版服务单位实行编辑责任制度，保障网络出版物内容合法”。网络出版服务单位实行出版物内容审核责任制度、责任编辑制度、责任校对制度等管理制度，保障网络出版物出版质量。我们可以看到我国对网络出版的规制是一个不断严格和独立的过程，从对出版单位的规制到内容审查方面都是越来越明确的，而且呈现线上线下逐渐一致的趋势。

这一时期的政策开始注重体系的建构和产业的全面发展，强调联合政府、企业、行业协会和社会大众多方力量共同治理，并且更加注重执法建设等。中央各相关部委从各自管理角度制定了相应的宏观政策，对数字内容产业的发展予以极大关注，如信息产业部的《信息产业科技发展“十一五”规划和 2020 年中长期规划纲要》，文化部的《文化建设“十一五”规划》，国家广播电影电视总局的《电影数字化发展纲要》等，都从不同角度对数字内容产业发展予以支持。地方政府对数字内容产业发展也积极扶持。最为重要的是，我国文化部于 2012 年发布了《文化部“十二五”时期文化产业倍增计划》（以下简称“倍增计划”），这是国务院文化行政主管部门以文化强国为远景目标，发布的第一个部门文化产业规划。“倍增计划”的鲜明特点是突出跨越式发展，强调构建现代文化产业体系，加快发展重点文化产业，以实现倍增目标。同时指出，文化产业是推动经济结构战略性调整的重要支点和转变经济发展方式的重要着力点。❶“倍增计划”中对文化产业作用认识的深化，反映了文化产业在国家发展战略中地位的提升，标志着我国对以内容扶持和发展为核心的数字内容产业的发展在国家层面的全面提升和发展，进入到快速升级的提升发展期。

同样通过对这一时期政策性文件的共词和聚词之间的相对关系的分析（见图 3-7），我们得到这一时期的一些关键词，如“网络”“增强”“加快”“重点培育”“能力”等。“网络”“增强”“加快”“重点培育”“能力”词汇的频率较高。这一时期的发展特点：注重各内容产业的融合发展，重点促进文化能力建设和制度保障体系建设，同时国家开始重点关注网络安全，为数字内容产业的发展奠定了良好的基础。同时，各新兴数字内容产业的发展也在不断促进国家积极探索对新业态的监管和发展扶持，对内容产业的相关政策从数量上来看也比前两个时期有显著提升，国家的重视程度也在不断提高。

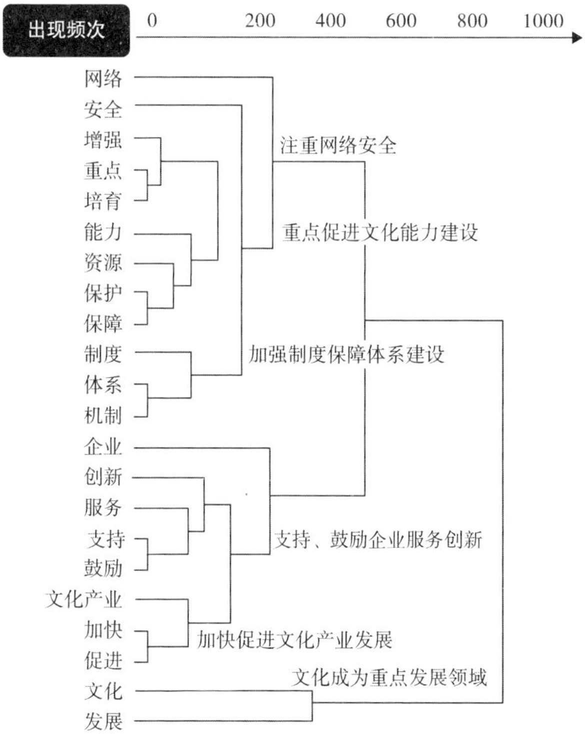

图 3-7　2012 年至今中国数字内容产业发展特征量化分析

---

❶ 熊澄宇：《中国文化产业政策研究》，清华大学出版社，2017 年版，第 103 页。

从上述文件及相关资料的整理和查找来看，我国对于数字内容产业的政策发展经历了从20世纪90年代初期的引导和培育的政策导向逐渐转向2001年前后的优惠和扶持政策，再到2012年之后不断推进新兴内容产业的融合发展的过程。从发展过程来看，既有基于我国自身产业转型发展要求而出台的相关产业扶持和税收优惠减免等国家的主动改革，也有基于国外文化强国的快速发展而引发的倒逼式改革发展。可以说，我国数字内容产业的发展是基于国内外复杂的历史环境和我国基本国情而探索发展的。

从产业政策的文本分布来看（见图3-8），2002年之前政策出台的数量较少，2003年之后开始有所提升。由于我国数字内容产业的起步较晚，2000年前后第一次互联网泡沫的破裂，导致很多互联网企业纷纷破产重组。2004年前后，由于互联网企业开发探索新的商业模式，有一段相对稳定的发展期，国家相关产业政策的数量也稳步上升。2009年和2010年密集出台相关政策，2009年国务院出台的《文化产业振兴规划》提出了促进我国文化产业的发展，国家各相关部门针对不同类别的产业分布制定详细政策，进行产业扶持发展。近3年来，随着我国数字内容产业的不断发展壮大，产业的成熟度逐步提高。

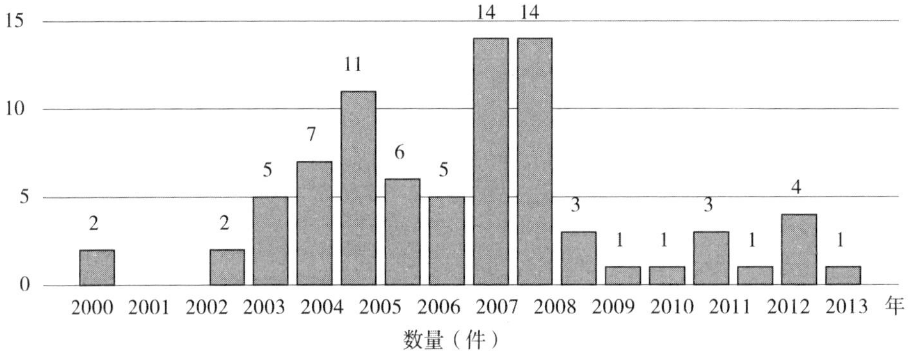

图3-8　2000—2017年中国数字内容产业政策文本分布❶

❶ 周格非、周庆山：《我国数字内容产业政策的内容分析与完善策略》，《图书情报工作》，2014年5月，第58卷第10期，第14页。

3.3 本章小结

综观中美两国数字内容产业的相关政策，可以将其分为三大类政策：第一类是国家宏观战略类的政策。包括中美两国出台的对数字内容产业发展的宏观发展战略、发展纲要等，这些政策在一定程度上决定了产业的发展方向与发展趋势。第二类是国家财政政策，包括政府为数字内容产业发展提供的各种直接或间接的补助或捐赠、税收优惠措施等。第三类是国家监管政策，包括国家对金融企业及银行等金融机构等对数字内容产业发放各种融资渠道等的监管措施，对媒体的管控政策，例如我国的影片引进配额制度等。从两国的政策数量来看，我国政府出台的与数字内容产业相关的政策性文件数量明显多于美国。同时，美国的第一类政策占据其所有关于数字内容产业政策的比例达到 70%，我国第一类政策比例明显低于美国。这与美国政府对数字内容产业没有像我国一样集中监管密切相关，同时也体现出美国政府对数字内容产业发展的整体监管力度小于我国。

从两国的政策文本分析来看，数字内容产业发展过程中的国家政策在一定程度上会超前于法律的修改，尤其是第一类政策性会对一定时期内的产业发展产生重要影响。第二类政策和第三类政策由于在政策执行的过程中，其执行力强，效果明显，有准法律化的特征，可以称为“政策的法律化”。这一现象在我国政策的执行过程中表现尤为明显。

4. 中美数字内容产业法律制度演变——以版权法为核心

本章将梳理和分析中美两国数字内容产业以版权法为核心的法律制度的演变。由于数字内容产业与两国的版权法的关系最为密切，因此本章将以版权法及其相关立法情况、司法案例和行政执法的实际情况为切入点进行对比分析。其中，立法情况将比较两国版权法相关法律对本国权利人、公众等的保护情况。司法案例将以数字内容产业的分产业为划分线索，对比分析两国对相同领域中所出现的案例的不同裁判思路。行政执法情况以美国现行的做法与具有我国特色的行政执法体系作为对比，解析出两国的各自特点。

4.1 数字内容产业的立法演变——各利益主体的博弈与平衡

两国的立法水平会直接影响两国数字内容产业的发展。同时，立法的过程也是产业中各利益主体进行利益博弈的过程，最终的立法成果必然会平衡各方利益。由于我国和美国分属于大陆法系和英美法系，其法律渊源和立法形式都不尽相同，导致我国的成文法相对较多。美国作为英美法系国家，司法判例在其司法实践中占据主导地位，具有法律上的拘束力，因此其法典化的立法性文件相对较少，这也造成了美国在规制数字内容产业相关的立法过程中，参众两院提出的法案较多，但是真正能通过国会审议并最终纳入法典的法案并不多。

我国作为大陆法系国家，司法实践中的案例对其他法院并没有必然的法律约束力，目前的案例指导制度也正在进一步试点当中。因此，我国的法律在调整和适应社会现实问题过程中只能依靠立法的修改和最高院出台司法解释的方式进行，立法的迫切性和必要性更高。此外，由于我国的经济发展水平与美国存在一定的差距，这一经济基础也决定了我国在不同的历史发展时期对我国数字内容产业所采取的知识产权保护措施和立法态度有差别。这些差别会在两国不同时期的立法文件中有所体现，也反映了以版权为核心规制数字内容产业的知识产权立法可以被视为产业政策的工具之一，其对于产业的发展尤为重要。

4.1.1 美国立法体系的历史脉络

美国对数字内容产业的版权保护经历了一个从低保护水平逐渐过渡到强保护并主导国际版权规则制定的过程。早在1959年，美国开始发表《美国版权产业规模》研究报告，在国际上首先对版权产业研究给予重视。根据美国国际知识产权联盟（IIPA）发表的多份《美国经济中的版权产业》报告，美国的版权产业已经连续20多年保持高速增长态势，是美国经济中规模最大且发展最快的极少数部门之一。[1] 20世纪90年代以来，虽然受到经济危机的影响，但是美国数字内容产业的发展仍然以较高的速度增长，这与其知识产权的强保护水平密切相关。

1710年英国的《安妮法》[2] 是美国1790年第一部版权法的源起。19世纪是美国版权法的形成时期，版权条款被纳入美国宪法，版权有限的保护原则得以确立。[3] 当时的版权客体限于新创作的书籍、地图和图表，权利内容具体规定为在有限期间内印刷、重印、出版和销售。版权作品被授予的有限保护在某种程度上是当时印刷技术对书籍进行经济利用的结果，同时也是版权垄断历史的必然产物。有限的权利内容和保护期限的限制是这一时期美国版权保护的特征，并通过1879年的Baker v. Selden案[4]得到延续。由于这一阶段美国的经济社会发展水平不如欧洲，因此也没有加入国际主要的版权条约如1886年的

[1] 吕庆华：《文化智能资源的版权业及创意业开发分析》，《现代传播（中国传媒大学学报）》，2006年8月。

[2] 《安妮法》的英文全称是An Act for the Encouragement of Learning，by Vesting the Copies of Printed Books in the Authors or Purchasers of such Copies，during the Times therein mentioned，这一法律的标志是1710年英国安妮女王的即位。

[3] ［美］莱曼·雷·帕特森，斯坦利·W. 林德伯格，郑重译：《版权的本质：保护使用者权利的法律》，法律出版社，2015年版，第57-62页。

[4] See Baker v. Selden，101 U. S. 99（1879）.

《伯尔尼公约》；美国在公约实施后的 100 年内都拒绝加入，防止因公约的加入而被迫提高国内的版权保护水平。

之后随着美国经济社会发展水平的全面领先，在国内立法方面，版权的权利范围不断扩张，版权保护力度逐步加大。首先，版权的权利保护客体的范围逐渐扩展，从最初的仅限于书籍、地图、期刊扩大到所有作品，[1] 再到数字作品、网络作品。其次，版权保护期限不断延长，从最初作品发表之日起 14 年，到之后的 28 年，再到 1976 年版权法延长到作者死后 50 年，再到 1998 年《版权期限延长法案》规定在 1978 年及以后创作的作品版权保护期限为作者终身及其死亡后 70 年。

美国在不断扩大国内版权保护力度的同时，也主动开始融入国际主流的版权保护体系，并逐步开始主导国际版权保护立法。[2] 在美国的强烈要求下，《与贸易有关的知识产权协议》（TRIPS 协议）纳入关贸总协定乌拉圭回合谈判中，并通过该协议强制 WTO 成员将其版权标准提高至 TRIPS 协议的最低标准。2013 年，以美国为主导的“跨太平洋伙伴关系协议”（TPP）开始谈判，这一综合性的自由贸易协议包括大量知识产权保护条款，如将临时复制和缓存纳入复制权范围、延长版权的保护期限[3]和提高反规避标准等。

美国数字内容产业的迅速发展是美国版权强保护政策的推动力。根据世界知识产权组织的定义，[4] 版权产业是指版权可发挥显著作用的产业，[5] 并将版权产业分为核心版权产业、相互依存的版权产业、部分版权产业和非专用支持产业四个产业组。[6] 版权核心产业相当于我们经常讲的文化产业的概念，包括新闻出版、广播影视、文学艺术、动漫、软件等。从 2002 年到 2013 年，美国核心版权产业总价值在 GDP 中的比重从 5.98% 上升到了 6.71%，已经成为美国经济

---

❶ 张昌兵：《美国版权产业保护政策的历史演变与启示》，《中外企业家》，2010 年第 7 期，第 23 页。

❷ 张昌兵：《美国版权产业保护政策的历史演变与启示》，《中外企业家》，2010 年第 7 期，第 23 页。

❸ TPP 建议案将版权的保护期限延长到作者有生之年加 70 年或自作品的首次发表之日起不少于 95 年或作品创作之日起不少于 120 年。

❹ 2004 年，世界知识产权组织发布关于版权产业的分类标准，即核心版权产业是指完全从事创作、制作和制造、表演、广播和展览或销售和发行作品及其他受保护客体的产业，部分版权产业是指那些专门从事制作、制造和销售，其功能完全或主要是为了作品及其他受版权保护客体的创作、制作和使用提供便利设备的企业；相互依存的版权产业是指其部分活动与作品及其他受版权保护客体相关的产业；非专用支持产业是指部分活动与促进作品及其他受版权保护客体的广播、传播、发行或销售相关、但是没有被纳入核心版权产业的这些产业。

❺ 侯伟：《版权产业对我国经济贡献持续提升》，《中国知识产权报》，2017 年 4 月 28 日。

❻ 赵冰、杨昆：《2011 年中国版权产业的经济贡献》，《出版发行研究》，2014 年第 7 期。

发展的支柱产业。❶ 正是因为包括版权产业在内的数字内容产业在美国经济中的重要地位，美国政府不断提高版权保护水平，并通过国际条约等方式迫使其他国家接受版权的强保护标准。美国通过不断协调制度建设与产业发展之间的关系，让制度建设服务于数字内容产业的发展，以产业发展带动制度的转变与完善。下面对美国各历史阶段与数字内容产业相关的版权法律制度进行梳理分析。

4.1.1.1 立法沿革及分期研究

美国的制宪会议在 1787 年通过了一个宪法条款："国会拥有以下权力……为促进知识与有益技术的进步，在一定期限内保护作者与发明者对其各自作品与发明的专有权。"❷ 这便是 1787 年美国宪法中的知识产权条款。从该条款的内容来看，美国宪法最关注的并不是作者权利的保护，而是公共利益即促进知识的传播和发展，保护作者权利不过是促进公共利益的手段。

美国法律体系中与版权有关的主要是《美国法典》（USC）第 17 编的版权法。《联邦法规法典》（CFR）第 37 编的两个章节也与版权相关，第 2 章为《国会图书馆版权办公室》（*U. S. Copyright Office*，*Library Of Congress*），第 3 章为《国会图书馆版税委员会》（*Copyright Royalty Board*，*Library Of Congress*）。从立法文件的梳理来看，美国自 1790 年颁布统一的联邦版权法❸以来，分别经历了 1831 年版权法修改❹、1834 年版权法修改❺、1909 年版权法修改❻和 1976 年版权法修改。现行的美国版权法是 1976 年的修订版，在 1976 年之后到 2000 年

---

❶ Copyright Industries in the U. S. economy 2014，来自美国国际知识产权联盟（International Intellectual Property Alliance，IIPA）2014 报告。

❷ 参见美国宪法第一章第 8 节 Article I，Section 8，Paragraph 8 of the US Constitution：the congress shall have power：...to promote the progress of science and useful arts，by securing for limited times to authors and inventors the exclusive right to their respective writings and discoveries.

❸ 美国国会于 1790 年通过了美国历史上第一部联邦版权法：《于法定期间保护地图、海图、图书作者及其所有者之复制权以促进知识之法》全法只有七条，第一条规定了该法的权利对象、权利主体、权利内容和保护期限。第二条规定了侵犯版权的表现形式与相关的制裁措施。第三条规定了获得版权的方式，第四条规定了作品交存制度。第五条规定了不保护外国作品。第六条规定对原稿的保护。第七条就被告在依法而提起的诉讼中的一般答辩权和相关证据问题作了规定。

❹ 1831 年的版权法修改将音乐作品纳入被保护范围，版权保护期限延长到 28 年，并且允许已故作者的遗孀或子女将保护期再延长 14 年，任何人在未获得版权的图书上伪造版权声明均属于非法，这也是美国国会第一次在立法文件中使用版权一词。

❺ 1834 年美国版权法又进行了一次修改，规定版权转让应该在版权原交存、登记地进行登记等，版权保护的程序要求被进一步加强。

❻ 1909 年美国版权法进行了大规模的修改，这是美国有版权立法以来改动幅度最大的一次立法，是对过去版权立法的整理，也是今后版权制度发展的新起点。

之间又经历了46次大大小小的修订。同时，与数字内容产业相关的立法也在不断发展与完善，共同构成了美国数字内容产业的法律规范体系。

在网络环境中，对数字内容产业发展影响最为深远的版权立法是1998年美国通过的《数字千禧年法案》，该法案的通过回应了网络环境下如何合理分配网络服务提供者的权利义务的问题，更为重要的是将数字内容产品纳入美国版权法保护的范畴，在千禧年这个时间节点完成了美国版权法上从传统的版权保护向数字版权保护的法律衔接和转变，开启了美国版权法历史上全新的篇章。

2005年美国通过《家庭娱乐及版权法》，其内容纳入美国版权法，成为美国版权法历史上的第五次修改。该法案对美国版权法的补充和修改主要体现在以下几个方面：一是对于没有经过权利人同意，私自在电影播放场所录制电影或其他视听作品的应受到相应的刑事处罚。二是规定对于预览版的电影等视听作品在网络上进行传播的行为规定了相应的刑事责任。三是规定用于制作或提供屏蔽电影部分内容的产品不构成版权行为。[1] 该法案的突出特点是以刑事手段打击盗版侵权行为，对于维护网络环境中的电影等视听作品的合法版权具有积极的作用，对于维护美国电影电视产业的健康发展意义重大。

之后的几年内，美国参众两院又相继提交了多份关于版权法修改的法案，例如，2010年致力于加大对侵权网站的打击力度的《打击网络侵权和盗版法案》，2011年的两份法案提案《遏制网络盗版法案》（SOPA）和《知识产权保护法案》（PIPA）以及2012年的《数字贸易在线保护和实施法案》（OPEN）。这几部法案的目的都在于探索如何在网络环境下更好地打击在线的盗版侵权行为，包括限制个人用户登录、封锁网站等措施，[2] 但是由于各方的利益较量，几部法案都没有通过国会的最终审查（见表4-1）。

表4-1　美国数字内容产业相关法律规范（节选）

序号	时间	相关政策文件	发布机构
1	1790年	《版权法》	美国国会
2	1831年	《版权法》修改，保护期限延长至28年	美国国会
3	1870年	《版权法修改》，版权管理权限从各地方法院转移至国会图书馆	美国国会

[1] 王迁：《暴风雨下的安全港——美国家庭娱乐与版权法案评析》，《电子知识产权》，2005年第6期，第32页。

[2] 郭登杰、袁琳：《数字时代美国国家版权立法新趋势研究》，《新闻传播》，2016年第3期，第11页。

续表

序号	时间	相关政策文件	发布机构
4	1909 年	《版权法》修改，扩大版权保护范围，保护期限在届满后可以续展 28 年	美国国会
5	1927 年	《无线电法》	美国国会
6	1934 年	《通信法》	美国国会
7	1956 年	《图书馆服务和技术法》	美国国会
8	1965 年	《国家艺术及人文事业基金法》	美国国会
9	1976 年	《版权法》修改，保护期限改为作者生前加死后 50 年，雇佣作品保护期限为 75 年。加入合理使用和首次销售原则	美国国会
10	1994 年	《国际广播法》	美国国会
11	1995 年	《录音制品数字表演法案》（DPRA）	美国国会
12	1996 年	《联邦电信法》	美国国会
13	1996 年	《博物馆图书馆事业法》	美国国会
14	1997 年	《北美产业分类系统》	美国国会
15	1998 年	《版权保护期限延长法》（*Sonny Bono Copyright Term Extension Act*）将版权保护期限改为作者生前加死后 70 年	美国国会
16	1998 年	《数字千年法案》（*Digital Millennium Copyright Act*）版权法修改，加入避风港原则	美国国会
17	1999 年	《域名权保护法案》	美国国会
18	2000 年	《防止数字化侵权及强化版权补偿法》	美国国会
19	2005 年	《家庭娱乐及版权法》	美国国会
20	2005 年	《2005 年国家创新法案》（立法议案）	美国参议院，最终未成为法律
21	2007 年	《为有意义地促进一流的技术、教育与科学创造机会法》（又称《美国竞争法》）	美国国会
22	2010 年	《打击网络侵权和盗版法案》（COICA）	美国国会，未通过
23	2011 年	《遏制网络盗版法案》（SOPA）	美国国会，未通过
24	2011 年	《知识产权保护法案》（PIPA）	美国国会，未通过
25	2011 年	《美国发明法》	美国参众两院
26	2012 年	《数字贸易在线保护和实施法案》（OPEN）	美国国会，未通过
27	2016 年	《混同、首次销售及法定赔偿白皮书》	美国商务部

上文通过梳理与美国数字内容产业发展相关的版权立法文件及法案，反映出美国国会对于不同时期以立法的形式调整不同利益主体之间的利益并促进产业发展和文化的繁荣。对于上述的立法情况的梳理，按照不同发展时期的不同特征，运用量化分析方法可以对上述各时期与数字内容产业相关的法律文件进行分期研究，从而提炼出不同时期的特点和立法重点。

➢ 第一时期：1927—1976 年

由于这一时期处于互联网发展的初期，相关的技术发展刚刚起步，以《无线电法》《通信法》《图书馆服务和技术法》《国家艺术及人文事业基金法》和《版权法》为核心的法律体系初步构建（见图 4-1）。以无线电话和广播等技术为依托，立法者关注电信运营商的相关规制，传统的电信、广播和出版行业是立法的重点领域。美国对版权事项的统一管理从各地方法院整合归属至美国国会图书馆进行统一管理。

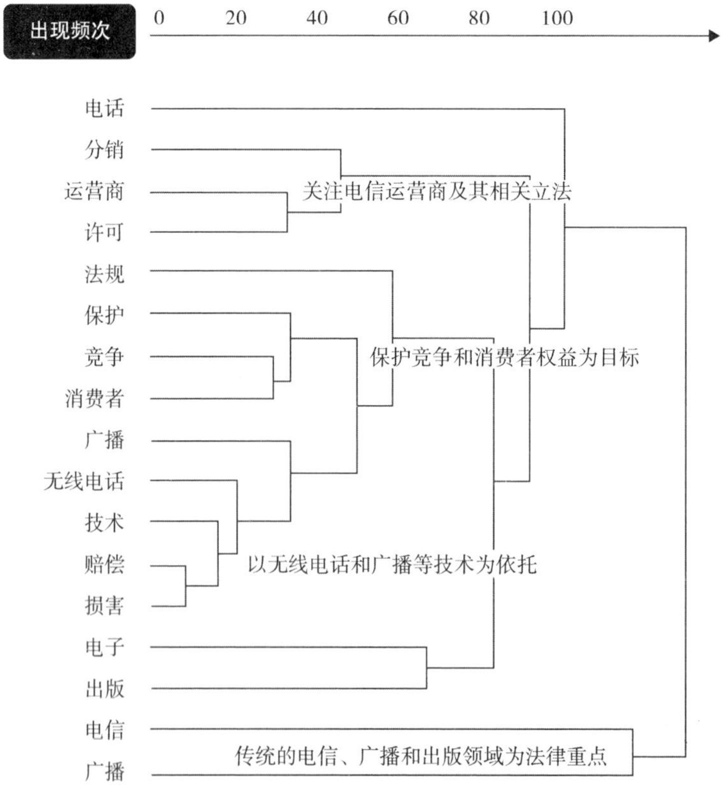

图 4-1　1927—1976 年美国数字内容产业立法情况量化分析

➢ 第二时期：1977—1997 年

随着传播媒介的多样化发展，立法也在不断回应产业发展需求。从 1977 年到 1997 年，美国的数字内容产业相关的立法性文件主要有：《国际广播法》《录音制品数字表演法案》（DPRA）、《联邦电信法》《博物馆图书馆事业法》和《北美产业分类系统》等。“广播”“电视”“视频”“网络”等词汇开始出现在立法文件中（见图 4-2）。传统的电信、广播和电视依然是立法重点，以影视视频、录音制品和软件产业为代表的新兴业态开始出现，成为立法新热点。

图 4-2　1977—1997 年美国数字内容产业立法情况量化分析

➢ 第三时期：1998—2009 年

进入千禧年之后，以《数字千年法案》（*Digital Millennium Copyright Act*）为代表的版权法修改将人们带入全新的视野，《数字千年法案》中引入的避风港规则和红旗标准等新概念为界定第三方平台责任提供了全新视角。之后，《域名权保护法案》《防止数字化侵权及强化版权补偿法》《家庭娱乐版权法》《2005年国家创新法案》和《为有意义地促进一流的技术、教育与科学创造机会法》(又称《美国竞争法》)的相继出台不断丰富互联网领域的相关立法。这一时期，以“视听”“数据”“金融”“商标”“限制”“期限”“延长”“内容”“创新”等为代表的主题词高频出现（见图 4-3）。一方面，司法实践中，法官通过大量的判例在不断探寻如何协调处理知识产权保护与促进创新发展之间的关系。另一方面，例如延长保护作品保护期限的米老鼠条款，损害赔偿计算标准的改变等立法调整在一定程度上也是在回应产业的发展需求。

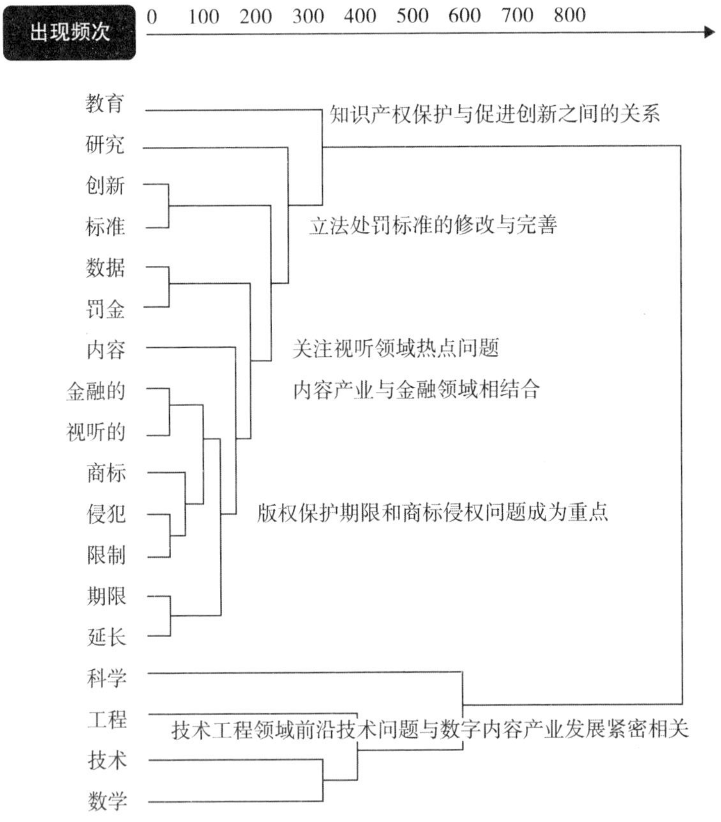

图 4-3 1998—2009 年美国数字内容产业立法情况量化分析

➤ 第四时期：2010 年至今

从 2010 年至今，美国的数字内容产业的法律发展进入调整发展期（见图 4-4）。国会频繁出台相关法案，例如《打击网络侵权和盗版法案》《遏制网络盗版法案》（SOPA）、《知识产权保护法案》（PIPA）、《美国发明法》和《混同、首次销售及法定赔偿白皮书》等提出了对目前产业发展过程中版权法律制度所遇到的一些亟需改革的地方，也有对由于数字新技术引发的法律挑战。虽然法案提出较多，但是真正可以通过两院审核并上升为法律的文件并不多。以“作品”“通知”“传输”“混音”“域名”“转让”“版权”“许可费”等主题词为特征，作品的信息网络传播成为美国乃至全球关注的热点问题，作品传播途径的变化使得作品的利用和侵权方式也出现了隐蔽性、低成本性等新特点，迫切需要立法积极做出回应。同时，以新技术为特征的专利保护客体也为专利保护客体的问题带来新挑战。以内容为核心的产业竞争日趋激烈，由此而引发的以版权转让许可为核心的交易机制成为市场核心，也是司法关注的热点。

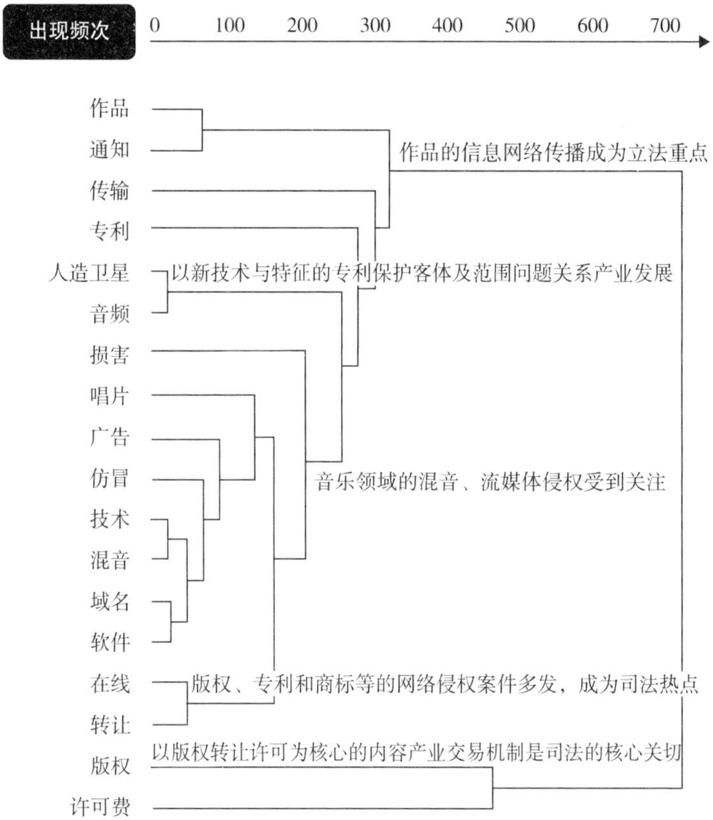

图 4-4　2010 年至今美国数字内容产业立法情况量化分析

对于美国上述立法对美国数字内容产业相关发展的影响，也有美国少数学者进行过相关的研究分析。从宏观层面来看，美国学者 Khan 研究发现美国 1891 年的版权法实施以来对全职作者来说并没有产生实质性的影响。但是自从美国《数字千年版权法案》实施以来，版权相关市场有了实质性的进步，市场越发活跃。从美国 1998 年的《数字千年版权法案》实施以来，美国的数字内容产业以 10% 以上的速度增长。相比之下，1977 年到该法案颁布之前，美国的数字内容产业的年平均增速为 7%，但是仍然高于其余经济部门的 GPD 的增长率（3.2% 左右）的两倍。[1]

微观层面的评估来看，有学者对不同的法案对美国数字内容产业的影响[2]进行过实施效果评价分析。Hui 和 Png 分析了 1998 年的《版权保护期限延长法》（*Sonny Bono Copyright Term Extension Act*）对于电影产业从 1990 年至 2000 年的供给影响，该法案将美国之前的版权保护期限从 50 年延长至 70 年。结果显示该法案对于美国电影产品的市场供应并没有显著影响。同时研究发现该法案对于 1990 年至 2000 年 38 个国家的相关市场的影响。对于一次性收入和音乐作品的表演者比电影制片方来说影响更为积极，同时对于电视业的传播来说影响更为消极。[3] 此外，Pollock 研究显示在版权保护期限方面，利用模型进行分析后可以得出对于作品的版权保护一般期限 15 年已经足够。[4]

4.1.1.2 以版权法为核心的立法演进

1995 年 9 月，美国发布《知识产权与国家信息基础设施：知识产权工作组的报告》，从法律、技术等角度讨论了网络环境，以数字技术为代表的新兴技术对现行美国版权法律制度带来的挑战。同时提出相应的修改版权法的建议，开启了数字信息时代美国版权法进行适应性调整的序幕。之后的 1996 年 12 月，世界知识产权组织（World Intellectual Property Organization，WIPO）通过了《世界知识产权组织著作权条约》和《世界知识产权组织表演者与录音制品条约》，试图在国际范围指导解决因国际互联网蓬勃发展而引起的版权问题。为了将 1996 年 WIPO 通过的以上两项版权条约纳入美国的版权法，同时为了应对网络快速发展的情况及国内条约转化适用的要求，美国《数字千年

[1] Christian Handke，Economic Effects of Copyright—Empirical Evidence So Far，April 2011，p23.

[2] 该报告中所评估的产业包括新闻出版业、期刊书籍出版行业、印刷业、电影电视业、音乐产业、录音录像制作产业、计算机编程服务行业等。

[3] Christian Handke，Economic Effects of Copyright—Empirical Evidence So Far，April 2011，p43.

[4] Christian Handke，Economic Effects of Copyright—Empirical Evidence So Far，April 2011，p49.

版权法》于1998年10月28日，经克林顿总统签署后正式生效，正式成为美国联邦法案的一部分。

其中第512条为四种类型的网络服务提供商提供了限制其侵权责任的条件，即只要符合第512条所规定的特殊要求，这四种网络服务提供商就可以成功驶入“避风港”（safe harbor），从而免除网络服务提供商的侵权责任。其中，网络服务提供商提供的服务可以分为四种类型：临时性数字网络通信（transitory digital network communication）、系统缓存（system caching）、依据服务对象指令在系统或网络中存储信息（information residing on system or networks at direction of users）和信息搜索工具（information location tools）。其中后两种，针对提供网络存储功能和信息搜索功能的网络服务商的免责条款又被称为“通知—删除”条款（notice-and-take down）。一般来讲，网络服务提供商是通过符合第512条c款列出的条件进而实现免于赔偿责任。根据第512条c款的规定，“网络服务提供者在其控制、管理的系统或网络中，或者由其他网络服务提供者为其提供的系统或网络中，依服务对象指令提供信息存储空间的，如果符合下列条件，就不承担损害赔偿责任，也不承担禁令责任或其他衡平法上的责任：不知道服务对象在系统或网络上提供的资料或使用该资料侵权的；如果不符合不知道的情形，没有意识到明显属于侵权的事实或情况的或者知道或意识到侵权后，立即删除或者禁止访问资料的。未从有管理权限并能够管理的侵权活动中直接获得经济利益的且在接到所述的主张侵权的通知书后，立即删除或禁止访问被主张侵权的资料或侵权活动指向的资料”。❶

适用避风港原则，根据第512条i款的规定，网络服务商的行为首先需要满足两个条件：第一，其必须已经采取并合理实施了有效的措施，并告知其会员和其他用户，在特定情况下，对实施重复侵权行为的会员或其他用户终止服务；第二，兼容并不妨碍标准技术措施的实施。“标准技术措施”是指为版权人用于标示或保护版权作品的技术措施，且根据版权人和网络服务提供商通过公开、公平、自愿、跨行业标准的程序而达成广泛的共识制定，以合理的无差别的条件提供给任何人且未给网络服务提供者增加过多的成本或对其系统或网络造成过大的负担。❷ 其次，需要再考量第512条c款所说明的条件：第一，网络服务商并不知道侵权行为——包括即其实际上不知道侵权，没有发现侵权

❶ 杜颖、张启晨译：《美国著作权法》，知识产权出版社，2013年版，第147页。
❷ 杜颖、张启晨译：《美国著作权法》，知识产权出版社，2013年版，第153页。

行为发生的事实，或在得知或发现侵权的情况下，立即删除该侵权内容；[1] 第二，如果网络服务商有权利和能力对侵权行为进行控制，其没有直接从侵权行为中获得经济利益；第三，在收到合理的侵权通知以后，网络服务商必须迅速撤下侵权内容或阻止对侵权内容的访问。第512条c款3项则对通知中应当包含的要素进行了详细说明，可以简单将其分为四项要求：第一，通知必须是真实可靠并且有授权人签字或电子签名的；第二，必须是基于善意的相信其所报告的侵权内容的使用是未经授权的（也就是说是事实侵权行为而非合理使用）；第三，明确识别被指控侵权的作品；第四，明确识别侵权材料并提供能够有效允许网络服务商对侵权材料进行定位的合理信息。对于信息存储和信息定位两种情况，为了满足避风港的要件，网络服务提供者在接到权利人符合要求的侵权通知之后，应及时删除侵权内容或者断开链接，以阻止对侵权内容的访问；如果接到用户符合要求的反通知之后，应及时恢复侵权内容，这就是所谓的“通知—删除”和“通知—反通知”规则。

第512条c款中除了要求网络服务提供者不实际知道用户上传或者被链接的内容是侵权的外，还要求在缺乏前文所要求的“实际知道状态时，没有意识到能够从中明显发现侵权行为的事实或情况”。[2] 第二种要求又被称为红旗标准（red flag awareness），是指当有关他人实施侵权行为的事实非常明显，已经如同一面色彩鲜艳的红旗在网络服务提供者面前公然飘扬，以至于处于相同情况下的理性人都能发现时，如果网络服务提供者对此仍然故意装作看不见侵权事实，则同样能够认定网络服务提供者至少应当知道侵权行为的存在。[3] 美国国会参议院认为红旗标准同时具备主观和客观因素。主观标准被用来判断网络服务提供者是否能主动发现明显的侵权行为；[4] 客观标准则被用来判断一个理性人在面对相同或相似情况时能否发现侵权行为。[5] 根据法院判决可以看出，红旗标准比推定有理由知道的标准要高，应当包含故意视而不见（willful blindness）。比如在Corbis v. Amazon案中，联邦地方巡回法院认为，在判断Amazon能否适用避风港规则时，知道要件的核心问题不在于一个理性人能从周围情况中推测出什么，而在于其是否在已经意识到可能存在侵权时仍然对明

[1] 冯晓青、魏衍：《互联网上言论自由权与版权关系之述评》，《北大法律评论》，2002年第8期。

[2] 吴艳：《网络服务提供者在第三方侵权行为中的责任认定》，《科技与法律》，2012年第8期。

[3] 曹阳：《知识产权间接侵权责任的主观要件分析——以网络服务提供者为主要研究对象》，《知识产权》，2012年第11期。

[4] 刘姣：《云服务提供商避风港规则适用研究》，湘潭大学硕士毕业论文，2014年5月。

[5] S. REP. No. 105-190, at 44 (1998); H. R. REP. 105-551 (Ⅱ), at 53.

显的侵权行为故意视而不见。[1] 红旗标准中的故意视而不见并不要求被告承担监视义务。法院还认为，仅仅是对存在的广泛的侵权行为具有一般的认识也不能适用红旗标准。[2] 红旗标准的知道要件也需要针对具体的特定的侵权行为。在 Viacom v. Youtube 案中，联邦地方法院认为根据数字千年版权法规定，故意视而不见的规则仅能够在特定情况下被用来证明被告事实上实际知道或者意识到了特定的侵权行为。而本案中原告提交的备忘录只能够显示被告对其网站存在侵权视频具有整体的一般性知道，无法证明被告实际知道了涉诉的特定侵权视频。因此，被告不符合知道要件，仍能够被避风港保护。[3]

总而言之，如果版权人或相关权利人发送了合理的侵权通知，那么实际知道要件就可以被满足（即便是要求实际知道特定的侵权事实）。而在没有合理侵权通知的情况下，则需要判断被告是否达到"红旗标准"。避风港中的知道标准是指"实际知道"，或者"从相关事实和情况可以显而易见地意识到侵权活动"（"红旗标准"），而不包括"应知"（注意程度较高）；据此，即使一个符合避风港要求的网络服务提供者应当知道侵权活动的存在，并怠于采取任何措施，可能构成间接侵权，但由于"红旗标准"的存在，其依然免于承担版权侵权责任。避风港规则的设立，为网络服务提供者所提供的保护在很大程度上促进了美国互联网技术和产业的快速发展，这反过来又为数字内容产业的网络化提供了技术上的支持。

4.1.2　中国立法体系的历史脉络

20 世纪 90 年代以后，中国的互联网发展进入快车道。以雅虎为代表的门户网站出现，确立了"免费、开放和盈利"的互联网商业模式，将人类带入信息大爆炸时代的同时，也给数字内容产业的发展和版权保护带来一系列挑战。一方面，在网络免费信息的冲击下，版权人和出版商的传统出版利益逐步受到了影响，这促使传统出版商开始走在线化道路，纷纷建立了自己的网站，以网络订阅的方式向用户提供版权内容；另一方面，网络传输、下载、共享等互联网技术的发展，使得侵权的成本大大降低，文字作品、美术作品以及游戏作品首当其冲，成为网络盗版和侵权的主要对象。网络服务提供者开始以直接侵权人或者间接侵权人的身份出现在版权侵权诉讼中，但是考虑到网络服务提

[1] Corbis Corp. v. Amazon. com，Inc. 351 F. Supp. 2d（W. D. Wash. 2004）.

[2] UMG Recordings v. Veoh Networks，620 F. Supp. 2d 1081，1109（C. D. Cal. 2008）.

[3] Viacom Int'l，Inc. v. Youtube，Inc. 940 F. Supp. 2d 110（S. D. N. Y. 2013）.

供者所起到的信息媒介作用，如果盲目扩大其版权责任，势必造成版权利益与技术发展、公众利益之间的失衡，所以旨在限制网络服务提供者版权侵权责任的避风港制度最终得以确立。而在国际层面，世界知识产权组织（WIPO）管理的两个条约《世界知识产权组织版权条约》（WCT）和《世界知识产权组织表演和录音制品条约》（WPPT）首次确立了两个严格的网络版权保护制度，即保护版权作品的技术措施和权利管理信息，并为成员国国内法所吸纳。

4.1.2.1 数字内容产业数字化进程

伴随着技术的发展，我国数字内容产业的发展经历了从印刷技术到广播电视技术再到数字技术的技术进化过程。20 世纪 70 年代中期，随着个人计算机的应用，数字技术迎来了第一个发展阶段；80 年代中期，多媒体技术的兴起，数字技术进入第二阶段；[1] 90 年代以后，多媒体技术与计算机网络技术开始结合，数字技术进入第三阶段。

在数字内容产业数字化、互联网化的过程中，不得不提的是门户网站。可以说，门户网站真正开启了数字内容产业的互联网化进程，同时也为版权保护带来了新的问题和挑战。美国在线（AOL）的网络业务商业模式早于雅虎公司兴起，但是，雅虎公司却独树一帜地确立了互联网行业开放—免费—盈利的商业模式，成为主流免费门户网站的真正代表。与美国在线不同的是，雅虎的所有服务都是免费的。得益于这种开放、免费的商业模式，雅虎网站的访问流量在其成立之初就呈几何级数增长。随后，很多公司纷纷效仿雅虎的做法，各种门户网站相继出现。无论是政府机关商业机构甚至是个人都纷纷尝试建立自己的网页，原来通过各种纸质媒体传播的信息，在网络环境中以更快的速度进行传播。与此同时，中国互联网的早期发展道路被戏称为 C2C，意即 Copy to China。国内几乎所有知名的互联网企业都可以在美国找到其影子。雅虎上市不久，中国三大门户网站网易、搜狐和新浪相继成立。当时，三大商业门户网站并没有时政新闻的采编权，但是这三家企业从其他如人们喜闻乐见的新闻、娱乐等领域进行突破，吸引用户点击，最终成为中国在新闻传播方面的门户网站。[2]

门户网站的核心资源是与众多传统媒体的合作，这使其拥有丰富的信息源；而其核心能力是信息整合的能力，这使其能够以最快速度传播最新资讯。

[1] 肖叶飞：《数字时代的版权贸易与版权保护》，《文化产业研究》，2014 年第 12 期，第 53 页。

[2] 于正凯：《价值与关系：网络媒体商业模式研究》，复旦大学博士论文，2013 年 5 月。

门户网站秉持“开放、免费”的原则，所有内容和信息均向用户免费提供，可以迅速获得大量用户流量，对纸质媒体形成冲击，而其盈利模式在于：免费向网络用户提供咨询信息，获取其注意力，然后再将用户注意力和网络空间卖给广告主，获取广告收入。广告收入是门户网站的主要收入来源。门户网站的盈利模式的优势在于其庞大的用户基数以及由此而带来的广泛社会影响，这使得它能够与传统媒体争夺广告客户，获得收入，并因此成为新兴的第四媒体。为获得更多的广告收入，电视台和无线电台关心的是节目的收视率和收听率，报纸关心的是发行量，门户网站关心的则是页面访问量（Pageviews）、点击量（Hits）和网民逗留时间。如前所述，网络流量是门户网站赖以生存的基础，为了获得高点击率和高访问率，除了优化用户体验外，门户网站还必须全力以赴地改进内容，用优质内容吸引更多网民访问其网页，并使网民在其网页上逗留更长时间。

在网络搜索引擎出现之前，雅虎等门户网站作为信息整合和聚合平台，对纸质媒体等传统媒体形成了强烈冲击。门户网站的出现使信息突破了地域和媒介的限制，信息借助网络技术踏上了“信息高速公路”，信息封闭和信息稀缺的局面被打破。而且，门户网站带动了一大批以提供各类资讯和内容为主的网站的出现，人类真正进入信息大爆炸的时代。纸质媒体第一次感受到了前所未有的压力。在门户网站等网络媒体的冲击下，报纸以及其他纸质出版物的发行量以及订阅、订购人数双双下降，为应对纸质媒体逐渐趋于衰落和式微的局面，传统出版商开始推出自己的网站，以网络订阅的方式向用户提供内容，以便在网络世界与门户网站等网络媒体争夺网络用户的同时，弥补因纸质出版物减少而损失的收入。内容产业开始逐步走上在线化的道路，虽然彼时传统出版和发行依然占据主流。

4.1.2.2 数字内容产业保护的法律体系基本建成

在立法层面，版权保护已经形成了立体多维度的法律保护体系。法律层面主要体现为《民法通则》《刑法》《著作权法》《担保法》《物权法》等法律。法规方面主要有国务院发布的《著作权法实施条例》《著作权集体管理条例》《互联网著作权行政保护办法》《信息网络传播权保护条例》保障了版权保护的实施。总体来说，民事、行政和刑事方面的立法为版权保护提供了基本的法律框架。规章及以下层级的规范性文件层面，主要由版权局与其他部委联合发布，包括《互联网著作权行政保护办法》《著作权质权登记办法》《使用文字作品支付报酬办法》等。如果仅以数字内容产业的专门性立法来统计，目前我国的专门法律有《著作权法》《电影产业促进法》，除此之外还有 17 部行政性法规，84 部部门规章，912 部规范性文件，数量之多，内容之丰富，体系之繁杂在世界各国的相关产业的立法中也属少数。特别是近年来随着我国数字内容产业的繁荣与发展，相关立法性文件的出台也逐渐增多，立法层级也不断提高。我国的版权法经历了二次修改后，现在正进行第三次的修订工作。除此之外，我国数字内容产业相关的二级立法文件也在陆续推行，共同构成了我国数字内容产业相关法律体系，为我国产业发展构筑了法律框架。下面节选部分我国与内容产业相关的法律法规等立法文件，以展现立法情况。

表 4-2　中国数字内容产业相关法律文件（节选）

级别	名称	时间	发布机关
法律	《著作权法》	1990 年发布，2001 年第一次修订，2010 年第二次修订，2012 年公布第三次修订草案	全国人大常委会
	《电影产业促进法》	2016 年	全国人大常委会
行政法规	《信息网络传播权保护条例》	2006 年	国务院
	《著作权集体管理条例》	2004 年发布，2013 年第二次修订	国务院
	《计算机软件保护条例》	2001 年发布，2013 年第二次修订	国务院
	《出版管理条例》	2001 年发布，2016 年第四次修订	国务院
	《电影管理条例》	2002 年	国务院
	《音像制品管理条例》	2001 年发布，2016 年第三次修订	国务院
行政规章及部门规章	《国务院关于授权国家互联网信息办公室负责互联网信息内容管理工作的通知》	2014 年	国务院
	《国务院关于修改〈信息网络传播条例〉》的决定	2013 年	国务院
	《广播电台电视台播放录音制品支付报酬暂行办法》	2009 年	国务院
	《互联网信息服务管理办法》	2000 年	国务院

续表

级别	名称	时间	发布机关
行政规章及部门规章	《关于进一步加强和改进网络音乐内容管理工作的通知》	2015 年	文化部
	《互联网文化管理暂行规定》	2011 年	文化部
	《网络游戏管理暂行规定》	2010 年	文化部
	《关于加强和改进网络音乐内容管理工作的通知》	2009 年	文化部
	《关于规范进口网络游戏产品内容审查申报工作的公告》	2009 年	文化部
	《关于改进和加强网络游戏内容管理工作的通知》	2009 年	文化部
	《关于网络音乐发展和管理的若干意见》	2006 年	文化部
	《关于网络游戏发展和管理的若干意见》	2005 年	文化部
	《关于文化领域引进外资的若干意见》	2005 年	文化部
	《关于加强网络游戏产品内容审查工作的通知》	2004 年	文化部
	《网络出版服务管理规定》	2016 年	广电总局
	《关于加强网络试听节目直播服务管理有关问题的通知》	2016 年	广电总局
	《关于移动游戏出版服务管理的通知》	2016 年	广电总局
	《专网及定向传播视听节目服务管理规定》	2016 年	广电总局
	《关于进一步加强网络原创试听节目规划建设和管理的通知》	2016 年	广电总局
	《关于加强真人秀节目管理的通知》	2015 年	广电总局
	《关于加强数字水印技术运用严格影片版权保护工作的通知》	2015 年	广电总局

续表

级别	名称	时间	发布机关
行政规章及部门规章	《关于推动网络文学健康发展的意见》	2014年	广电总局
	《关于加强有关广播电视节目、影视剧和网络视听节目制作传播管理的通知》	2014年	广电总局
	《关于进一步完善网络剧、微电影等网络视听节目管理的补充通知》	2014年	广电总局
	《关于进一步规范电影贴片广告和映前广告管理的通知》	2009年	广电总局
	《互联网视听节目服务管理规定》	2007年	广电总局
	《互联网等信息网络传播视听节目管理办法》	2004年	广电总局
	《关于加强网络文学作品版权管理的通知》	2016年	国家版权局
	《关于规范网盘服务版权秩序的通知》	2015年	国家版权局
	《关于责令网络音乐服务商停止未经授权传播音乐作品的通知》	2015年	国家版权局
	《关于规范网络转载版权秩序的通知》	2015年	国家版权局
	《使用文字作品支付报酬办法》	2014年	国家版权局、国家发改委
	《关于进一步加强互联网传播作品版权监管工作的意见》	2013年	国家版权局
	《著作权行政处罚实施办法》	2009年	国家版权局
	《互联网著作权行政保护办法》	2005年	国家版权局、信息产业部
	《互联网新闻信息服务管理规定》	2005年	国家网信办
	《移动互联网应用程序信息服务管理规定》	2017年	国家网信办
	《网络产品和服务安全审查办法（试行）》	2017年	国家网信办
	《互联网信息内容管理行政执法程序规定》	2017年	国家网信办

司法解释层面，最高院先后出台《关于审理涉及计算机网络著作权纠纷案件适用法律若干问题的解释》《关于审理涉及计算机网络著作权纠纷案件适用法律若干问题的解释》《关于审理著作权民事纠纷案件适用法律若干问题的解释》。这些司法解释对于补充立法体系的不足，及时回应司法审判中的关切问题。此外，最高院在司法解释中也在不断探索司法制度创新，“三审合一”的审判模式的探索为更加高效地解决纠纷，方便权利人维护自身权利，促进产业发展，维护良好的市场秩序等方面发挥了积极的作用。

表 4-3　中国数字内容产业相关司法解释（节选）

	司法解释名称	发布时间
1	《最高人民法院关于审理涉及计算机网络著作权侵权案件适用法律若干问题的解释》	2000.11.22（失效）
2	《最高人民法院关于审理著作权民事纠纷案件适用法律若干问题的解释》	2002.10.12
3	《最高人民法院、最高人民检察院关于办理侵犯知识产权刑事案件具体应用法律若干问题的解释》	2004.12.8
4	《最高人民法院关于审理非法出版物刑事案件具体应用法律若干问题的解释》	2005.09.02
5	《最高人民法院、最高人民检察院关于办理侵权著作权刑事案件中涉及录音录像制品有关问题的批复》	2005.10.13
6	最高人民法院关于修改《最高人民法院关于审理涉及计算机网络著作权纠纷案件适用法律若干问题的解释》的决定（二）》	2006.11.12（失效）
7	《最高人民法院、最高人民检察院关于办理侵犯知识产权刑事案件具体应用法律若干问题的解释（二）》	2007.04.05
8	《最高人民法院关于做好涉及网吧著作权纠纷案件审判工作的通知》	2010.11.25
9	“两高”和公安部、司法部发布《关于办理侵犯知识产权刑事案件适用法律若干问题的意见》	2011.1
10	《最高人民法院关于充分发挥知识产权审判职能作用推动社会主义文化大发展大繁荣和促进经济自主协调发展若干问题的意见》	2011.12
11	《最高人民法院关于北京、上海、广州知识产权法院案件管辖的规定》	2014.10
12	《最高人民法院关于在全国法院推进知识产权民事、行政和刑事案件审判“三合一”工作的意见》	2016.07

除了民事领域关于数字内容产业的全面立法工作之外，我国对该领域的刑事立法和刑事司法保护方面进行了积极的布局。从我国的《刑法》规定中，可以将与内容产业发展相关的知识产权类犯罪具体分为三类：第一类仅指侵犯知识产权罪。《刑法》第三章第七节设置 7 个罪名，分别是 217 条侵犯著作权罪、218 条销售侵权复制品罪、213 条假冒注册商标罪、214 条销售假冒注册商标的商品罪、215 条非法制造、销售非法制造的注册商标标识罪、216 条假冒专利罪、219 条侵犯商业秘密罪。相对应知识产权法所保护的权利客体依次为著作权罪、商标权罪、专利权罪和商业秘密罪；第二类是涉及知识产权犯罪。由于侵犯知识产权的犯罪行为和其他犯罪行为的交叉关系，刑法规定为非法经营罪和生产、销售伪劣商品罪；第三类是“其他”知识产权刑事案件包括涉及商业信誉、反不正当竞争等知识产权刑事案件，如损害商业信誉、商品声誉罪等。具体到涉及与版权相关的刑事立法体系，通过几十年的探索，我国的版权相关的刑事立法体系基本完成了体系建构，对于侵犯版权案件的犯罪行为罪名和起刑点等也在随之不断调整，下面仅以“非法经营罪”和“侵犯著作权罪”为例进行论述我国刑事立法的变化。

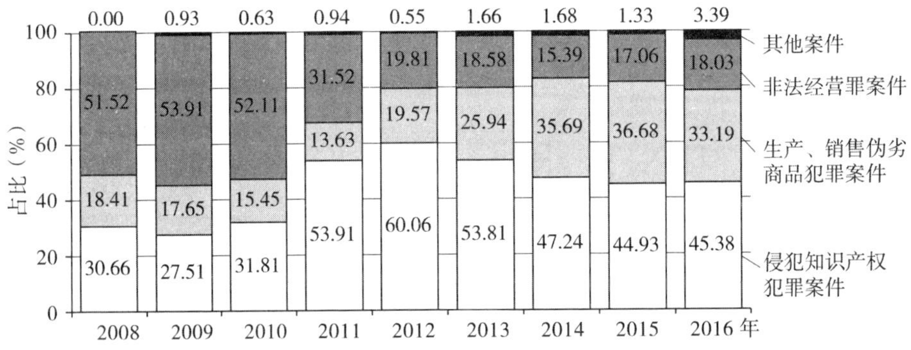

图 4-5　中国知识产权刑事审结案件分类构成比例[1]

在上述的案件分类数据中可以看出，“侵犯知识产权犯罪”与“非法经营罪”这两个罪名的比例有着巨大的涨落，原因在于我国最高司法机关就知识产权犯罪罪名的解释有着时间上的变化。1998 年，我国最高人民法院在《关于审理非法出版物刑事案件具体应用法律若干问题的解释》第 11 条和第 15 条规定关于非法出版行为“以非法经营罪定罪处罚”以来，在司法实践中将大

[1] 数据来源：2008—2016 年《中国知识产权年鉴》。

量的侵犯著作权犯罪以适用非法经营罪加以处理，后者曾是前者数量的5~6倍。[1] 为了克服非法经营罪在知识产权领域的泛化适用，2011年1月“两高”和公安部、司法部颁行的《关于办理侵犯知识产权刑事案件适用法律若干问题的意见》第12条规定：“非法出版、复制、发行他人作品，侵犯著作权构成犯罪的，按照侵犯著作权定罪处罚，不认定为非法经营罪等其他犯罪。”该《意见》出台之后，在我国知识产权领域的刑事案件实行适用“侵犯著作权罪”为主，“非法经营罪”为辅的司法政策。[2]

4.1.2.3 数字内容产业相关立法分期研究

中国的数字内容产业相关的立法分期研究采用了与上文分析政策性文件相同的政策量化分析研究方法和定性研究方法相结合。在文本的样本选择上，选取了现行有效的与数字内容产业相关的立法性文件。在具体的分期方法上，以规制我国数字内容产业最为相关的《著作权法》为研究线索，紧密围绕着几次修法及与其相关的法律、法规和司法解释等法律文件展开量化研究。以不同时期的立法文件为主，结合不同时期的司法保护状况进行综合分析。具体到研究结果来看，大致分为以下几个阶段：

➢ 第一阶段：1990—2001年

选择这个时间节点是因为我国《著作权法》自1990年通过以来，到2001年进行了第一次修改，从原有的56条增加到了60条。其他相关的法律法规也陆续出台。这一时期的主题词出现频率较高的有“电影”“广播”“电视”“行政部门”“海关”“工商行政”“出版”“发行”等（见图4-6）。这一时期的主要立法性文件，例如《计算机软件保护条例》《出版管理条例》《电影管理条例》《音像制品管理条例》等主要围绕电影电视、图书音像制品等传统内容产业展开监管和审查。行政机关在管理侵权盗版等方面发挥重要作用，同时海关和司法保护处于辅助地位。

---

[1] 高晓莹：《论非法经营罪在著作权刑事保护领域的误用与退出》，《当代法学》，2011年第2期，第51页。

[2] 刘芳芳：《我国知识产权刑事司法保护状况报告》，第7页。

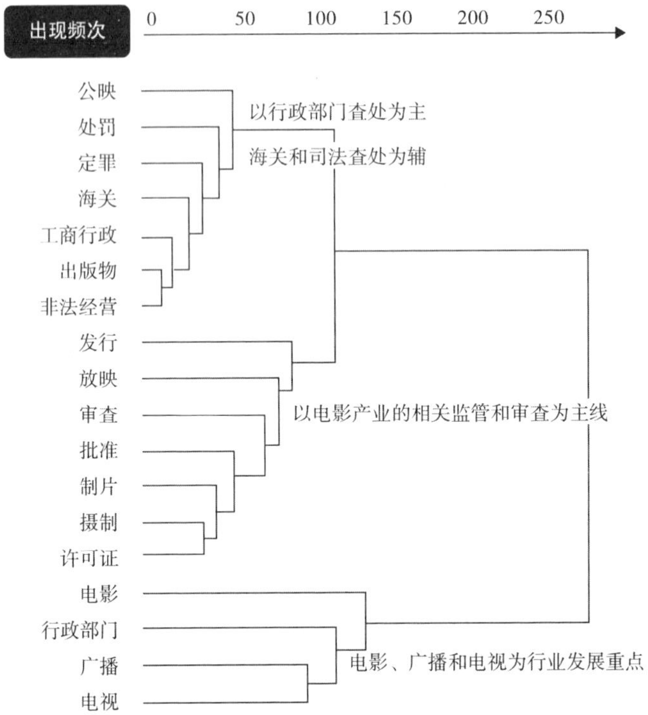

图 4-6　1990—2001 年中国数字内容产业立法情况量化分析

➢ 第二阶段：2002—2006 年

自 2002 年我国第一次著作权法修改开始实施以来，直到我国 2006 年颁布《信息网络传播权保护条例》，我国的数字内容产业发展迅速。与数字内容产业相关的法律文件数量也明显增多，包括《信息网络传播权保护条例》《著作权集体管理条例》《关于网络音乐发展和管理的若干意见》《关于网络游戏发展和管理的若干意见》《关于文化领域引进外资的若干意见》《关于加强网络游戏产品内容审查工作的通知》《互联网等信息网络传播视听节目管理办法》《互联网新闻信息服务管理规定》《互联网著作权行政保护办法》等共计 12 部。这一时期的立法文件紧密围绕与网络传播内容相关的产业领域进行规制。

具体来说，从主题词的特征来看，在立法文件中出现频率较高的有“提供”“作品”“信息网络”“传播”“网络服务提供者”“音乐”“网络游戏”“新闻”“版权法”等（见图 4-7）。这些词汇也反映了该时期我国在数字内容产业侧重规制的对象在网络音乐、网络游戏等领域。重点规制的行为是通过信息网络进行作品传播的行为，文化部门注重对网络游戏的审查。第一，随着立法的不断完善，版权的司法保护力度开始逐渐加大，司法救济在打击侵权盗版行为，保护权利人合法权利方面开始发挥越来越重要的作用。最高院在这时期出台了《最高人民法院、最高人民检察院关于办理侵犯知识产权刑事案件具体应用法律若干问题的解释》《最高人民法院关于审理非法出版物刑事案件具体应用法律若干问题的解释》《最高人民法院、最高人民检察院关于办理侵权著作权刑事案件中涉及录音录像制品有关问题的批复》和《最高人民法院关于修改〈最高人民法院关于审理涉及计算机网络著作权纠纷案件适用法律若干问题的解释的决定（二）〉》四个司法解释，为通过刑事手段打击盗版侵权行为提供了法律依据，提高了司法的震慑和预防作用。第二，网络服务提供者作为参与互联网领域经济活动的重要参与主体，其权责的分配和合理的规制路径成为司法面对的新难题。

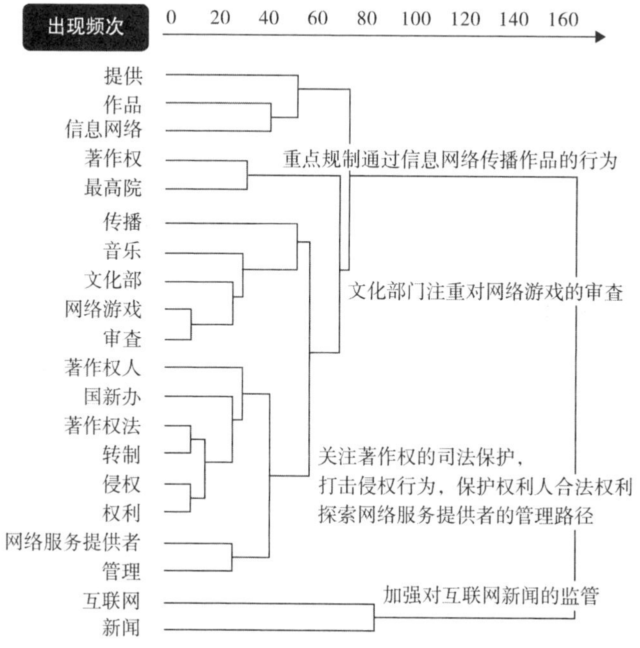

图 4-7　2002—2006 年中国数字内容产业立法情况量化分析

➢ 第三阶段：2007—2010 年

从我国《信息网络传播权保护条例》开始实施到我国《著作权法》第二次修改期间，我国的《互联网视听节目服务管理规定》《网络游戏管理暂行规定》《著作权行政处罚实施办法》《互联网信息服务管理办法》《广播电台电视台播放录音制品支付报酬暂行办法》《关于加强和改进网络音乐内容管理工作的通知》《关于规范进口网络游戏产品内容审查申报工作的公告》《关于改进和加强网络游戏内容管理工作的通知》和《关于进一步规范电影贴片广告和映前广告管理的通知》等近十部法律文件陆续出台。这一时期的主题词例如"网络音乐""支付""许可""网络游戏""行政部门""行政处罚"等反映出这一时期的特点：我国在加大对数字内容产业司法保护的同时，行政保护的效果逐渐显现（见图4-8）。其原因有两个：一是我国在2009年颁布了《著作权行政处罚实施办法》，作为行政保护的专门性立法，为我国的行政保护提供了更为具体可操作的法律依据。二是随着2005年我国版权局打击盗版侵权的专项行动"剑网行动"的开展和深入，行政保护手段因其高效和威慑力强的特点，打击效果逐渐显现。

刑事领域，我国在2007年4月出台《关于办理侵犯知识产权刑事案件具体应用法律若干问题的解释（二）》和2008年《关于公安机关管辖的刑事案件立案追诉标准的规定（一）》，这两个司法解释的特征是降低知识产权类犯罪的立案标准，例如2007年《关于办理侵犯知识产权刑事案件具体应用法律若干问题的解释（二）》（以下简称《解释二》）将原有的规定"未经许可复制发行他人文件文字、计算机软件、音乐等作品1000张（份）"为定罪标准降低为500张（份）。扩大了刑事打击的力度，有利于提高我国版权司法的保护力度。

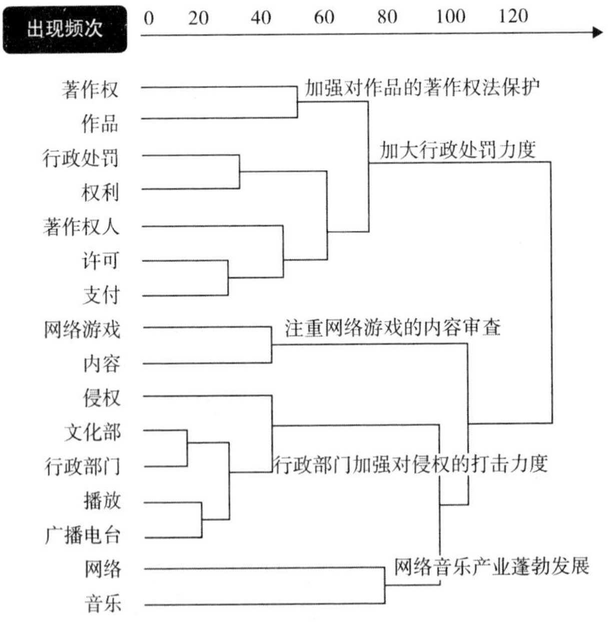

图4-8　2007—2010年中国数字内容产业立法情况量化分析

➢ 第四阶段：2011—2014 年

自我国完成第二次著作权法修改以来至今，我国与数字内容产业相关的法律文件逐渐完善，其基本覆盖了数字内容产业的各领域。包括《关于推动网络文学健康发展的意见》《关于加强有关广播电视节目、影视剧和网络视听节目制作传播管理的通知》《关于进一步完善网络剧、微电影等网络视听节目管理的补充通知》《使用文字作品支付报酬办法》《关于进一步加强互联网传播作品版权监管工作的意见》等十余部法律文件。

从本时期的主题词分析来看，“网络文学”“信息内容”“视听”“企业”等成为值得重点关注的词汇（见图 4-9）。近几年，我国网络文学产业兴起，成为数字内容产业中的新生力量。电影产业随着中国票房收入的强势增长，对影视产业的相关立法也在不断完善。其次，互联网企业在推动数字内容产业发展方面起到了重要的作用，成为市场的重要主体。而随着网络用户上网习惯逐渐从桌面端向移动端的移动发展，网络直播、电子竞技等新兴产业模式和 VR、AI、网盘、OTT 聚合等新技术的兴起，与移动互联网相关的立法文件和对新技术的规范性法律文件也在逐渐增多，我国的数字内容产业立法正在逐渐走向回应性立法。

同时，这一时期我国的知识产权保护的整体政策也发生了制度性的变化。2012 年 2 月，最高院副院长奚晓明在首届全国法院知识产权审判庭庭长研讨班上，作了题为《准确把握当前知识产权司法保护政策，进一步加强知识产权司法保护》的主旨发言。[1] 第一次全面阐述了“加强保护、分门别类、宽严适度”的知识产权司法保护政策，对于指导知识产权法官争取适用法律具有重要指导意义。同年 12 月，最高院发布《关于审理侵害信息网络传播权民事纠纷案件适用法律若干问题的规定》，该司法解释规定了在侵害信息网络传播权案件中，行使裁量权的原则，侵害信息网络传播权行为的认定，网络服务提供者构成共同侵权、教唆侵权及帮助侵权的认定，网络服务提供者主观过错的认定以及管辖等问题，对于指导人民法院积极应对互联网环境给传统版权保护制度带来的冲击和挑战，争取适用版权法具有重要意义。

---

[1] 参见：最高人民法院官网：http://zscq.court.gov.cn/dcyj/201205/t20120509_ 176744.html，网页更新时间：2012 年 5 月 9 日，最后访问日期：2018 年 2 月 28 日。

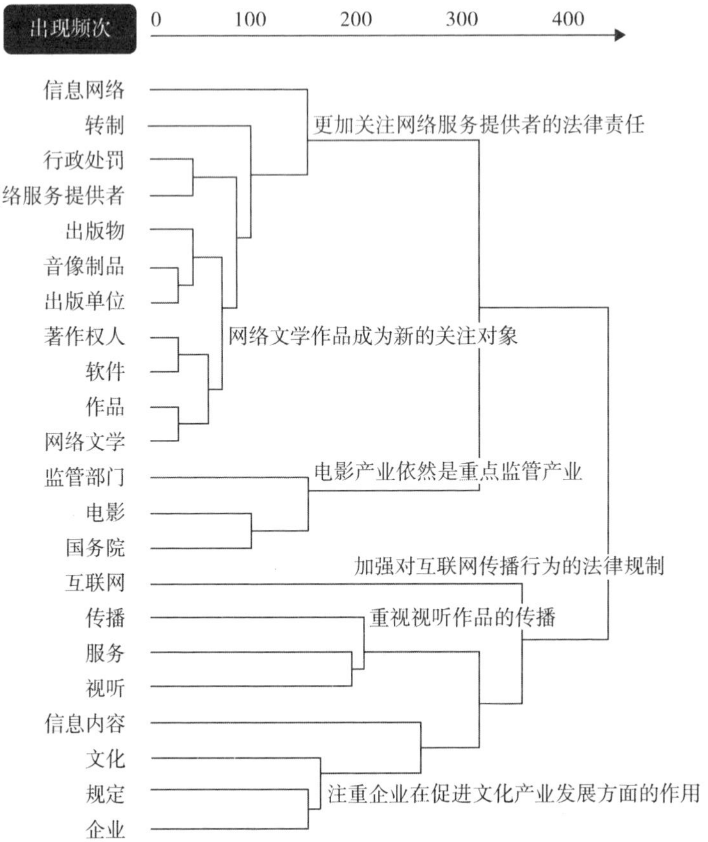

图 4-9　2011—2014 年中国数字内容产业立法情况量化分析

➢ 第五阶段：2015 年至今

这个阶段出台的相关法律文件较为密集，内容覆盖网络文学、网络音乐、网络试听节目等多个领域。具体包括：网络音乐领域的《关于进一步加强和改进网络音乐内容管理工作的通知》和《关于责令网络音乐服务商停止未经授权传播音乐作品的通知》；网络试听类领域的《关于加强网络试听节目直播服务管理有关问题的通知》《专网及定向传播视听节目服务管理规定》《关于进一步加强网络原创试听节目规划建设和管理的通知》《关于加强数字水印技术运用严格影片版权保护工作的通知》和《关于加强真人秀节目管理的通知》；网络游戏领域的《关于移动游戏出版服务管理的通知》；网络文学领域出台的《关于加强网络文学作品版权管理的通知》；还有其他关于新闻出版类的和对整个互联网领域内容监管的相关文件，具体包括：《网络出版服务管理规定》《关于规范网盘服务版权秩序的通知》《关于规范网络转载版权秩序的通知》《移动互联网应用程序信息服务管理规定》《网络产品和服务安全审查办法》以及《互联网信息内容管理行政执法程序规定》等近二十部法律文件。

从司法保护角度，2015 年至今我国的知识产权保护强度整体上有了大幅提高，从“宽严适度”的知识产权司法保护政策向“严格知识产权保护”政策转变。2015 年 10 月，李克强在夏季达沃斯谈论开幕式上，提出中国政府将尽最大力量保护知识产权，进而提出“严格知识产权保护”的理念。[1] 之后，2015 年国务院下发全面深入实施《国务院关于新形势下加快知识产权强国建设的若干意见》[2]（国发〔2015〕71 号），进一步阐述了严格知识产权保护的方针。2016 年 12 月，国务院印发十三五国家知识产权保护和运用规划的通知，明确以文件的形式确认了严格实行知识产权保护。在我国开始实行“严格的知识产权保护”政策以来，数字内容产业的法律发展环境得以改善，从上述的国务院、文化部、国家版权局和国家新闻出版广电总局出台的各项法律文件来看，从数量和力度上都是前所未有的。

同时，相关的刑事立法领域的制裁也紧密跟进。2015 年，11 月 1 日开始实施的《刑法修正案（九）》增加了对版权保护的重要条款，即《刑法修正案（九）第二百八十七条》新增了关于“非法利用信息网络罪”和“帮助信息网络犯罪活动罪”。具体规定“明知他人利用信息网络实施犯罪，为其犯罪提供互联网接入、服务器托管、网络存储、通信传输等技术支持，或者提供广告推广、支付结算等帮助，情节严重的，处三年以下有期徒刑或者拘役，并处或者单处罚金。”强化了对网络行为和网络犯罪的监管，明确了网络帮助侵权行为的刑事责任。

4.1.3 小　结

从两国关于数字内容产业的立法进程来看，其与本国的社会经济发展水平和技术发展水平紧密相关。分析美国的立法情况，我们可以看出美国版权的权利范围随着历次版权法的修改不断扩张，版权保护的力度也在逐步加大。以横向角度衡量，版权的权利保护客体的范围逐渐扩展，从最初的仅限于书籍、地图、期刊扩大到所有作品，再到数字作品、网络作品。以纵向角度衡量，版权

---

[1] 中国政府网：http://www.gov.cn/guowuyuan/2015-09/10/content_ 2928606.htm，网页更新时间：2015 年 9 月 10 日，最后访问日期：2018 年 3 月 20 日。

[2] 国发〔2015〕71 号。

的保护期限不断延长。在国际层面，依赖其强大的经济实力，美国在不断扩大国内版权保护力度的同时，也主动开始融入国际主流的版权保护体系，并逐步开始主导国际版权保护立法，并通过国际条约等方式迫使其他国家接受版权的强保护标准。

从中国的立法情况来看，与数字内容产业相关的版权保护已经形成了立体多维度的法律保护体系。立法文件的数量之多，内容之丰富，体系之繁杂在世界各国的相关产业的立法中也属少数。特别是近年来随着我国数字内容产业的繁荣与发展，相关立法性文件的出台也逐渐增多，立法层级也不断提高。版权立法的保护政策从我国经济发展初期的“宽严适度”逐渐过渡到目前阶段的“严格保护”，不同历史时期的版权政策的变化为数字内容产业的发展提供了良好的制度保障。在国际层面，我国开始积极加入并主导一些国际条约的签订，通过多边条约的方式与多国签订与知识产权保护相关的贸易协定。这些立法层面的积极调整为我国数字内容产业的发展及数字内容产品走向国际市场奠定了良好的基础，创造了有利的国际环境。

4.2 中美数字内容产业的司法实践比较

在美国法下，在线网络服务提供商（Online Service Provider，OSP）的概念出现在美国的《数字千年法案》中，这个概念非常广泛，凡是提供在线业务的提供商，不仅包括因特网服务，还包括局域网服务。作为上位概念，下面最为重要和最具实力的一类便是网络服务提供商（Internet Service Provider，ISP）。在ISP的分类中，大致按照其提供服务类别的不同，可以分为网络内容提供商（Internet Content Provider，ICP）和网络接入服务提供商（Internet Access Provider）。20世纪初，随着互联网越来越密切地融入人们的生活中，新的商业传播途径和媒介不断丰富人们的想象。与此同时，网络发展在促进数字内容产业在线化的同时，也给版权保护带来了新问题。对于网络用户直接实施的网络版权侵权行为，OSP是否应当承担法律责任以及承担何种责任等一系列问题，美国的司法和立法实践也在不断进行修正。

从1995年年末到1996年5月，电信服务商和其他在线信息提供商、内容提供商、软件公司进行了广泛的谈判和磋商，其目的在于能够为在线服务提供商（OSP）就避风港原则提供一个成文法的依据。谈判各方未能在第 103 届国会上就该内容达成一致意见。之后，国会就该问题形成了许多法案。第一个法案（H. R. 2180）是在 1997 年 7 月由美国众议院提出的。该法案的主要目的在于免除 OSP 在仅仅提供在线内容的传输入口时的直接责任、替代责任及共同侵权责任中的损害赔偿责任。第二份法案（S. 1146）是由美国参议院提出的，采取了不同于第一份法案的责任界定方法。主要包含三个主要条款。第一，该法案对于仅提供电子通信网络服务或设施包括语音留言、电子邮箱服务、即时通信服务等 OSP 的直接、帮助和共同侵权责任提供了总括性的免责条款。第二，对于信息定位工具包括超链接、网站导航、搜索引擎等规定了免责条件。第三，对于那些存储第三方内容的 OSP 规定了相应的免责条件，但在其收到合理通知十日内没有采取断开连接、删除内容等技术措施或在接到法院的令状后没有及时采取相应的措施。1997 年 9 月，对这两份法案分别举行了听证会。听证会之后，众议院达成了新的“在线版权侵权责任限制法案”（H. R. 3209）以取代上述第一份法案。之后，参议院也对第二份法案进行了听证，结果是达成了新的法案（S. 2307）以取代旧的参议院法案内容。两份新的法案中对于 OSP 的责任规定了相同的实质性条款，被纳入之后的 DMCA 法案中。关于责任条款规定在 DMCA 中的第二章并被纳入美国法典的第 512 章中的第 17 节，并规定了四种避风港。如果 OSP 的行为可以被认定为符合这几种情形，就可以免除其金钱赔偿的责任而仅承担停止侵权的责任。同时这四种限制具有不同和相互区分的功能。也就是说无论是否 OSP 被认定符合其中一种责任限制都不影响对其另外一种类型责任限制的认定。

在互联网发展早期，由于人们对网络服务提供者的作用、地位以及监控能力认识不足，加上网络版权侵权行为难以甚至无法控制，美国法官倾向于适用严格责任。比如，有司法机关认为，网站似乎可以看作一个数字化的报纸或者杂志，因为其栏目和内容与传统纸媒很相似，区别仅在于前者的数据和信息量更为庞大。报纸要对报社记者所写的新闻报道承担侵权责任，与此类似，网站应对其用户发布的内容承担严格责任。在不同时期以及不同法院，对待 OSP 应该承担的责任类型也在不断发生变化，下面从不同细分产业的实际案例出发进行具体分析。

4.2.1 网络视频类案例

4.2.1.1 网络视频节目类侵权案例

➢ Sony Corp. v. Universal City Studios, Inc.[1] ——“实质性非侵权用途”规则的确立

20世纪70年代日本索尼公司的录像机Bebamax进入美国市场。该设备可以通过自带的接收器通过电视录制观众正在观看的节目，也可以录制另外一个频道的节目，并在观众不在家的时候自动按预先设定的时间录制某一频道的节目。观众可以在录制完成后在自己选定的任何时间进行观看，实现其所谓的时间转换“time-shifting”的目的。1976年，美国环球电影制片公司和迪士尼制片公司起诉索尼公司，声称索尼公司应当为购买其录像机设备的消费者使用该设备未经许可录制享有版权的电影作品承担“帮助侵权”责任。

1977年和1981年美国加州中区地区法院和美国联邦第九巡回上诉法院分别作出索尼公司构成间接侵权和不构成间接侵权两个相反的判决结果。索尼公司因此上诉至美国联邦最高法院。最后美国联邦最高院借鉴了美国专利法第271条C项关于“商业上主要商品的原则”即“通用商品规则”，认为产品或服务被广泛用于合法、不会被反对的用途上，就不会成立帮助侵权责任。在将该原理移植应用到版权领域后，美国最高院认为索尼公司并没有故意侵权的意图，而且，该设备具有实质性的非侵权用途，也就不能因此推定索尼公司故意帮助侵权并构成帮助侵权。同时最高院对于本案中的另一个核心问题“观众使用录像机录制电影的行为是否构成侵权”，美国最高院认为：“个人为了改变观看电影的时间而将电影录制下来，并在观看一次后进行清除的行为，构成合理使用。”

索尼案是美国版权法历史上具有标志性意义的案件，其确立的“实质性非侵权用途”作为判断产品提供者侵权责任的重要依据，对于高科技产品行业来说意义也是深远的。本案中法官认为只要该产品具有一种实质性的非侵权用途，就不能仅仅因为有人利用该产品实施了侵权行为，就推定产品提供者的主观过错的存在。正是因为该规则的确立，才使得美国的高科技企业在该案判决之后的20年中得以快速发展，而起诉高科技产品提供者应承担帮助侵权的案例并不多。产品提供者在少数的案例中在其产品只有非法用途的情况下，才

[1] Sony Corp. v. Universal City Studio. inc., 464 U.S. 417, 435 (1984).

被判决应承担相应的赔偿责任，例如提供非法卫星电视解码器[1]等案例，这对于以技术发展的内容产业来说无疑起到了保驾护航的积极推动作用。随着新技术的不断发展和涌现，版权法面临新挑战，而在随后的发展过程中 P2P 技术的兴起引起了美国司法界侵权理论的进一步深入发展。

➢ UMG Recordings, Inc. v. Veoh Networks Inc.[2]

本案被告 Veoh 是与 YouTube 具有类似功能的视频分享网站，用户通过免费注册后可以观看该网站的视频内容，但是需要观看视频之前的广告，而被告以此为其盈利来源。原告以被告的网站上提供其拥有版权内容的音乐视频而起诉其承担帮助侵权责任。一审法院判决因被告对其网站上的侵权行为是一般性的知晓（general awareness）而不是实际知道或应知，因此其不能够具体区分哪个音乐视频是侵权的，因此不构成侵权。根据美国版权法第 512（c）规定的红旗标准“如果一个网络服务提供者知道某具体的侵权行为，则其必须立即采取行动删除侵权内容；如果其对侵权行为的发生只是一般性的知晓，则侵权的证明由权利人进行提供”。之后，美国联邦第九巡回上诉法院认为如果网络服务提供商对其网站上的侵权行为的有控制权利和控制能力或者说他能够对用户的行为有实质性的影响，则不应以其知道具体侵权行为为前提。但是在本案中法院并没有说明网络服务提供者在什么情况下可以证明其可以对用户进行“实质性的影响”从而应承担相应的间接侵权责任。本案对美国法上的避风港规则和红旗标准的适用标准进一步予以明确。从网络服务商的侵权行为后果、控制能力和对用户行为是否产生实质性影响几个角度进行判断。

➢ Viacom v. YouTube [3]

被告在其视频分享网站上为用户提供视频内容的存储空间，原告诉被告在未经其许可的情况下，在其视频网站 YouTube 上存储了 15 万条原告拥有合法版权内容的视频片段，要求被告 YouTube 及其所有权人谷歌公司应对在其平台上进行观看和下载侵权的视频文件的行为承担帮助侵权责任。被告以 DMCA 中第 512（C）款中的安全港规则进行抗辩。2010 年初审法院认为被告仅对用户的侵权行为有“一般性”的知晓，且在收到侵权的通知后及时（一个工作日内）对用户上传的侵权内容进行删除。但是法院指出对侵权行为的漠视也可能构成“知道”，但是这不是强加的事先的监管义务，而是应该按照个案进

---

[1] Cable/Home Communication Corp. v. Network Productions, Inc., 902 F. 2d 829, 846 (CA11 1990).

[2] UMG Recordings, Inc. v. Veoh Networks Inc., 665 F. Supp. 2d 1099 (C. D. Cal. 2009).

[3] Viacom Int'l, Inc. v. Youtube, Inc. 940 F. Supp. 2d 110 (S. D. N. Y. 2013).

行判定。被告已经在其网站上安装了自动识别系统识别并发现侵权视频，说明被告已经为防止侵权行为的发生做出了极大的努力，由于原告的通知并没有达到有效通知的标准，因此被告不能被实际认定“知道”其网站上有侵权内容的存在。2012 年该案上诉至美国联邦第二巡回上诉法院，法院部分支持部分反对初审法院的判决意见并将案件发回重审。2013 年初审法院再次做出了被告不侵权的判决。2014 年，本案的双方进行了和解。

除上述案例外，还有 Perfect 10，Inc. v. Visa International Service Ass'n[1]、Arker v. Google[2]、MDY Industries v. Blizzard Entertainment[3]、Louis Vuitton Malletier，S. A. v. Akanoc Solutions，Inc.[4]、Arista Records LLC. v. Usenet. com，Inc.[5]、Hermeris v. Brandenburg[6]、Flava Works v. Gunter[7]、Perfect10，Inc. v. Giganews，Inc.[8]、BMGv. Cox Communications[9]、（x）LiveFaceon Web v. The Control Media Group[10] 等诸多案例。通过上述案例的查找和分析，我们可以得知，美国法院在判断是否构成版权帮助侵权时，通过判例制度逐渐明晰了一系列的适用规则。在判断侵权人主观状态时，Napster 案[11]中的法官 Patel 认为侵权人的主观状态需要是“有合理理由知道”（reasonable knowledge）。但在 Napster 案之后如在 Ellisonv. Robertson[12] 和 Perfect10 v. Cybernet Ventures 案中法官确立了“推定知晓或有理由知道”（constructive knowledge or reason to know）侵权行为的发生，就足够认定行为人的主观过错。这一主观判断标准比起 Napster 案相对宽松，对认定侵权人构成帮助侵权更为容易。同时，对于“知道”的内容不能仅仅是一般性的或者概括性的知道，还需要对具体侵权行为进行知悉才符合

---

[1] 71 U. S. P. Q. 2d 1914（N. D. Cal. 2004），aff'd，494 F. 3d 788（9th Cir. 2007），cert. denied，553 U. S. 1079（2008）.

[2] 422 F. Supp. 2d 492（E. D. Pa. 2006），aff'd，2007 U. S. App. LEXIS 16370（3rd Cir. July 10，2007）.

[3] 2008 U. S. Dist. LEXIS 53988（D. Ariz. July 14，2008）.

[4] 591 F. Supp. 2d 1098（N. D. Cal. 2008）.

[5] 633 F. Supp. 2d 124（S. D. N. Y. 2009）.

[6] 2011 U. S. Dist. LEXIS 6682（D. Kan. Jan. 23，2011）.

[7] Flava Works，Inc. v. Gunter，2011 U. S. Dist. LEXIS 50067 at 11 - 12（N. D. Ill. May 10，2011），rev'd，689 F. 3d754（7th Cir. 2012）.

[8] 2013 U. S. Dist. LEXIS 71349（C. D. Cal. Mar. 8，2013）.

[9] 149 F. Supp. 3d 634（E. D. Va. 2015）.

[10] Live Face on Web，LLC v. The Control Group Media，2015 U. S. Dist. LEXIS 166063（E. D. Penn. Dec. 10，2015）.

[11] 参见下文的网络音乐类案例部分对本案的详细分析。

[12] 189 F. Supp. 2d 1051（C. D. Cal. 2002）.

一个有效“通知”的要求。此外，如果被控侵权人只是“一般性的知道”侵权行为的发生，还需要结合是否对侵权行为有实质性的控制能力和是否采取积极的防止侵权行为发生的措施等因素进行综合考量。

在之后出现的 MGM Studios, Inc. v. Grokster, Ltd.[1] 案中，美国联邦第九巡回上诉法院的判决中，对帮助侵权的认定也有进一步的阐述。“知道”这一要件的判断需要根据被告的产品或服务是否具有实质性的非侵权用户来判断。如果该产品没有实质性的或商业上具有重大意义的非侵权用途，那么版权人仅需要证明被告对侵权行为具有“推定知晓”（constructive knowledge）。如果产品具有实质性或商业上具有重大意义的非侵权用途，那么权利人必须证明被告有“合理理由知道”特定侵权行为的发生并且没有积极进行阻止该行为。

➢ Huntsman and Clean Flicks of Colorado, LLC. v. Soderbergh, et al.[2]

本案的原告是几家生产可以控制播放 DVD 过程中跳过色情、暴力和其他不适合儿童观看镜头的自动过滤软件产品。这些产品在出厂之前会预先设定每部电影中应予跳过的镜头的时长、位置等信息。一旦用户在网上下载想要观看电影的过滤文件后，该电影在播放过程中就会自动跳过预先设置的不适合儿童观看的内容，从而实现家长与儿童可以共同观看一部电影同时不会对儿童的身心健康造成损害。本案原告要求法院判决其产品不侵犯这些电影的版权，但是以美国米高梅、迪士尼等在内的电影公司提起反诉，认为这些公司产生的这些产品未经其许可擅自编辑了他们的作品，侵权其对电影作品的演绎权和发行权。

在本案做出判决之前，在各大利益集团的游说之下，美国国会通过了《家庭娱乐及版权法案》，在该法案中明确规定：“任何由个人家庭成员或根据个人家庭成员的指令，在家庭内或传送至该家庭为私人观看的表演进行的过程中，在授权的电影复制件中屏蔽特定视频音频内容的；创作或者提供根据个人家庭成员的指令能够剪切视频或音频内容的计算机程序或其他技术，且该计算机程序或技术本身就是为了该目的而设计并投放市场的，同时没有使用该类计算机程序或技术制作出电影修改版的固定复制件的不视为版权侵权。[3]”

本案的审理历时三年，最终法院认为原告方也就是对特定视频内容进行复

---

[1] MGM Studios, Inc. v. Grokster, Ltd. 545 U. S. 913 (2005).

[2] Huntsman and Clean Flicks of Colorado, LLC. v. Soderbergh, et al. 433 F. Supp. 2d 1236 (D. Colo. 2006).

[3] 法案第 1110，119 条（后并入美国法典第 110 条），翻译参见：杜颖、张启晨：《美国著作权法》，知识产权出版社，2013 年版，第 33 页。

制的行为违反了1976年美国版权法中第106条关于复制权的规定，其发行、销售和租售特定版本的视频作品的行为构成版权侵权。但是，原告的行为不构成对原作品演绎权的侵权。可以说本案引发的讨论直接引发了美国版权法历史上新法案的出台，而《家庭娱乐及版权法案》也成为第一部在案例审判进行中直接影响法官裁判的立法文件。

➢ Lenz v. Universal Music Corp[1]

2007年本案原告Stephanie Lenz录制了一段家庭视频，视频中，她的孩子随着背景音乐起舞，萌态可掬，而背景音乐则是来自著名歌手Prince的作品*Let's Go Crazy*。原告将视频上传至YouTube网站和公众分享。美国环球唱片公司（Universal）作为上述作品的版权人，向YouTube发出了删除通知。在通知中，Universal依据美国《数字千年版权法案》（DMCA）第512条的规定，认为Lenz所制作的20秒的家庭视频中，Prince的歌曲贯穿始终，因而未经许可使用了他人的音乐作品，属于版权侵权行为，要求YouTube删除视频链接。次日，YouTube遵循Universal的诉求，作出了断链措施。与此同时，YouTube也邮件通知了Lenz，并告知其享有反通知的权利以及相关流程。Lenz依据DMCA第512条g款向YouTube发出了反通知，通知中，Lenz提出其行为构成对于版权作品的合理使用，因而并非侵权，要求YouTube恢复其视频链接。六个星期后，YouTube采纳了Lenz的反通知抗辩，恢复了链接。

地区法院对本案做出了第一次裁定，确认了合理使用审查的重要性，认为"对于一种使用行为是否属于合理使用展开善意性的审查，和版权法的初衷是一致的"。地区法院裁定认为Universal企图撤销Lenz发起诉讼的动议遭到拒绝。此后的四年中，双方分别向一审法院发起了数次动议，申请法院启动"简易判决"程序（Summary Judgment）[2]，但均遭到拒绝[3]。最终，双方向美国联邦第九巡回上诉法院提起上诉，法院最终维持了地区法院的裁定结果。之后，双方向最高院发起了提审请求，等待最高院提审，到目前为止，最高院没

---

[1] Lenz v. Universal Music Corp., 572 F. Supp. 2d 1150, 1155 (N. D. Cal. 2008).

[2] "简易判决"程序的功能在于过滤无益庭审，节省诉讼成本，尤其是能够避免陪审团审理环节。通常情况下，一方申请"简易判决"的前提是其认为案件事实已经确定并且对其有利，法院无须再深入审理，而可以直接判决。有趣的是，本案双方都提交了申请，易言之，双方都认为本方应是理所当然的胜诉方。See Plaintiff's Renewed Motion for Summary Judgment, Lenz v. Universal Music Corp., No. C-07-03783-JF (N. D. Cal. July. 13, 2012); see also Defendants' Notice of Motion and Motion for Summary Judgment, Lenz v. Universal Music Corp., No. C-07-03783-JF (N. D. Cal. Oct. 18, 2010).

[3] See Order Denying Cross-motions for Summary Judgment, Lenz v. Universal Music Corp., No. 5: 07-cv-03783-JF (N. D. Cal. Jan. 24, 2013).

有提审本案。本案的事实情况并不复杂，但是从本案从地区法院开始审理到目前已经经历了十年之久，原被告双方背后所代表的是权利人、使用人和平台方不同的利益群体在网络环境下的角力过程，也体现了美国司法界对如何平衡在版权法的“避风港”规则下各方利益的思考与探索。

我国的司法实践，对于网络视频类侵权案件近几年讨论的热点集中于网络视频聚合盗链相关案件。本部分对目前各地区法院的不同判例做出具体梳理，之后在第五章对该行为做具体的分析。

➢ 腾讯诉电视猫侵犯著作权案❶——版权直接侵权

被告视频聚合软件“电视猫”在未经许可的情况下，盗播原告享有著作权的电视剧《北京爱情故事》，原告腾讯公司将其诉至法院。电视猫是一款视频聚合软件，其首页显示“电视猫视频所有影视资源均来自第三方网站，本服务运营方并未做任何的存储及编辑操作”，电视猫主张其是通过爬虫技术抓取了“腾讯视频”或其他网站中的相关信息，从而获得有效视频源播放地址，进行链接播放。但司法鉴定显示，“腾讯视频”针对其视频剧集的播放地址进行了加密，只有通过密钥鉴真才能获取视频密钥。电视猫通过技术手段解析了应该只由腾讯视频才能生成的特定密钥 ckey 值，突破了腾讯公司安全防范措施，获取了服务器 v. qq. com 中存储的视频数据。据此，法院将“电视猫”的聚合盗链认定为破解技术措施，并判定聚合盗链软件构成作品的再提供，构成著作权的直接侵权。

➢ 腾讯诉广州电蟒侵犯著作权案❷——采用“服务器标准”

本案中的电蟒云音响连网后可以实现在线播放涉案歌曲，但是具体的查找和播放歌曲的过程一直没有脱离电蟒云音响自身界面，同时也没有显示出涉案歌曲的来源。❸ 电蟒云音响的歌曲来源分为自有版权和网络搜索链接。电蟒云音响本身是硬件音响设备，其自身并不存储涉案歌曲。国光电器公司与电蟒公司之间的合作仅限于涉案电蟒云音响产品的加工承揽，不涉及通过该电蟒云音响产品传播作品内容。京东公司销售云音响产品：京东公司在其网站上售卖涉案音响，但庭审时已将电蟒云音响下架。

法院认同在侵害作品信息网络传播权纠纷案中采用的“服务器标准”判

---

❶ 深圳市南山区法院（2016）粤 0305 民初 3636 号。

❷ 北京知识产权法院（2016）京 73 民终 388 号。

❸ 刘媛：《浅谈北知院判决中三段论推理之判例方法运用——以腾讯公司诉电蟒公司案为例》，《牡丹江大学学报》，2017 年 10 月 25 日版。

断是否构成信息网络传播行为，基于本案侵权歌曲在线播放时的IP地址经解析后为被告所有网站，涉案产品搜索查找、播放涉案歌曲的整个过程始终在被告产品自身界面下，未显示出歌曲来源地址，未发生页面跳转，而被告无法提供证据证明涉案产品只提供搜索、链接服务，故认定被告构成直接提供侵权歌曲的行为，侵犯信息网络传播权。但仅为涉案产品的组装加工者，并未参与传播涉案歌曲，也无法控制通过涉案电蟒云音响所传播的内容，主观上并无过错，与侵权人不存在合意，不构成共同侵权。产品本身并不存储侵权歌曲，并非侵权产品，故其销售者无须承担停止销售的法律责任。

➢ 搜狐诉“看客影视”App案❶——不构成著作权侵犯

被告在其运行的www.kanketv.com网站上发布了“看客影视”移动客户端软件及“看客影视”Android系统电视端软件，这些软件可以实现向公众提供影视剧节目点播服务。但这些视频资源实际来源于搜狐视频，被告并未在此之前获得被告的授权。在播放过程中，被告利用技术替换搜狐视频的播放器，同时屏蔽了原告的网站页面及视频贴片商业广告和内容推荐评论等内容，用自身的产品推荐进行替代，原告因此以著作权侵权为由诉诸法院。

本案中，一审、二审法院对不正当竞争行为的认定存在分歧。一审法院从双方视频服务可替代的角度出发，认为看客影视App删节片头广告等行为分流了搜狐视频的用户，挤占了后者的广告等交易机会，因此设链行为和删除广告行为一起构成不正当竞争，判令停止在其客户端向公众提供源自搜狐视频的节目内容。二审法院虽也认定看客影视App并非单纯提供链接服务，但其不正当竞争行为仅限于广告删除、屏蔽行为，因此判令其在提供源自搜狐视频的节目内容时，停止实施广告屏蔽等不正当竞争行为。此外，对于聚合盗链行为是否侵权，本案法院认定看客影视App提供的涉案作品源自搜狐视频的节目链接，而非以服务器存储方式直接提供视频内容，不构成信息网络传播侵权。

➢ 腾讯诉易联伟达侵权案❷——一审实质性替代标准，二审服务器标准

被告易联伟达公司因通过其经营的“快看影视”App从乐视网盗链电视剧《宫锁连城》并在其App上直接向用户提供，而被原告腾讯公司指控侵犯信息网络传播权。法院查明，原告就涉案作品享有独家信息网络传播权，乐视网从原告取得分销授权，可以在其平台上播放涉案作品，并采取禁链措施；被告通过破解、绕开乐视网的禁链等技术措施，抓取涉案视频资源并设置深层链

---

❶ （2016）沪73民终68号。

❷ 北京知识产权法院（2016）京73民终143号；（2015）海民（知）初字第40920号。

接，使用户可以直接在其 App 上观看、获取涉案作品。

一审法院认为，“快看影视” App 作为影视聚合平台，通过主动地定向深度链接将几个主流视频网站上的视频资源抓取，集合在自己的平台上并呈现给用户，这种链接并非被动的全网搜索链接服务，其目的通常并不在于提供简单的技术中介服务，而是向用户提供“一站式”视频内容。[1] 因此，被告并非仅提供链接技术服务，还对通过盗链、深层链接获取的他人版权内容进行了选择、编辑、整理、分类等，主观上存在破坏他人技术措施、通过盗链获取不当利益的过错；其一系列行为相互结合，扩大了涉案作品的域名渠道、可接触用户群体等网络传播范围，分流了相关获得合法授权视频网站的流量和收益，客观上发挥了在聚合平台上向用户“提供”视频内容的作用，产生了实质性的替代效果，给著作权人造成了损害，构成对信息网络传播权的直接侵害。[2]

二审法院从涉案作品受著作权保护、信息网络传播行为的认定标准、深度链接行为的救济途径、被诉行为不构成信息网络传播行为等角度，论证了被诉行为不构成对著作权人信息网络传播权的侵害。法院认为服务器标准是判定是否构成信息网络传播行为侵权认定的合理标准。只有初始上传行为符合著作权法规定的信息网络传播权的行为特征，而上传行为均需以作品的存储为前提。服务器标准与信息网络传播行为的性质最为契合。第一，用户感知标准不应作为信息网络传播行为的认定标准。第二，用户感知标准以用户的认知为判断依据，但由于不同用户的认知程度不同，因此该标准缺乏客观性和确定性。第三，实质性替代标准不应作为信息网络传播行为的认定标准。判断是否侵犯著作权应当以权利所控制行为的法定要件为依据，一审判决中考虑的成本影响、用户黏度、权利人分销利益等不属于著作权法保护的范围。

➢ 飞狐诉看看、幻电信息网络传播权纠纷案[3]——实质性替代标准

被告网站有涉案视频，Bili 网有涉案侵权作品链接。视频无须跳转直接播放；用户在 Bili 网可直接播放涉案影片而无须进行跳转。基于上述事实，法院认为，Bili 网的注册用户向 bilibili. kankannews. com 网站上传了涉案作品在案外网站上的视频源地址，bili 网基于该视频源地址，运用技术手段将案外网站上的涉案作品链接到其网站上并实现在线播放。因此，虽然涉案作品存储在第

[1] 刘政操、田小军：《从乐视诉电视猫案看聚合盗链的司法定性》，《中国知识产权报》，2016 年 9 月 2 日版。

[2] 李颖：《快看影视 App 盗链侵权案的审理思路和相关思考》，《中国版权》，2016 年第 8 期。

[3] 上海市普陀区人民法院，（2015）普民三（知）初字第 39 号。

三方网站上，但bili网通过技术手段使网络用户可以在其网站上直接观看涉案作品，且观看过程中网页未跳转至存储涉案作品的案外网站，故bili网的上述行为已经超出网络服务提供商通过提供搜索、设置链接等服务以帮助用户定位相关网络信息的正当范围，在实质上替代了相关案外网站向公众提供作品。[1]存储涉案作品的被链案外网站的服务器在本案中在一定程度上实际已经成为bili网的远程服务器，使得公众可以在其个人选定的时间和地点在bili网上直接获得涉案作品。因此，法院认定，bili网即被告幻电网站向公众提供了涉案作品，具有主观过错，损害原告合法权益，已经构成侵犯原告的信息网络传播权。

➢ 乐视诉幻电案[2]——实质性替代标准

原告乐视公司诉称，其依法享有《美人天下》等5部影视作品的相关著作权。被告通过其经营的“bilibili”苹果手机App非法向公众提供这些作品的在线播放，构成信息网络传播侵权。法院认为，该案中，相关视频在被告网站及客户端上播放时显示的网址均为被告的网址，对网络用户而言，涉案视频均是在被告网站网页上直接进行播放，并非“避风港”原则所适用的为信息定位而将用户指引到某个网站位置所提供的链接服务，而是为了让用户不经第三方网站、能够在被告的网站上直接观看相关视频，在传播意义上，被告实质上已经替代了被链接网站向公众传播未获授权的作品，所以其行为是未经原告许可擅自向公众提供了涉案影视作品的免费播放服务。[3]

首先，被告作为一个较大经营规模的网站、手机客户端所有者，理应意识到涉案影视作品不可能无偿供其使用播放，仍未经许可，在其经营的网站及客户端上擅自向公众提供涉案影视作品的在线播放，使公众可以在个人选定的时间和地点观看，具有主观过错，其行为侵害了原告对涉案影视作品享有的信息网络传播权，应当承担相应侵权责任。其次，经营规模、视频知名度、点击次数等对判定赔偿数额具有参考意义：被告的经营规模和主观过错程度，涉案视频的知名度，上映或者首播当期的热播度，涉案视频被点击播放的次数对判定侵权赔偿数额具有重要参考意义。

➢ 乐视诉猎豹侵犯信息网络传播权案[4]

乐视具有独占专有信息网络传播权及维权权利：乐视在授权期限内享有涉

---

[1] 王志豪：《深度链接行为的法律定性研究》，华东政法大学硕士论文，2016年4月。

[2] （2015）浦民三（知）字第595号。

[3] 陈琦：《网络聚合平台的著作权侵权问题研究》，《电子知识产权》，2016年第9期，第24页。

[4] 二审：北京知识产权法院，（2015）京知民终字第1874号，一审：北京市石景山区人民法院，（2015）石民（知）初字第1812号。

案电视剧的独占专有的信息网络传播及相关维权的权利，未经乐视授权，任何第三方不可通过网络提供涉案电视剧播放服务。涉案软件“微看”在点击播放涉案电视剧时未跳转至乐视网站，未离开微看软件且相关行为未经乐视授权。

法院认为涉案电视剧在点击播放过程中未离开过涉案软件，亦未显示有跳转至乐视网的网络地址；同时虽然涉案电视剧在开始播放前缓冲时、播放时显示了乐视网图标和水印，但仅凭该图标和水印并不足以证明涉案节目系链接自乐视网。基于此认为被告主张其仅提供了链接服务的主张不成立，而应认定为提供播放服务，侵害了原告的信息网络传播权。

➢ 杭州锋线诉西安信利、中国电信侵害作品信息网络传播权案❶

杭州锋线公司继受取得涉案电视剧《喋血钱塘江》自 2011 年 11 月 1 日到 2015 年 5 月 20 日的独家信息网络传播权。涉案软件“逗点”提供涉案电视剧播放服务，播放画面未显示该视频文件播放网址，未出现网页跳转，未使用第三方网站播放器进行播放。❷ 用户过“逗点”本身就直接播放涉案剧集、控制播放速度。“逗点”预设一定条件对相关网络信息进行了栏目的整理包括分类和推荐等，这些行为都对信息的传播进行了一定程度的干预。法院认为视频搜索聚合类软件应当设定较高著作权义务，不能一概而论，结合“逗点”在涉案电视剧的播放过程中未显示播放网址，未出现网页跳转以及“逗点”对相关影视信息进行热剧推荐、栏目分类的案件事实，认为仅凭其在播放页面加注涉案电视剧的在线播放“来源”并不能证明来自第三方网站，从而认定被告构成侵害信息网络传播权。

➢ 乐视诉电视猫盗链案❸

本案中，原告乐视对其视频资源链接采取技术保护措施。电视猫有针对性地破解乐视视频的 URL 链接地址参数，绕开乐视对其版权视频资源的限制措施，实现无须页面跳转即可观看乐视视频内容。电视猫播放乐视享有著作权的视频并重新编辑整理播放页面，供用户无须开通乐视会员即可观看无广告的乐视视频内容。

法院认为从破解他人的 URL 链接地址是否属于盗链行为，应从以下几个

---

❶ 二审：北京知识产权法院，（2015）京知民终字第 290 号，一审：北京市西城区人民法院，（2014）西民初字 13440 号。

❷ 张玲玲：《手机视频聚合平台服务提供者侵犯著作权问题研究——以预备合并诉讼及服务器标准的适用为视角》，《中国知识产权法学研究会 2015 年年会论文集》，2015 年 9 月。

❸ 北京市朝阳区人民法院，（2015）朝民（知）初字第 44290 号。

方面进行考量：被链网站是否允许直接访问服务器及URL地址；能否完整跳转并呈现被链网站的全部内容；破解链接地址是否违背被链权利人的基本意愿以及链接内容是否有针对性。判断破解他人的URL链接地址是否属于侵害信息网络传播权的提供行为，可以从以下方面进行考虑：不以“上传至自身服务器”为标准而是以能否实现向用户提供被链内容的目的。因此，法院认为盗链行为侵害信息网络传播权构成著作权侵权。乐视对被链视频享有信息网络传播权。破解、盗取链接行为具有违法性，盗取行为侵害了乐视的信息网络传播权，对乐视造成损害并从中获益。另外，盗链行为属于破坏技术措施构成著作权侵权。乐视对被链视频享有著作权，乐视对被链视频设置了技术保护措施而盗链行为破解了乐视的技术保护措施。

➢ 飞狐诉迅雷案[1]——构成帮助侵权

原告诉称其依法享有《金玉良缘》等7部电视剧的独占信息网络传播权，被告在其经营的“迅雷HD”移动端，在苹果iOS平台向社会公众传播以上7部涉案作品。法院认为本案中，迅雷公司提供的服务并非一般的搜索服务，其提供的搜索、链接服务是在特定的数据库中进行的，搜索结果是其事先制作的界面，且提供电影作品的第三方网站是由其事先选定的，用户无法自行选择。[2] 因此，迅雷App向用户提供的搜索链接服务并非基于系统技术自动生成，而是加入了被告的编辑和管理工作，因此，被告对所链接的第三方网站里提供的内容是否侵权应负担较高的审查义务。此外，迅雷公司辩称涉案作品来源于“搜狐视频”，但其也未取得相关权利人的授权许可。综上，被告的行为扩大了涉案影视作品的传播范围，造成了权利人的实际收益损失，侵害了其合法的信息网络传播权，依法应当承担相应的责任。[3]

➢ 快乐阳光诉同方案[4]——采用“服务器标准”，提供机顶盒的行为构成共同侵权

在该案中，快乐阳光公司经授权获得综艺节目《天天向上》（共十期）的独家信息网络传播权。“清华同方灵悦3智能电视宝”由同方公司生产，该产品具有影视点播功能，用户安装智能电视宝后进入“兔子视频”软件就可以点播涉案节目。“兔子视频”向用户提供主动的定向链接服务，对于被链接的

---

[1] （2015）深南法（知）民初字第498号。

[2] 姜旭：《业界期待网络著作权判断新标准》，《中国知识产权报》，2016年8月17日版。

[3] 王艳芳：《论侵害信息网络传播权行为的认定标准》，《中外法学》，2017年第4期。

[4] 北京知识产权法院（2015）京知民终字第559号。

视频内容进行了编辑整理，制作了节目列表，并同时提供节目介绍。

二审法院认为，同方公司提供的电视机盒子中预置的视频聚合软件“兔子视频”在链接被链网站的过程中，存在一个跳转页面，该页面中显示有被链网站，表明被诉内容来源于其他网站，而非兔子视频的服务器。在兔子视频并未直接实施信息网络传播行为的情况下，兔子视频构成共同侵权的要件有：第一，被链网站实施直接侵权；第二，兔子视频对此“明知”或者“应知”。二审法院进一步认为，相比于被动全网链接提供者，主动的定向链接提供者应负担更高的认知义务，有义务了解被链网站内容是否属于正版；兔子视频提供的是主动定向链接服务，针对有限几家网站，对侵权内容具有认知能力，据此认定兔子视频提供者主观状态为明知，构成共同侵权。

➢ 美亚长城诉精伦侵犯影视作品信息网络传播权案❶——采用“服务器标准”

被告精伦开发生产 H3 播放器，也称云智能电脑电视用以播放无授权影视片：精伦 H3 播放器通过精伦电子 GRANDES 服务器、第三方 DNS 分发服务器、第三方互联网服务器进行链接来实现网络终端播放功能。其中，GRANDES 为终端管理服务器，负责从互联网上抓取影视链接地址；第三方 DNS 服务器为分发服务器，负责影视链接地址分发与管理；第三方互联网服务器存储抓取链接地址指向的影视内容。在终端用户搜索点播分类影视信息链接地址后分发服务器从第三方网站中获取链接地址所指向的第三方网站存储提供的影视内容。

法院认为被告未取得著作权人许可，通过向用户提供搜索、链接服务并对搜索、链接到的影视作品进行了编辑、整理，有意识地诱导、放任用户通过电视机终端获取互联网上侵犯他人版权的影视内容，具有主观上的过错，构成侵权；另外，就传播行为的直接性和间接性而言，法院采用了“服务器标准”，因播放器本身只存储影视内容的链接地址，并不存储影视内容，而影视内容则由第三方互联网服务器存储，因此认定本案的传播行为为间接传播行为。

➢ 梦通诉衡准案❷——直接获益提高审查义务强度，对内容的编辑构成内容的提供者

原告梦通公司依法取得了《贞观长歌》电视剧（共 82 集）的复制权、发行权、信息网络传播权。而用户通过衡准公司网站可以搜索到《贞观长歌》电视剧，并且直接点击在衡准公司的网站播放、观看。被告衡准公司网站网页

---

❶ 湖北省高级人民法院（2014）鄂民三终字第 00107 号。

❷ 北京市海淀区人民法院（2007）海民初字第 25153 号。

除视频内容外，还有衡准公司为他人投放的广告等内容。法院认为衡准公司通过网页向用户提供视频播放内容和广告，直接获利，应当承担对于视频内容是否侵权的审查义务。被告对提供的视频内容进行了人工编辑，提供相应的摘要信息，而且通过技术手段将作品的内容直接在自己的网页上予以展示，衡准公司已经成为网络内容提供者，已经不再是搜索服务提供者。[1]

➢ 华纳诉世纪悦博侵犯录音制作者权纠纷案[2]——采用“用户感知标准”

本案中，被告在世纪悦博所有网站音乐极限网站上可以搜索到涉案歌曲，键入该音乐网站网址，并逐级点击“港台专区”“女歌手”“郑秀文”“完整”及“电影金曲精选”后，可进入相应页面。每个歌曲后面分别显示有“MP3下载”的字样，分别点击“下载”，进入下载页面，在每个页面的歌曲名称下都显示不同的下载站。在下载站的下方显示有“下载说明：本站只提供歌曲链接，不提供本地下载！下载1、下载2……为下载站，请点击下载”。[3] 另外，用右键点击曲目列表中每首歌后的“下载”，选择“属性”，显示出各个歌曲的名称及其对应的地址（URL），非世纪悦博所有的地址。在世纪悦博服务器上没有歌曲副本。法院认为，对于被告是否构成网络传播行为，法院采用“用户感知标准”。虽然下载的歌曲并非来源于被告网站，但法院认为网络用户仅仅在被告页面上进行操作即可获得歌曲下载，将使用户认为歌曲下载服务提供者为被告，这种服务实质上令公众得以在其个人选定的时间和地点获得作品，即为信息网络传播行为，并非仅仅是链接服务。

4.2.1.2 体育赛事节目转播类案例

体育赛事转播，指将正在直播中的体育比赛电视信号通过信息网络同步向公众进行转播的行为。目前，世界上很多主要法域已经确立“体育赛事直播节目具有足够的独创性，能够获得著作权保护”。美国认可体育赛事节目的独创性，因此可获得美国版权法的保护，同时体育赛事节目的信号也是受到美国版权法的保护的，未经许可的转播行为构成版权侵权。

从立法和判例的角度来看，在美国体育赛事本身并不受版权保护。从判例来看，在NBA诉摩托罗拉公司案中，美国法院认为体育赛事本身不同于电影、

---

[1] 林子英、崔树磊：《视频聚合平台运行模式在著作权法规制下的司法认定》，《知识产权》，2016年第8期。

[2] 北京市第一中级人民法院（2003）一中民初字第12189号。

[3] 陈锦川、魏湘玲、张冬梅：《北京世纪悦博科技有限公司与华纳唱片有限公司侵犯录音制作者权纠纷上诉案》，《北京市高级人民法院案例集》，2004年12月版。

戏剧和电视节目，没有脚本，不具有可复制性，因此不受版权法保护，属于共有领域的内容。[1] 但就体育赛事节目而言，只要它是在转播体育赛事的同时，进行同步录制，即以某种有形的形式（如录像带、胶卷或者磁盘等）固定的行为可以获得美国版权法的保护。此外，《美国版权法》规定鉴于体育赛事节目的制作者在考虑如何录制体育赛事时，充分运用了其创造力和想象力，因此具有独创性的体育赛事节目应该属于受版权保护的作品。[2]

从行政角度来看，美国版权局对相关体育赛事直播节目副本进行了版权的依法登记，可以看出该机构主张体育赛事直播节目是可以获得版权法保护的[3]。而美国学界对于体育赛事转播问题的相关解读："一场足球赛正在进行，球场上摆放了四架摄像机从不同角度进行拍摄。与此同时，某导演坐在演播室内，将来自 4 架不同摄像机的画面进行选择和切换，通过电视播出去，就构成了具有独创性的作品。"[4] 美国著作权著作《Nimmer 评版权》："毫无疑问直播节目，无论是体育赛事的直播节目还是电影，符合获得著作权保护的资格。"

➢ NBA v. Motorola，Inc.[5]

被告摩托罗拉公司生产和销售名为"SportsTrax"的寻呼机设备，通过该设备用户可以获取所有关于 NBA 赛事的实时信息并可以进行实时更新。这些信息主要是由第二被告斯塔斯通过电视和广播收看比赛节目后将比赛的文字信息输入电脑，再经过一定的技术处理后通过卫星传入所有当地电台并最终发送到终端用户的寻呼机。[6]

原告 NBA 以被告侵犯原告的版权为由起诉，初审法院认定被告的行为构成版权侵权，禁止被告未经授权通过设备向用户转播 NBA 赛事相关信息。上诉法院认为该案中赛事信息不属于版权法保护的客体，不构成版权法第 17 条下的"作品"。美国版权法第 102 条（a）列出了八类作品，包括"文学作品""音乐作品"和"戏剧作品"等，该列举中不包括体育赛事，虽然是非穷尽式列举，但是体育赛事信息区别于任何已经列出的作品类别，因为体育赛事，尤其是职业赛事，不具有独创性，与电影、戏剧、电视节目和歌剧不同，体育赛

[1] 冯春：《体育赛事是著作权法上的作品吗？——对主流观点的梳理与超越》，《广西大学学报（哲学社会科学版）》，2016 年 5 月，第 70 页。

[2] 杨子扬：《论体育赛事类节目的著作权法保护》，华东政法大学硕士论文，2016 年 4 月。

[3] 余俊缘：《体育赛事直播节目的著作权法保护》，西南政法大学硕士论文，2016 年 3 月。

[4] 余俊缘：《体育赛事直播节目的著作权法保护》，西南政法大学硕士论文，2016 年 3 月。

[5] NBA v. Motorola，Inc.，105 F. 3d 841（2d Cir. 1997）.

[6] 阮开欣：《体育赛事的反不正当竞争法保护问题研究》，《电子知识产权》，2015 年第 9 期，第 36 页。

事具有竞争性，没有剧本，缺乏作者创作性且对赛事进程没有可预期性，因此不受版权法保护。根据美国1976年的《版权法》明确了体育节目的录制和直播可以获得版权保护。根据版权法对于思想与表达进行区分，不属于表达的事实信息，如赛事本身，根据“思想-表达”二分法通常不属于版权法保护范围。[1]

➢ National Football League v. Prime Time 24 Joint Venture[2]

1998年5月27日，NFL向Prime Time提起版权侵权诉讼，指控Prime Time将其享有版权的NFL足球比赛电视节目转播到加拿大，超出了《卫星信号接收者保护法案》（“SHVA”）对转播行为的法定许可。具体而言，被告在美国捕获空中广播信号，并将信号转发给一个或多个卫星，以便在国外进一步转播（直接向卫星天线用户或有线系统），包括在加拿大。NFL联盟从未授予被告在美国境外（或境内）任何地方出售或分发美式橄榄球比赛的权利。被告Prime Time辩称，原告的诉讼请求没有法律依据，因为所有被诉行为均发生在美国以外，美国版权法不适用于域外；其对捕捉到的信号进行传输不属于版权法意义上的公开表演，因为信号的最终（播出）目的地在该国之外，超出了法案的适用范围。

初审法官认为，“美国版权法”适用于本案，因为“Prime Time”对在美国境内捕捉到的信号进行传输的行为是“受保护作品”向受众传播流程的步骤之一，属于侵权行为，尽管这项工作还需要一个或更多的步骤才能到达受众。据此，初审法院向被告做出永久禁令。后被告提起上诉，美国联邦第二巡回上诉法院肯定了初审法官的永久禁令，禁止Prime Time将NFL足球比赛传送到加拿大，判令被告给予原告NFL 2557 500美元的法定损害赔偿和45 792.99美元的费用，但不需支付NFL律师费。

➢ National Football League v. i Grave TV[3]：

被告i Crave TV. com是加拿大的一家网站，专门接收北美地区的电视信号，再重新于该公司网站上播放供网友观看，观众登录该网站可实时在线收看美国电视台的NBA、NFL等现场直播体育赛事节目。美国的数家电视台和电视节目制作商作为原告向美国匹兹堡地区法庭以及一家加拿大法庭起诉该网

---

[1] 阮开欣：《体育赛事的反不正当竞争法保护问题研究》，《电子知识产权》，2015年第9期，第36页。

[2] National Football League v. Prime Time 24 Joint Venture，131 F. Supp. 2d 458（S. D. N. Y. 2001）.

[3] National Football League v. i Crave TV，2000 WL 64016397（W. D. Pa. Jan. 21，2000）.

站。原告认为，被告 i Crave TV 网站节目是该站点从纽约及加拿大电视台截取的信号，直接或间接地侵犯了原告根据美国版权法享有的专用权利。同时，原告认为，由于被告的行为导致公众对节目来源及被告与原告关系的混淆，误导公众使公众以为被告由原告电视台赞助或经过原告授权许可，因此被告的行为也构成了商标侵权。被告 i Crave TV 公司辩称，这种做法并没有违反加拿大的版权法——加拿大版权法规定所有的有执照的有线电视业者均可以在未经授权的状况下接收并转播电视节目给加拿大观众——即使该节目原为付费节目。美国宾夕法尼亚联邦地区法院通过审理，最终判定原告胜诉，支持原告提起的著作权及商标权侵权的赔偿请求，并于 2000 年 2 月发出临时禁令，要求 i Crave TV立即停止转播在美国受版权法保护的电视节目。

根据美国版权法案，体育赛事本身并不受版权保护。但就体育赛事节目而言，只要它是在转播体育赛事的同时录制的、以有形形式固定下来，因其制作具有创造力和独创性，属于受版权法保护的作品，受版权法保护。此外，本案在确定管辖方面，法院裁定只要一部分的侵权行为发生在美国，如终端用户在美国获取这些盗版服务，美国法院就可能有管辖权。

➢ Baltimore Orioles, Inc. v. Major League Baseball Players Ass'n.[1]

美国职业棒球大联盟和美国职业棒球大联盟球员协会之间对于球员在棒球联赛上表现的转播权长期存在争议。经过数十年的电视转播收入分配谈判之后，1982 年 5 月，球员们向俱乐部以及与俱乐部签约的电视和有线电视公司发信，声称电视转播是在未经球员同意的情况下制作的，侵犯了球员的财产权。导致双方对簿公堂。

首先，MLB 提起确认之诉，主张其拥有赛事转播和电视广播的合法版权，其请求权基础如下：基于美国版权法关于雇佣作品归属的相关规定以及双方合同和交易习惯等。随后，三名球员对 MLB 提起诉讼，主张赛事转播行为侵犯其对姓名、肖像和赛事表现等的财产权，主张损害赔偿和禁令。其后案件合并审理。

案件焦点在于美国职业棒球大联盟是否对 MLB 球员经电视转播的赛事表现享有专有版权。双方申请简易程序审理，初审法院作出判决，支持 Baltimore Orioles 俱乐部的主张，随后，球员提起上诉。上诉法院肯定了俱乐部对赛事通过电视广播享有的版权，主张球员作为雇员，其表现系履行职务的行为。

➢ National football league & St. Louis Football Cardinals, Inc., v. McBEE &

---

[1] Baltimore Orioles, Inc. v. Major League Baseball Players Ass'n. 805 F. 2d 663 (7th Cir. 1986).

Bruno's，Inc，etc.[1]

美国足球联盟（National Football League）和圣路易斯红衣队（St. Louis Football Cardinals，Football Cardinals）提起诉讼，声称圣路易斯市的一些餐厅因为私下转播了一些 Cardinals 队的主场比赛而违反了版权法的规定。Cardinals 队是 NFL 下属的 28 支职业足球队之一，其与美国的三大主要电视网均签订有电视转播合同，其中有一条关键的条款为“在比赛进行 72 小时之内门票未能售完的场次将在主队球场周边方圆 75 英里的范围内禁止电视转播”。本案被告是一些圣路易斯市的餐厅老板，他们通过私自安装的卫星天线来捕捉 Cardinals 波段的卫星信号，然后未经许可地在餐厅内对接收到的比赛画面进行转播。被告辩称，被告播放被禁止的比赛画面的行为属于《1976 年版权法》110 条第 5 款中的版权所有人专属权利的例外；被告截获的卫星信号包含的是未经编辑剪辑的电视画面，这不构成一种侵犯版权的行为；永久性禁止令不能针对尚未存在的作品发出。

一审法院认为根据美国《版权法》第 102 条，这些电视转播的卫星信号是受到版权保护的，而原告即是卫星信号版权的所有者，故此被告截获卫星信号并播放比赛画面的行为侵犯了原告在美国《版权法》第 106 条下所拥有的专属的公共表演与公开展示的权利。二审联邦巡回上诉法院赞同一审法院的观点，并正式发出永久禁止令，禁止被告以截获卫星信号来转播原告比赛的行为。

我国《著作权法》所称的“作品”范畴没有明确包括“体育赛事节目画面”，因此体育赛事播放权能否通过《著作权法》来保护，是业界一直以来争议不断的问题。近年来我国有关体育赛事转播的相关案例争议焦点如下：未经授权的体育赛事转播行为是否违法？体育赛事的直播节目是否应享受版权法保护？体育赛事节目的法律性质应界定为作品抑或是录像制品？未授权而进行转播行为的法律定性。从案例梳理情况来看，大致可以分为以下几类。

第一类是构成版权侵权的案例。

首先，在央视诉世纪龙“2008 年北京奥运火炬传递直播节目”案[2]：认定构成类电影作品。法院的判决理由是“圣火耀珠峰直播节目采取了人物访谈、选用历史文献资料、模拟性的演示等手法，有计划地将直播整体过程分成了类似摄制电影的方法创作的作品。被告在没有获得原告同意的情况下，转播了包

---

[1] No. 84-2665，85-1199 and 85-2350，792 F. 2d 726（1986）.

[2] 广州市中级人民法院（2008）穗中法民三初字第 352 号民事判决书。

含该内容的节目，构成了信息网络传播权侵权。之后，在新浪诉天盈九州网络“中超联赛直播节目”案❶中，法院也认定直播节目的画面构成作品。法院的判决理由：“用户看到的画面，与赛事现场并不一致、也并非完全同步。而上述画面的形成，是编导通过对镜头的选取，即对多台设备拍摄的多个镜头的选择、编排的结果。应当认为对赛事录制镜头的选择、编排，形成可供观赏的新的画面，无疑是一种创作性的劳动，且该创作从不同的选择、不同的制作而产生不同的画面效果恰恰反映了其独创性。所以，赛事录制形成的画面，根据我国著作权法对作品独创性的要求，应当认定为作品。

此外，还有央视诉土豆“2012 年伦敦开幕式”案❷，法院认为在节目的编排和设计、现场灯光和配乐的选取、对参与者表演活动的指导等方面都反映了参与创作者较高程度的创造性，故构成作品。还有央视诉北京暴风科技“2014 年巴西世界杯直播节目”案❸中，北京暴风公司通过互联网直接向公众提供“2014 年巴西世界杯直播节目”的短视频在线播放服务，被告未经授权擅自剪辑并制作成短视频而提供在线播放。一审法院认为被告提供的体育赛事短视频的在线播放内容构成录像制品。一审法院的判决理由：“赛事视频的制作过程中虽有摄制者的一定创作，但是，摄制者在拍摄过程中对于比赛进程的控制、拍摄内容的选择、解说内容的编排以及在机位设置、镜头选择、编导参与等方面，摄制者的选择和表达非常有限，因此由国际足联拍摄、经央视制作播出的“2014 巴西世界杯”赛事电视节目所体现的独创性，尚不足以达到构成我国著作权法所规定的以类似摄制电影的方法创作作品的高度，但是符合我国著作权法关于录像制品的规定，应当认定为录像制品。本案的二审北京知识产权法院认同一审法院的判决，认为被诉行为是互联网的点播行为，其发生在涉案赛事直播结束之后，涉案每场比赛都已经被固定在物质载体上，因此满足固定性的要求，但是在独创性方面不满足电影作品所要求的独创性高度，因此应属于录像制品。

此外，在央视诉北京风行“2014 年巴西世界杯直播节目”❹ 案中，法院认为，中央电视台对世界杯赛事现场画面进行了加工、制作并直播，在直播过程中通过多镜头切换，对不同位置摄像的信息截取，并辅以解说员的解说和回

---

❶ （2014）朝民（知）初字第 40334 号判决书。

❷ （2013）沪一中民五（知）终字第 227 号民事判决书。

❸ 2015 石民（知）初字第 752 号。

❹ （2015）海民（知）初字第 14494 号。

顾，付出了创造性劳动，使得其制作、直播的足球赛事节目具有了较高的独创性，属于作品，应受法律保护。

第二类案件是法院判决认为体育赛事直播行为构成反不正当竞争行为的案例。

在央视诉北京我爱聊网络科技“2012年伦敦奥运会体育赛事直播节目”案❶中，法院认为该行为不构成作品，但被告构成不正当竞争行为。法院认为被告的行为减少了原告的访问流量，违反了商业道德和诚实信用原则，故构成不正当竞争。在央视诉上海悦体“2014年巴西世界杯”案❷中，法院也认为不构成作品，但构成不正当竞争行为。法院认为体育赛事本身不构成作品。体育赛事节目的独创性，尚不足以达到我国著作权法规定的以类似摄制电影的方法创作的作品的程度，不能构成作品。对体育赛事的录制或拍摄，因体育赛事本身不是作品，故也不能成为录像制品。此外，在央视诉广州动景“2014年巴西世界杯”案❸中，法院认为，本案中2014年巴西世界杯比赛作为体育竞赛节目，展示的主要是运动力量和技巧，不是以展示文学艺术或科学美感为目标，不属于文学、艺术和科学领域，并不构成上述著作权法意义上的作品，但构成不正当竞争行为。

此外，也有法院认定体育赛事转播行为既构成侵犯著作权的行为，又构成不正当竞争行为——新浪网诉凤凰网案。❹ 本案中，新浪互联信息服务有限公司经中超公司合法授权，享有在门户网站领域独占转播、传播、播放中超联赛及其所有视频的权利。凤凰网在其中超频道首页显著位置标注并提供“鲁能VS富力”“申鑫VS舜天”两场比赛的直播。用户点击进入比赛专门页面后，能看到“凤凰体育将为您视频直播本场比赛，敬请收看”“凤凰互动直播室”等字样及专门网页。因此，新浪公司诉称凤凰网所有及运营方天盈九州公司未经合法授权，非法转播中超联赛直播视频，侵犯了其公司享有的涉案体育赛事节目作品著作权，且构成不正当竞争。

法院认为，本案涉及的主要有两个关键问题：体育赛事节目画面是否构成著作权法意义上的作品以及体育赛事非法的转播行为，侵犯了何种著作权权利？在本案中，新浪互联公司作为中超公司在门户网站领域独家授权的转播平

❶ （2013）海民初字第21470号。

❷ （2015）闵民三（知）初字第1057号。

❸ （2015）知民初285号。

❹ （2014）朝民（知）初字第40334号。

台，通过设置不确定的数台固定或不固定的录制设备作为基础进行拍摄录制，形成用户、观众最终看到的画面。固定的机位不代表形成固定的画面，用户看到的画面与赛事现场并不完全一致，也并非完全同步，转播的制作过程不仅仅包括对赛事的录制，也包括回看的播放、比赛和球员的特写、场内与场外、球员与观众、全场与局部的画面，以及配有的全场点评和解说。上述画面的形成是编导通过对镜头的选取，即不同的机位设置、不同的画面取舍、编排、剪切等手段会导致不同的最终画面，不同的赛事编导会呈现出不同的赛事画面。所以，赛事录制镜头的编排、选择形成可供欣赏的新画面，具有独创性，构成著作权法意义上的作品。新浪互联公司对涉案赛事画面作品享有著作权，天盈九州公司、乐视公司以合作方式转播的行为，侵犯了新浪互联公司对涉案赛事画面作品享有的著作权。

本案的转播行为，尽管是在信息网络的条件下进行，但该行为是将正在直播的中超比赛的电视信号通过信息网络同步向公众进行转播，学术上称为网络实时转播行为。这种通过截取电视信号后将其重新编码通过信息网络传播的行为，特点是传播时间与广播电视台同步，用户无法个人选定获取节目的时间，不符合信息网络传播权的定义，即以交互式使得用户通过互联网在任意的时间、地点获得作品的权利。所以此转播行为不属于我国著作权法所确定的信息网络传播权的范畴，但仍应受我国著作权法的保护，即属于“应当由著作权人享有的其他权利”。

我国司法实践中，也有法院认为该行为不构成侵权。例如，在体奥动力诉土豆“2011 亚洲杯足球赛”[1] 案中，一审法院认为两份授权文件中的“转播权”与“信息网络传播权”是两种不同的权利。原告明确其受到侵害的权利为 WSG 公司文件中所述的“信息网络传播权”，而该权利与亚某足球联合会证明文件中的“转播权”是何关系，原告未能对此作出解释和证明。二审法院认为体育赛事是客观发生的，没有预先版本的设计，结果也具有不可预测性，不具有唯一性和可复制性的特征，故不属于我国著作权法保护的客体。此外，在体奥动力诉上海新赛季足球“2011 亚洲杯足球赛”案[2]中，法院认为，本案中，依现有证据尚不能明确原告从 WSG 公司处获得的实况播放权、因特网传播权等究竟属于何种性质的权利，原告以此权利系“具有财产属性的民事权益”为由主张被控侵权网站侵权，缺乏法律依据，本院难以支持。

---

[1] （2013）沪一中民五（知）终字第 59 号民事判决书。

[2] （2013）杨民三（知）初字第 518 号。

此外，在新浪公司诉天盈九州公司侵权著作权纠纷案中，新浪公司认为其获得合法授权的中超联赛视频的独家信息网络传播权，被告天盈九州公司在未经许可的情况下，在其网站中设置中超频道，非法转播中超联赛的直播视频，构成侵权诉至法院要求其停止侵权并赔偿损失。一审法院认为，涉案体育赛事节目构成以类似摄制电影的方法创作的作品，被告的行为构成侵权。但是在二审北京知识产权法院审理认为，电影作品需要具有固定性及独创性两个要件。本案中，体育赛事比赛画面没有被稳定地固定在有形载体中，无法满足固定性的要求。此外，体育赛事公用信号直播存在着赛事本身的客观情形，赛事直播的实时性、信号的直播标准等客观因素限制，这些都是体育赛事信号所承载的连续画面在素材的选择方面并不具有个性化选择，在对素材的拍摄、对被拍摄画面的选择及编排等方面的个性化选择空间有限，独创性高度上难以满足电影作品的要求，因此原告对体育赛事直播视频不享有著作权，因此驳回原告的诉讼请求。

4.2.2 网络音乐类案例

从美国的数字音乐的发展历程来看，在前数字化时代也就是在 20 世纪 90 年代之前，音乐经历了从物理载体到下载收听再到流媒体的变革。这种用户使用方式或传播渠道的改变，对音乐的获取和传播的法律保护问题产生了挑战，音乐的盗版和免费获取之间出现了紧张关系。在后数字化时代，音乐作品传播过程中的各利益相关方的竞争也逐渐加剧，例如流媒体服务商之间竞争彼此的订阅用户数量；非交互式音乐传播方面，音乐服务提供商直接竞争流量和广告收益等。而音乐版权的授权和许可模式也随着数字技术的发展和应用场景的多样而变得更加复杂。首先要对美国的音乐版权的许可和授权模式进行解释，之后再结合具体案例进行分析。

一般来说，在美国如果使用音乐作品有三种授权形式。第一种是机械授权，也就是权利人授权他人进行音乐的录制，比如将该音乐制成 CD 等物理版本，或是用于下载或流媒体服务等。第二种授权形式是在电影、电视作品中同步使用音乐作品的授权。第三种是在公开表演中的授权。在美国法上，音乐作品的权利人拥有复制、发行权和公开表演权，而对于录音作品，权利人拥有复制、发行权以及交互式传播途径的公开表演权。

机械表演授权。当一个唱片公司从音乐发行商处获得许可，美国法律规定，每首音乐唱片公司需要付给发行商 9.1 美分。之后，发行商再进一步把该部分利润与作者进行分成。对于交互式流媒体服务提供商，他们有一个固定许可费率即他们要把收入的6%分给发行商。同步音乐授权。一部电影或电视剧的制片人，如果他们想在自己的电影或电视剧中使用音乐作品，他们要找到音乐的发行商进行授权谈判，授权的费用根据双方谈判的协议确定。这个费率双方会考虑电影中音乐作品的使用长度，电影的发行范围等因素。之后发行商再将收入与音乐作品的作者进行五五分成。公开表演授权。在公开演出方面，首先是音乐作品的词曲授权。如果表演场地是演奏大厅或者体育馆等公开场合都需要支付公共表演许可费用。美国的集体管理组织（ASCAP、BMI、SESAC）有一个比例费率体系，这个费率由演出规模等多种因素决定。对于广播者来说，例如广播电台等，集体管理组织也会向其收取一定的授权使用费。而公开表演的授权，集体管理组织在收到相应的授权使用费之后会直接将一部分收益分配给作者而不用再经过发行商，这是作者直接获取音乐作品收益的一种方式。对于交互式和非交互式流媒体服务提供商，他们需要向集体管理组织缴纳其收入6%的固定许可使用费，集体管理组织将从交互性和非交互式的流媒体收取版权的费用，向作者和发行商分别支付50%。

录音作品的公开表演授权模式。在美国版权法体系下，没有大陆法系国家著作权法中规定的邻接权，也就没有音乐作品和录音制品的区分。因此，在美国版权法体系下，可以分为音乐作品与录音作品两大类。录音作品的公共表演授权模式与上述音乐作品不同。对于非交互性流媒体服务（如网络广播）有一个法定强制的政府规定的费率即0.18美分每次缓冲。这个费用是分给另外一个集体管理组织Sound Exchange的。之后该集体管理组织将收入的50%分配给唱片公司，45%给演唱家或者是艺术家，5%给其他一些参与其中的艺术家。对于交互式的流媒体的服务，也是要支付播放费用的，这个费率需要和唱片公司进行协商，通常情况下这些交互式流媒体服务提供商收入的约50%都要付给唱片公司，之后唱片公司再将该部分收入按照商议的比例分配给艺术家。

在了解美国音乐授权模式的相关内容之后，我们需要了解流媒体时代包括数字音乐在内的新技术对产业带来的影响和对美国司法带来的新挑战和新判例。流媒体是数字传输作品的技术，是将一连串的媒体数据压缩后，经过网络分段发送数据，在网络上即时传输影音以供欣赏的一种技术与过程，此技术可以实现技术像流水一样发送，而不必在使用前下载整个媒体文件。流媒体传输可发送现场影音或预存在服务器上的音频，当观看者在收看这些影音时，影音数据在送达观赏者的电脑后立即由特定的播放软件进行播放。[1] 流媒体技术在网络环境下对于视听和音乐作品的传播可能引发的两个潜在的版权侵权问题即对美国版权法项下公开表演权和复制权的侵犯。根据美国版权法第 101 条的定义"公开表演作品是指通过设备或程序向公众公开传输或传送作品，无论该表演的接受方的数量如何，也无论是在相同或不同的地点一次或多次传播"。之所以流媒体技术可能会涉及侵犯公开表演行为，是因为在流媒体传输的过程中该作品的全部或部分内容会通过互联网存储在 RAM 缓存中。同时还涉及复制和法定许可问题。

4.2.2.1 网络音乐的法定和强制许可

美国版权法关于权利的限制和例外规定了三种法定许可和一种强制许可，即有线电视转播、非商业性广播和卫星转播的法定许可，制作录音制品的强制许可。[2] 根据《美国版权法》第 114 条关于法定许可的规定，法定许可不适用于交互式服务。根据《美国版权法》第 114（j）（7）的规定所谓的"交互式服务"是指一部分公众能够接收为接收者特别定制的节目传输的业务，或者根据用户的要求接收由接收者挑选或以其名义挑选的特定录音作品的播送，不论播送是否为节目的一部分。其次，服务中每一个频道的节目在 1 小时内，或者在播送机构发出要求的用户设定的时间段内，主要不是由录音作品构成的，个体用户即使能够要求特定录音作品的表演为广大公众所接受，或者在用户点播服务下能够为全体用户所接收，也不是交互式服务。服务机构既能够提供交互式服务又提供非交互式服务的，不论同时与否，非交互配额不得视为交互服务的一部分。

进一步，《美国版权法》第 111 条规定了法定许可不适用于有线电视系统的二次播送行为。[3] 但是并没有明确网络流媒体服务上的电视节目播放是否适用法定许可，总体来说多数法院认为通过网络流媒体进行的对电视节目的转播或播放不适用于法定许可。下面就梳理一下美国法上的相关判例。

---

[1] 参见维基百科 http：//zh. wikipedia. org/wiki/流媒体，网页更新时间：2017 年 2 月 9 日，最后访问时间：2017 年 3 月 16 日。

[2] 李明德：《美国知识产权法》（第二版），法律出版社，2014 年版，第 330 页。

[3] 美国版权法第 111 条：对于符合下列条件的二次播送的作品的表演或展示，不构成著作权侵权：进行二次播送的主体不是有线电视系统，而是在旅馆、公寓或类似机构的管理下，转播经美国联邦电信委员会许可的电视台在当地服务区域内播送的信号，信号转播到该类机构的客人或住户的私人住处，没有对收听或收看转播收取直接费用，或二次播送仅以 110 条第（2）项所规定的事项为目的并根据该项规定的条件进行。

➢ WPIX, Inc. v. Ivi, Inc.❶

被告 Ivi 向其订阅用户通过"TV Player"软件（被告开发）在电脑端获取和转播了原告享有版权的电视直播节目。如果订阅用户每月在订阅费 4.99 美金的基础上再多交 1 美金就可以录制、快进和回看 Ivi 的流媒体内容。在诉讼中，被告声称自己是有线电视系统可以适用于法定许可一审和二审法院都认定被告并不是有线电视，不符合第 111 条有线电视系统的本地转播要求,❷ 互联网上的转播服务不适用于法定许可。

➢ American Broadcasting v. Aereo❸

被告 Aereo 的模式是当用户选择观看或录制某一个节目时，网页浏览器会给 Aereo 应用服务器发送一个请求，然后应用服务器会发送用户的信息以及它选择的节目给天线服务器，然后天线服务器会分配一个特定的天线给用户，这些天线就负责从广播电视频道接收用户选择的节目信号。天线服务器从天线处接收到数据后，就会把该数据发送到"中心服务器"，在该中心服务器，会生成用户个人的文件目录，并将节目复制件置入该文件目录里，无论用户选择观看节目还是选择录制节目，系统都会按照这样的流程运行。原告起诉被告要求其停止通过移动终端提供原告拥有版权的流媒体视频内容。

法院认为被告的系统对于通过 Aereo 进行观看的用户，为每一个电视节目创建了一个副本，这个副本是存储在 Aereo 的系统硬盘中的。每一次对用户的传输都是传输的该副本内容。这个内容仅对该订阅用户可见，对其他非订阅用户是不可见的。这种功能与有线电视的原理是相似的。被告的行为构成了对原告公开传播权的侵犯。首先，传播权考虑的是该传播行为对潜在用户的影响。其次，私人的传播行为是否能被公众所接收到。要考虑不同的传播途径的聚合来决定其是否向公众进行表演。综合上述因素，美国最高院认为被告的行为构成了侵犯表演权。

➢ Fox Television Stations, Inc. v. Aereo Killer❹

本案中，加州中区法院作出了与 WPIX. v. Ivi 意见相反的判决，认为被告

---

❶ 691 F. 3d 275 (2d Cir. 2012), cert. denied, 133 S. Ct. 1585 (2013).

❷ 根据美国版权法第 111 条的规定，要求转播电台需要在原始播送者的本地服务区内进行，也就是距离发射站 35 英里范围内的区域，但该电视台位于标准化大都市统计区区域内，且该区域内坐落有人口最多的 50 个标准化大都市统计区之一的，则以 20 英里的范围为线。就无线广播电台而言，原始播送者的本地服务区域是指根据美国联邦电信委员会的规定，该电台的服务区域。

❸ 2014 U. S. Dist. LEXIS 150555 (S. D. N. Y. Oct. 23, 2014).

❹ 2015 U. S. Dist. LEXIS 97305 (C. D. Cal. July 16, 2015).

可以满足版权法第111条法定许可的条件。法院认为随着技术的不断发展，衡量法定许可的平衡因素即不同利益主体之间的利益平衡应该随着技术的发展而不断调整。Ivi案中的Ivi公司的网络流媒体是否可以被视为是一种可以接收信号和再次传输的“设备”（facility）是不明确的，因为它没有物理的实体，而是通过网络将数以万计的电脑终端通过网络进行连接。在此类型的案例中，信号不是由互联网接收的，而是由分布在各州的各种天线设备接收的。同时，这些信号的再传输是通过电缆、微波或其他传输渠道进行的，符合第111条中规定的有线电视系统的定义即“位于州、领土、托管领土或属地内的，部分或全部接收美国联邦委电信委员会批准的广播电视台播出的节目或传送的信号，并通过电线、电缆、微波或其他通信频道将这些节目或信号向付费公众用户转播的设施”。

➢ Fox Televison Stations，Inc. v. Filmon X LLC.❶

本案美国哥伦比亚地区法院认为Filmon X不符合第111条版权法定许可的条件。与上个案例中的Aereo公司不同的是，Aereo和Filmon公司在服务收费方面不同，而两者更主要的不同在于“区域辐射范围”。为了能够满足第111条的条件要求，Filmon公司调整了其服务，Filmon用户可以在世界任何地方观看电视节目，只不过根据服务条款和条件，用户需要同意只在“广播电视节目本来意欲辐射的区域范围内且购买了本地频道订阅包的情况下”才可以观看节目。如果你是纽约市的一个用户，当你旅行到洛杉矶，那么你在洛杉矶时仍然可以观看你在纽约市可以观看的频道节目。但是Aereo只收费转播基于用户IP地址的地理区域内的频道节目。

然而，法院并没有因此而认定被告符合法定许可的条件，主要原因在于被告的转播给用户的行为没有直接通过其控制的设备而进行。被告没有控制中心来进行电视节目信号的接收和依靠有线电缆、微波等与用户直接相连的媒介进行再次传输。被告转播的进行依赖于网络服务提供商，因此用户获得节目是通过网络空间中相互连接的电脑进行的，而不是通过被告提供的“设备”进行的。互联网中信号的传播不仅仅依靠物理载体介质还通过诸如卫星、蜂窝网络和无线网络等进行。而美国国会认为卫星服务不属于有线电视系统，因此被告不属于有线电视服务提供商，不能获得相应的法定许可。另外，在Filmon X v. Window to the World Communications❷案中，伊利诺伊州北区法院采取了和本

❶ 2015 U. S. Dist. LEXIS 161304（D. D. C. Dec. 2，2015）.

❷ 2016 U. S. Dist LEXIS 37551（N. D. Iii. Mar. 23，2015）.

案相同的立场。

4.2.2.2 网络流媒体服务

➢ Capitol Records v. Escape Media[1]

被告 Escape Media 经营一家网络流媒体音乐服务“Grooveshark”。用户可以通过创建免费账户的方式将 MP3 格式的音乐文件上传至 Escape 的服务器和 Grooveshark 的中心图书馆中。被告通过复制用户上传的音乐方式，为其他用户提供免费的音乐文件。在用户上传文件之前，被告要求用户将即将上传的音乐文件上传至被告的内容筛查系统中，以避免有禁止传播或侵权的内容，用户在上传前也会点击阅读并同意该条款。原告起诉被告在其流媒体服务软件中有侵犯原告版权内容的音乐。被告称其系统采用了“一次打击”政策，当被告收到 DMCA 的侵权通知时，会立刻移除该侵权作品，但是并没有剥夺原告可以继续上传其他作品的权利并且不会影响该用户继续使用其账户。同时，被告仅仅标记第一个上传该侵权作品的用户，但是不会标记之后再次上传侵权作品的行为人。原告起诉被告构成了版权的直接侵权和间接侵权。法院对于直接侵权的认定，认为流媒体服务属于典型的向公众传输的行为，构成对原告公开表演权侵犯。但是由于流媒体服务形式仅对作品的缓存形式提供给用户，没有向用户提供下载的复制件的行为，不构成对复制权的侵犯。

➢ A&M v. Napster[2]——“间接侵权”责任理论的引入

1999 年 11 月，美国唱片协会起诉 Napster 公司版权侵权。该公司通过其网站提供了一款名为“MusicShare”的软件可以实现用户从另一个用户的电脑中将其想要分享的歌曲直接下载到自己的电脑中。在这个过程中，Napster 的服务器通过与“MusicShare”软件对话的方式，可以搜索到在线用户的音乐曲库中的歌曲名字、歌手名字等。在 Napster 服务器本身上并不存储歌曲。该案在加州北区地方法院起诉，法官对被告 Napster 给予诉前禁令。之后该案上诉到美国联邦第九巡回上诉法院，法官维持了初审法院的禁令，Napster 停止侵权。该案对美国版权法的后续发展产生了重要的影响。本案涉及的第一个问题是是否用户的直接侵权行为可以根据 AHRA 法案而免责？

在本案中，法院认定用户自行上传和通过 Napster 下载音乐作品的行为构

---

[1] Capitol Records, LLC v. Escape Media Group, Inc., 2014 U. S. Dist. LEXIS 183098 at * 42-45 (S. D. N. Y. May 28, 2014).

[2] A&M Records, Inc. v. Napster, Inc., 239 F. 3d 1004, 1027 (9th Cir. 2001).

成版权直接侵权。这些歌曲中大部分是没有获得版权权利人授权的，因此侵犯了版权人的合法的复制权。被告 Napster 引用了美国 1992 年的《家庭录音法案》（*Audio Home Recording Act of* 1992）中两项对于版权法进行实质性改动的条款作为抗辩。其一是第 1008 条中规定的用户基于非商业性使用和分享数字音乐录音制品的免于其版权侵权责任。因为用户的行为是免责的，因此其也就不能承担版权间接侵权责任。Napster 引用了 AHRA 法案通过时的背景，国会通过该法案的目的在于为非商业性的复制录音制品提供更为广泛的豁免。RIAA 的前主席说该法案将会消除家用录音市场中的法律不确定性，免除消费者使用数字家庭录音制品的侵权指控。Napster 同时引用了美国技术评估办公室（Office of Technology Assessment，OTA）的报告，报告中称 1989 年，37% 的美国家庭从其朋友或其他家庭成员中通过出借的方式获得录音制品的复制件，41% 的受访者在一年内都有过出借录音制品的行为，而这一法案的影响是深远和有意义的。

美国联邦第九巡回上诉法院在 AHRA 的第 1008 部分赋予了消费者创立其个人 MP3 格式文件的权利，法院认为消费者有权利将音乐制品从其自己的电脑中复制到自己的 MP3 中而不侵犯版权法，但是法院认为用户的电脑设备并不构成“数字录音设备”，AHRA 法案中覆盖的行为并不包括将 MP3 格式的录音文件下载到其电脑设备中。同时，美国联邦第九巡回上诉法院认为 Napster 的行为不符合合理使用的原则，即使被告认为其没有从该行为中直接获取商业利益，但是法院认为由于用户的使用行为节省了其购买正版录音制品的成本，给版权人造成的损失可以被认为是被告的间接获利。

本案中的第一个关键问题是索尼案的非实质性侵权用途问题。

在索尼案中法院认为制造商并不对其制造的商品承担间接侵权和帮助侵权责任，即使该设备被用于版权侵权行为。因此 Napster 用了相同的非实质性侵权用途的理由进行抗辩。同时 Napster 对于本案中的几种行为分别进行了不侵权抗辩：打样❶、格式转换❷、部分作品获得了版权人的授权。❸ 法院认为该案与 Sony 案的不同之处在于该案中的软件使用目的是商业性的，而用户上传或下载的作品大部分都是没有获得权利人合法授权的音乐作品，也就是说用户对

❶ 用户通过视听音乐的片段从而决定是否喜欢该音乐，如果喜欢则去购买实体 CD。

❷ 用户往往已经拥有实体 CD，而将 CD 中的音乐格式转换为 MP3 格式。

❸ 法院认为被告获得的授权是针对部分音乐作品，同时在其早期的版本中并没有这样的授权，在案件发生后被告才陆续进行。

该软件的使用会减少对实体唱片的购买，从而损害版权人的经济利益。此外，与 Sony 案不同的是，Napster 对于其服务有持续的控制。Sony 案中录像设备生产销售完成之后，Sony 公司丧失了对该设备进一步使用的控制权，而本案中 Napster 对其后续的服务有持续的控制能力，其知道用户用其服务进行的侵权行为，其主观上具有明知的故意。

综上，美国联邦第九巡回上诉法院认为如果该网络服务提供商知道其系统中的具体侵权内容，但是没有清除上述内容，则可以构成帮助侵权。反之则不构成帮助侵权。同时，由于 Napster 公司能够终止侵权用户的注册账号，法院认为其具有“监督用户行为的权利和能力”，同时该公司依靠侵权用户数量的增加获得了广告收入，有直接的经济获利。因此，法院宣告了 Napster 这一服务器—客户型（Server-Client）的网络服务商应为其客户的直接的版权侵权行为承担间接侵权责任，并由此发展出了一套比较完备的“间接侵权”责任理论。

在之后美国的司法判例中，也有几件与 Napster 案类似的判例出现，如 Twentieth Century Fox Film Corp. v. Scour，Inc.[1]，在该案中，被告提供的在线文件共享服务软件不仅可以在线传输音频文件还可以点对点传输音视频文件，同时被告方与第三方合作，提供给用户一个远程的存储空间，用户可以将其想要共享的内容上传到该空间中，即便在共享用户没有登录该系统时，其他用户也可以从其分享的空间中下载文件。本案的公司在判决作出之前，因高额的诉讼费用及和解费用而申请破产保护，网站也因此而关闭。[2]

2001 年在这两个案例之后，另一起类似案例出现但是其技术的实现方式有所不同。在 Aimster[3] 案中，Aimster 公司提供的服务也是基于点对点技术进行音视频的传输，但是不同于前两个案件的是，本案中 Aimster 公司提供的传输服务过程中的文件都是加密的，因此 Aimster 公司无法获知用户传输的文件内容以及用户的具体身份信息等。波斯纳法官认为美国联邦第九巡回上诉法院认定有“明知”就认定构成帮助侵权的观点是错误的。他认为，当某种商品或者服务具有侵权与非侵权用途，所占比例是判断辅助侵权成立与否的重要指

---

[1] Twentieth Century Fox Film Corp. v. Scour，Inc.，No. 00 Civ. 5385（GBD）（S. D. N. Y.，filed July 20，2000）www.mpaa.org/press/scourcomplaint.htm.1884.

[2] Jim Hu，“Scour Files for Bankruptcy Protection”（Oct. 13，2000），available as of Dec. 16，2000 at http://news.cnet.com/news/0-1005-200-3178822.html.

[3] In re Aimster Copyright Litigation，252 F. Supp. 2d 634，641（N. D. Ill. 2002）.

标。非侵权多于侵权时才可以适用 Sony 安全港原则。[1] 这也是之后美国法院继续就 P2P 软件进行审理的重要原因。

这些 P2P 软件早期案例的出现，由于在 P2P 软件的运行过程中需要一个集中的网站进行控制，由该网站管理用户计算机中的作品目录。由于集中的控制和管理，使得软件的管理者可以意识到用户进行传输和交互作品的侵权属性，因此法院认为其可能构成帮助或共同侵权。这对于 P2P 软件行业的发展无疑是毁灭性的打击。

从案例的判决结果和影响来看，在 Napster 成立之初的几个月中，其全球注册用户很快就突破了 5 千万人，到 2000 年 9 月的时候，Napster 公司的用户已经在线交流和传输了大约 14 亿首歌曲，在同一时间上，大约有百万用户在其服务器上。美国大约有三分之一的用户在其个人电脑上装有 Napster 的软件。其公司的估值在 2000 年达到了 6 千万美元到 8 千万美元。[2] 但是在该案的判决书做出后，尤其是禁令的做出，2001 年 7 月 Napster 服务被迫关闭，并在之后以 8500 万美元的价格出售给一家德国音乐出版商。Napster 这个商标被 Roxio 公司买走。如今，Napster 由 Rhapsody 所有并主要运营云音乐服务。

通过上述两个案例，美国学界认为构成帮助侵权需要满足以下几个条件：侵权行为人知道侵权行为的发生并对侵权行为的发生做出了实质性的贡献。其中，“知道”或“应当知道”等行为人主观要件的判断成为判断是否构成版权间接侵权的关键性要素。通常情况下，这一间接侵权行为的发生以辅助侵权人明知直接侵权人侵权行为的发生为前提，但是在某些情况下，例如 BBS 的运营者如果有合理的理由应知在其提供的 BBS 上有侵权行为的发生，那么也不能免责。在之后美国的司法实践中，关于如何判断是否构成帮助侵权的案例还在不断出现，法院也通过司法判例不断明晰相应的判断规则。

➢ The Aimster Lawsuits[3]

2001 年 4 月 30 日，从事文件交换服务运营的 Aimster 公司提起诉讼，请求法院确认其不对因用户使用其服务交换文件而导致的版权侵权行为负责。Amister 主张，其服务基于点对点技术，但是不同于 Napster 和 Scour 案，因为在 Amister 服务下文件是用户加密后传输的，Amister 无法知道用户正在实施侵

---

[1] 蒋志培：《他山之石——美国网络版权保护的判例与经验》，《中国知识产权》2016 年第 3 期，第 56 页。

[2] 翁鸣江、武雷：《Napster 诉讼案及其对美国版权法的影响》，《法制与社会发展》，2002 年第 2 期，第 145 页。

[3] In re Aimster Copyright Litigation，252 F. Supp. 2d 634，641（N. D. Ⅲ. 2002）.

权行为，对传递文件用户的身份认证或者哪份文件正在通过其服务被传输也无法知晓。因而不构成替代侵权。

地区法院认为，被告 Aimster 网站承担替代责任而申请临时禁令是合理的。法院认定，Aimster 有权力也有能力监督其用户，因为它在用户协议中保留了终止向违反版权法的用户提供服务的权力。此外，Aimster 还通过用户付费加入 Aimster 俱乐部的模式来控制用户的访问权限。法院驳回了 Aimster 关于系统加密后阻止了 Aimster 控制用户行为的抗辩，法院认为 Aimster 不需要拥有用户的网址以控制用户行为，事实是用户必须登录进系统才能使用，说明被告很清楚是谁在使用。地区法院也认定被告对其用户的侵权行为有直接的财产性利益，因为 Aimster 俱乐部用户每月都需要付费才能使用 Aimster 的服务。此外，比照 Napster Ⅱ案，本案中被告从侵权行为中获利这一要素也是满足的，因为侵权行为给被告 Aimster 吸引了潜在的用户。

美国联邦第七巡回上诉法院的波斯纳法官认为，本案中的被告不适用替代责任。替代责任能够适用于 Sony 案，是法院将替代责任和帮助侵权责任交叉适用了，索尼公司能够对产品进行改进，并且该改进使用户可以通过快进等方式观看节目。然而，他总结道，本案中法院不需要考虑这个问题，因为 Aimster 对于其系统正在被用于侵权的行为视而不见，构成帮助侵权人的认定，因此，法院无须考察替代责任就可以签发禁令。

➢ MGM Studios，Inc. v. Grokster，Ltd.[1]——引诱侵权责任的引入

本案在美国司法界的重要意义在于在版权法领域引入了引诱侵权（inducement liability）理论。本案的被告 Grokster 公司、Streamcast 公司以及 Kazaa 公司，他们是美国的三家提供 P2P 软件下载服务的网络公司。2001 年，28 家全球最主要的电影和音乐制品生产商针对这三家公司推出的文件分享软件产品提起集体诉讼，控告它们为网络用户的侵权行为提供了帮助，要求法院裁判其侵犯版权并责令关闭。2003 年 2 月，加州中区地方法院作出判决，认为被告所提供的服务因有“实质性非侵权用途”而不负责任。原告不服，向美国联邦第九巡回上诉法院提起上诉。2004 年 8 月，该法院作出判决维持原判。此案随后被上诉到联邦最高法院并获受理。2005 年 6 月 27 日，美国联邦最高法院就该案作出终审判决，认定应用 P2P 软件的互联网文件共享被告网站应对其用户未取得授权而复制音乐、电影和其他受版权保护的作品的行为负责，从

---

[1] MGM Studios，Inc. v. Grokster，Ltd. 545 U. S. 913（2005）.

而驳回了加州地方法院的初审和美国联邦第九巡回上诉法院的二审判决。[1]

本案中，被告提供的P2P软件不同于之前Napster案件中的P2P软件提供方，在本案中P2P软件服务没有一个中心控制服务器来存储和共享用户上传的内容，Grokster不能基于中心数据来查看用户账户中的文件内容，去中心化特征明显。同时对于原告主张的共同侵权和替代侵权责任，法院并没有支持。

关于是否构成帮助侵权，法院在比较了Grokster与Stream Cast提供的P2P软件与Napster所提供的区别之后，认为Grokster与Stream Cast提供的P2P软件不具有中心化的文件共享目录，也无法得知文件传输的信息，因此即便被告关闭了它的服务器和窗口，文件仍然可以继续传输。法院据此认为，软件提供者与使用者之间不存在任何法律关系，因此本案软件提供者不构成帮助侵权。

关于是否构成替代侵权，法院认为如果一个产品或一项服务由于侵权的用途增加了对消费者的吸引力，那么就可以认为获得了一定的经济利益。本案中，被告的产品由于具备这一属性而吸引了大量用户的注册；而且被告还由于提供的软件对用户的吸引力而获得了大量的广告费，广告收入随着用户的增加而增加，所以被告从中获得利益是不存在疑问的。但是，替代侵权的另一个要件——有权力或能力来制止侵权行为这一要件并不满足。与Napster案是不同的，Napster案具有中心化的文件共享目录，使得Napster对用户正在交换的内容有所知晓，也能够对用户间的交换行为进行控制。与之相比，本案被告的软件不具有中心化的文件共享目录，在侵权行为实施完毕之前，无法得知文件传输信息，即使被告关闭服务器文件仍可以传输，因此被告是不具备对侵权行为的控制能力的。因此，被告的行为也不构成替代侵权。

本案中，法院借鉴了专利法的相关内容在美国版权法上首次创设了版权的“引诱侵权”理论，认为如果第三方对侵犯版权的行为具有主观上的积极的贡献，并且其有明确的促成侵权法上的行为，那么该第三方对于一方的直接侵权行为需要承担间接侵权责任。该引诱侵权测试理论是用来检测产品或技术的制造商或开发商将该产品或技术用于侵权行为时的主观意图。在本案中，法院强调本案与索尼案的不同，本案对被告主观状态的认定上是基于被告主观“过错”（fault）的认定，这个概念是不同于以往案件的新的主观认定标准，是用来证明其“故意去促成某种非法行为”的主观心态。[2]

---

[1] 李昭：《网络时代的版权侵权理论变迁——Grosker案评介》，参见：国家知识产权局官网：http://www.sipo.gov.cn/dtxx/gw/2005/200804/t20080401_ 353018.html.

[2] MGM Studios，Inc. v. Grokster，Ltd. 545 U. S. 913（2005）.

由上述索尼案所确立的“实质性非侵权用途”规则是一种较为宽泛的帮助侵权的判断标准，在该案的判决过程中，少数派法官认为如果不对特定商品的侵权用途与其非侵权用途进行数量和实际应用上的对比，那么产品的制造商通过各种设计完全可以规避侵权风险，这一弊端在 Grokster 案件中被重新确立规则。根据美国最高法院的判决，如果有证据表明产品制造商故意引诱和鼓励直接侵权行为，则构成帮助侵权行为。Grokster 公司的用户通过其 P2P 软件，可以直接从其他用户的硬盘里下载文件，Grokster 公司和其服务器对此并不知情，同时也没有办法控制用户的侵权行为，并且该软件的确也可以用于合法下载受版权法保护的作品。但是 Grokster 公司为了获得与用户数量相连接的广告投放收入，在明知用户主要将其用于下载盗版的音乐、电影等文件时，仍然故意宣传并传播该软件，因此构成了引诱侵权。Grokster 案的判决保护了版权人的利益，但是在一定程度上对技术公司的创新活动产生了负面的影响。

➢ Columbia Pictures v. Fung❶

被告是一家利用 BitTorren 文件共享协议而运用多家网站的网络服务提供商。在 BitTorren 协议下，用户可以通过多个自动程序的主机分散下载其想要的文件。被告的网站“torrent sites”包含了名为“dot-torrent files”的索引，用以识别存储在不同主机上的目标文件。用户也可以通过“dot-torrent files”找到其他用户上传的目标文件，但是“dot-torrent files”并不实际存储用户搜索的文件，但是通过 BitTorren 用户的电脑端通过点对点的传输方式自动传输目标内容。原告哥伦比亚电影公司是被告利用“dot-torrent files”传输的很多电影作品的合法版权人，其认为被告的行为构成了版权的引诱侵权。

初审法院认为被告构成了引诱侵权：被告 Fung 在网站上提供例如“最受欢迎的 20 部”电影的列表，同时在列表旁边附有上传按钮，被告还协助用户通过 BitTorren 软件上传文档并提供技术支持和帮助，并利用“dot-torrent files”索引工具帮助用户搜索目标文件。在上诉法院审理之后，美国联邦第九巡回上诉法院确认了初审法院关于引诱侵权的判决。同时，在回顾了最高院关于 Grokster 案的判决后，结合本案的判决，法院认为构成版权的引诱侵权需要满足以下四个要件：①对产品或设备的出售或传播；②侵权行为；③促进传播的目的在于使用侵权作品；④因果关系。

对于第一个要素的判断，法院认为根据最高院在 Grokster 案中的判决意见，引诱侵权中不需要一定提供实际的物理侵权设备，也包括提供完成侵权行

❶ 2009 U. S. Dist. LEXIS 122661 (C. D. Cal. Dec. 21, 2009), aff'd, 710 F. 3d 1020 (9th Cir. 2013).

为所需要的服务。第二个要素，侵权行为，被告网站上用户上传或下载的有90%以上的内容都是侵权作品。第三个要素被告需要对侵权行为有不恰当的促进或引诱达成的目的。本案中，被告最重要的行为就是积极鼓励用户上传侵权作品，同时帮助用户搜寻和下载目标侵权作品，很多作品是院线正在上映的热门影片，足以证明被告的主观非法目的的存在。第四个要素因果关系的判断上，法院采用了较低的因果关系判断标准，认为只要原告可以证明第三方提供的服务是被侵权目的，第三方的主观意图和实际效果达到了被用于侵权的目的，那么侵权行为和提供侵权服务直接就具有因果联系。综上，被告的行为构成版权引诱侵权。

➢ Arista Records v. Lime Group[1]

被告经营 P2P 软件客户端“LimeWire”，用户可以通过 Gnutella 局域网进行数字文件的传输。LimeWire 的用户在其用户界面上包含搜索功能，可以扫描其他 LimeWire 用户的电脑中存储的文件来匹配搜索结果，找到之后可以将目标文件下载到该用户的电脑里。原告是众多录音作品[2]的版权权利人，发现了被告的界面上有大量未经原告授权的录音作品在进行传播，故起诉被告构成版权的引诱侵权。

法院通过预先裁决认为被告的行为构成版权引诱侵权。在判断要素上，法院着重论述了被告的五个行为在特征上构成了引诱侵权。第一，被告知道用户利用其提供的 LimeWire 客户端进行实质性的侵权行为。第二，被告在积极诱导用户使用其客户端。据统计，在 Napster 逐渐没落之后，LimeWire 的用户基本有 30%以上的来自 Napster，而 LimeWire 为了吸引更多的用户，通过谷歌公司的关键词投放广告。第三，被告在积极帮助其用户实施侵权行为，例如提供搜索排行榜，对作品进行分类，方便用户进行搜索。第四，被告的收入来源依赖于其使用用户数量的增加，例如注册费用和相应的广告收入。第五，被告没有为减少用户的侵权行为而做出努力。例如被告没有利用技术措施或盗版过滤系统来识别盗版作品。

➢ Arista Records, Inc. v. MP3 Board, Inc.[3]

美国国际唱片协会的几家公司起诉 MP3 Board 公司版权的共同侵权和帮助

---

[1] 784 F. Supp. 2d 298 (S. D. N. Y. 2011).

[2] 由于美国法上没有我国著作权法中所规定的邻接权的概念，所以不存在作品和制品的区别，故本书在翻译时统一将 sound recordings 翻译为“录音作品”。

[3] Arista Records, Inc. v. MP3Board, Inc., 2002 U. S. Dist. LEXIS 16165 at ＊5-6 (S. D. N. Y. 2002).

侵权，原因在于被告在 www.mp2board.com 网站上为用户提供数首原告享有版权的歌曲的 MP3 格式文件的自动搜索链接，用户在被告网站上搜索后就可以获得这些歌曲的下载网址和文件。首先，原告两次向被告发信说明其行为构成侵权，要求其停止侵权。法院驳回了原告的诉讼请求。法院认为被告仅提供的是一个被动的搜索工具，其次，对于该链接的性质只是提供获取的途径，而非实质性的侵权用途。

我国的音乐作品的案例主要涉及的是与音乐作品的信息网络传播权相关案例，下面拟选取几个案例作为比较。

➢ 北京非同音乐文化传播有限公司诉黑龙江人民广播电台信息网络传播权侵权纠纷案 ❶

原告认为被告未经许可在其网站上向公众提供原告享有信息网络传播权的爱戴演唱的 8 首歌曲的在线播放和下载服务，侵犯了其信息网络传播权，要求被告停止侵害。被告辩称其与原告存在长期业务合作关系，双方一直保有原告将预宣传的录音制品交由被告网站宣传，互不收取费用的交易惯例，由此可认定被告网站提供的在线播放服务是得到原告许可的。本案争议的焦点是：①原告对涉案歌曲是否享有信息网络传播权。②被告在其网站上提供爱戴演唱的 8 首涉案歌曲的网络在线服务，是否侵犯了原告的录音制作者权之信息网络传播权。③使用迅雷可以在被告网站上下载涉案歌曲的行为是否侵犯原告的信息网络传播权。

法院认为原告通过与美国非同音乐签订《版权转让协议》，受让了 8 首涉案歌曲的录音制作者权，故可认定原告获得 8 首涉案歌曲的录音制作者权合法。此外，根据相关证据可以证明原被告双方享有合作关系，原告曾向被告邮寄过相关录音制品，且原告知晓被告从事电台及网络广播业务的性质，原告没有对被告如何使用宣传作品做出意思表示，可以认定双方一直保有原告利用被告平台宣传，被告在线播放其享有权利歌曲的交易习惯，故被告提供在线播放服务的行为不侵犯原告的信息网络传播权。被告并没有在其网页上设置涉案歌曲的下载路径，用户得以下载涉案歌曲是第三方通过技术手段实现的。由于原告未说明，也没有举示证据证明被告应当尽到什么样的注意义务，所以不能要求被告对采取非正常手段下载其在线播放的录音制品承担责任。

音乐制作公司向广播电台、网站等媒体提供录音制品无偿使用，媒体利用自己管理的传媒为音乐制作公司的录音制品免费宣传，这是录音制品行业的惯

❶ （2005）哈民五初字第 81 号黑龙江省哈尔滨市中级人民法院民事判决书。

例。原告与被告之间也存在上述业务合作关系。涉案歌曲录音制品及其简介是原告主动提供给被告所管理的音乐网站的主持人，原告没有对录音制品的使用作出特别说明，被告有权按照通常的理解和先前的惯例进行使用。被告将涉案歌曲上传于其网站用于在线播放，未提供下载路径，未提供下载服务，尽到了应有的注意义务，防止借助技术手段下载涉案歌曲超出了被告的义务范围，因此，被告的行为没有违反双方的合意，不构成侵权。

➢ 北京海蝶音乐有限公司诉阿里巴巴（杭州）文化创意有限公司侵害作品信息网络传播权纠纷案❶

被告阿里巴巴公司在其经营的“虾米音乐”PC 客户端及移动客户端提供十首涉案歌曲的在线播放和下载服务的行为侵犯了原告海蝶公司的信息网络传播权，原告要求其停止侵权行为，赔偿损失。阿里巴巴公司对原告享有涉案歌曲信息网络传播权的事实不予否认，但其辩称仅提供在线播放服务。本案法院认为，根据经海蝶公司公证证据保全的歌曲查找和播放过程，能够认定原告享有版权的涉案歌曲在被告所有虾米音乐网播放的事实。被告未经原告许可在其经营管理的音乐网站上提供在线播放服务侵犯了原告的信息网络传播权，责令其停止侵害，赔偿原告的经济损失。

➢ 中国音乐著作权协会诉网易公司、移动通信公司侵犯信息网络传播权纠纷案❷

被告网易公司在其所属的 163 网站的铃声传情服务中，以及被告移动通信公司在向移动电话用户提供有偿信息服务时擅自将原告受曲作者委托的音乐著作权协会享有信息网络传播权的音乐作品《血染的风采》提供给用户随意下载使用。原告诉请法院判决二被告停止侵权行为，公开赔礼道歉，并赔偿相应的经济损失及合理费用。

本案法院认为涉案歌曲的作者苏越把该音乐作品的信息网络传播权授权原告管理，即原告享有涉案歌曲的信息网络传播权。网易公司将涉案歌曲收录为其 163 网站上“铃声传情”栏目的音乐作品时未经苏越本人及原告同意，其不享有涉案歌曲的信息网络传播权，提供有偿下载服务的行为给原告造成了经济损失，判决其停止侵害、赔偿损失。网易公司下载收录音乐作品电话振铃的服务是通过移动通信部门提供的专用设备和技术条件进行的，其与移动通信公司签有合作协议由移动通信公司代收费用，其向移动通信公司支付服务费。法

---

❶ （2017）京 0105 民初 52126 号北京市朝阳区人民法院民事判决书。

❷ 《最高人民法院公报》2003 年第 5 期，总第 85 期。

院认为移动通信公司在提供技术性服务时所接收的信息是由网易公司发布的，且在当时的技术条件下移动通信公司无法对其传送的信息内容进行遴选和删除，所以其主观上对侵权结果的发生不存在法律上的过错，不应让其承担共同侵权责任。

4.2.3 网络新媒体类案例

➢ Playboy Enterprises，Inc. v. George Frena[1]

1993 年的 Frena 案是美国法官判定网络服务提供者为第三人的版权侵权行为承担直接侵权责任的典型判例。在该案中，被告 Frena 运营着一个 BBS，原告 Playboy 享有版权的图片未经授权就被用户上传到了被告的 BBS。法院认为"被告不知道侵权行为没有关系，因为构成版权侵权不需要有侵权的故意，故意或者明知不是版权侵权的构成要素；因此，即使无辜的侵权人也要承担侵权责任"，因此判定被告存储、向用户"提供"原告享有版权的图片的行为构成直接侵权，侵害了原告对其版权作品所享有的公开发行和展览权[2]，但却不认为被告侵害了原告的复制权，因为复制原告作品的是用户而非被告。Frena 案的判决结果过于极端，因为网络服务提供者必须小心翼翼地审查用户的每一个上传和下载行为，以免承担直接侵权责任，这无异于给网络技术的发展上了一道紧箍。

➢ Religious Technology Center v. Netcom On-line Communication Services，Inc[3]

1995 年的 Netcom 案在某种程度上否定了 Frena 案关于网络服务提供者版权侵权责任的认定，认为尽管版权法规定了严格责任，但却不能将其理解为要求所有相关方都承担直接侵权责任。在该案中，被告 Netcom 为另一被告 Klemesrud 运营的 BBS 提供了互联网接入服务，而被告 Erlich 则通过该 BBS 将原告的作品发布到了一个网络论坛。法院认为 Netcom 不应当为其电脑临时制作和存储的作品复制件承担直接侵权责任，"当侵权用户显然应当为同一行为承担直接侵权责任，再让无数相关方为此承担直接侵权责任是没道理的，因为所

---

[1] PLAYBOY ENTERPRISES，INC.，v. George FRENA，1993. 839 F. Supp. 1552 No. 93-489-Civ-J-20.

[2] 美国现行版权法的基础是 1976 年版权法，该法授予版权人的专有权利包括：复制权、演绎权、发行权（销售，通过其他方式转移所有权，以及通过出租、出借的方式向公众提供作品的复制件）、公开表演权、公开展示权以及借助数字音频传输技术公开表演录音制品的权利。不同于现行中国著作权法，美国版权法律体系没有专门规定"信息网络传播权"，版权权利适用于网络环境。

[3] Religious Technology Center v. Netcom On-line Communication Services，Inc，United States District Court，Northern District of California，1995. 907 F. Supp. 1361.

有这些相关方仅仅建立并运作了一个对互联网正常运作必不可少的系统而已。原告主张被告应当为其在接到原告警告后拒不删除作品复制件的行为承担责任，但这样的责任不可能基于直接侵权理论，因为直接侵权不需要明知”。

法院虽然认为被告 Netcom 的电脑和服务器在存储和传输侵权作品的过程中复制了该作品，但那只是电脑系统的自动复制，对于实现互联网的传输功能是必不可少的；如果要求 Netcom 承担直接侵权责任，势必也得要求同一网络体系中的其他所有服务器承担直接侵权责任，这将导致版权责任的不合理扩张。法庭同时否认了 Frena 案要求 BBS 运营者承担直接侵权责任的判决，认为“传播侵权作品的行为起始于 BBS 用户，用户应该为此承担直接责任，BBS 提供者帮助传播作品的行为是自动化的，不加区别的。被告 Erlich 可以通过无数网络服务提供者发布侵权作品，其结果都是一样的：任何能够访问该网络的用户都可以阅读侵权作品。说 Netcom 和 Klemsrud 特别要为传播侵权作品的行为负直接责任是没有逻辑原因的”。

虽然 Netcom 免于承担直接侵权责任，但其依然可能承担帮助侵权（Contributory Infringement）责任。法院认为，“在知道侵权获得的情况下，如果被告诱使或者引起了第三人的侵权行为，或者为其侵权活动提供了实质帮助，就应当承担参与侵权的责任”。据此，帮助侵权有两个构成要件：其一，知道侵权活动；其二，实质参与了侵权活动。事实上，Netcom 所提供的网络服务帮助传播了侵权作品，所以，“如果原告能够证明 Netcom 在收到原告通知后知道 Erlich 的非法传播行为，却怠于阻止该信息进一步传播，就可以构成帮助侵权”。[1]

➢ Religious Technology Center v. Netcom On-Line Communication Services, Inc.[2]（BBS）

原告 RTC 及 Bridge Publications 对涉案作品享有著作权，被告 Dennis Erlich 未经许可将涉案作品帖于 BBS，原告说服 Erlich 删除其版权作品未果，转而向 BBS 经营者 Kemesrud 和网络服务提供者 Netcom 公司要求停止 Erlich 再次进入并使用被告所提供的网络服务系统。由于 Klemesrud 认为原告必须证明其对涉案作品享有著作权才能禁止 Erlich 的行为，因而拒绝了原告的请求。Netcom 认为如果限制 Erlich 的行为，意味着将百余名 Klemesrud 的 BBS 用户逐出，因此也拒绝

---

[1] Shapiro, Bernstein & Co. V. H. L. Green Co., 316 F. 2d 304, 306 (2d Cir. 1963).

[2] Religious Technology Center v. Netcom On-Line Communication Services, Inc., 907 F. Supp. 1361 (N. D. Cal. 1995).

了原告的请求。因此，原告提起著作权侵权诉讼，将 Erlich 及 Klemesrud 和 Netcom 列为共同被告。

一审法院拒绝对 Netcom 适用替代责任（vicarious liability）。美国法上行为人在以下情况下应当为他人的侵权行为承担替代责任：①有权、有能力控制侵权人的行为；②从侵权行为中获得直接的经济利益。不同于帮助侵权，知道与否不是影响替代责任的认定要素。法院认为，第一个争议焦点在于 Netcom 是否有权和有能力控制其用户的行为。Netcom 公司证实，通过软件调试，即可识别包含特定关键词的帖子或者来自特定人的帖子，此前，Netcom 曾多次实施过暂停用户账户的行为，可见，Netcom 有权且有能力控制用户行为；第二个争议焦点在于 Netcom 是否从中获得直接经济利益——法院认为，没有证据表明 Netcom 公司从这些侵权帖子中获得了直接经济利益，或者这些帖子提高了 Netcom 对用户的服务价值或者帮助 Netcom 吸引了更多的新用户。因此，法院因 Netcom 的行为不满足替代侵权责任第二个构成要件而判定 Netcom 不承担替代侵权责任。

上诉法院援引了地区法院在 Fonovisa v. Cherry Auction 案[1]（原告系版权人，因旧货交易市场上存在诸多盗版的原告作品而向市场主提起版权侵权及商标权侵权之诉，主张被告应该为个体卖主销售假冒音像制品的行为承担替代责任。因为个体卖主与被告公司签订了展位租借合同，合同约定被告公司按天收取租金，向卖主提供停车位及广告服务，法院否认被告因收取摊位租金的行为而应承担相应的替代责任）的观点以支持其不适用替代责任的判决。法院认为 OSP 不能因其提供的网络服务而对其网站上存在的侵权行为承担替代责任，因其没有直接的经济获利。OSP 的获利近来源于其订阅付费用户，而多少人访问该网站或者网站的内容并不会改变其收入的来源多少。

➢ The Washington Post Co. v. Total News，Inc.[2]

1997 年年初，包括华盛顿邮报在内的多家新闻服务提供者以其链接侵犯版权为由，起诉 Total News 和其他几个为 Total News 提供网页设计和程序设计服务的被告。被告的 Total News 网站是一家提供新闻聚合类的网站，在其网站上聚集了多家原告网站的新闻链接内容，如果用户点击了其中的新闻标题，用户会看到原告的新闻内容，但是在该网站的网址上依然显示的是被告的 URL 地址。几家原告以侵犯版权为由起诉，但是没有具体指明侵权何种版权类型。

---

[1] Fonovisa，Inc. v. Cherry Auction，Inc.，76 F. 3d 259（9th Cir. 1996）.

[2] The Washington Post Co. v. Total News，Inc.，97 Civ. 1190（S. D. N. Y. Feb. 20，1997）.

1997年6月，双方进行了和解，[1] 条件是被告同意今后对原告的新闻链接只能通过超链接的方式进行，而不能通过内链的方式进行。同时不得侵犯原告的其他例如商标等权利，避免引起消费者混淆和版权侵权。

4.2.4 网络游戏类案例

➢ Sega Enterprises Ltd. v. Maphiam[2]

1996年的Sega案进一步明确了帮助侵权规则。原告Sega是一个计算机视频游戏制造商和供应商。原告诉称，被告Sherman允许订阅用户将原告的视频游戏上传到被告运营的BBS，供所有订阅用户下载，这侵犯了原告对其视频游戏所享有的复制权。法院认为，“当一个计算机程序从一个永久存储设备传输到一台电脑的RAM，复制就已经发生了”。[3] 但是法院援引Netcom案的裁判——“互联网提供者对通过其网络系统擅自发布、传播的版权作品不承担版权直接侵权责任”，不认为Sherman应当负直接侵权责任，因为“Sherman并没有直接上传或下载侵权游戏，也没有直接引起上传和下载行为的发生”。但这并不意味着Sherman就可以免于承担任何责任。

法院认为，要让被告Sherman承担版权侵权责任，Sega必须首先证明网络用户直接侵害了其版权；Sega必须证明Sherman①知道用户的侵权活动，并且②诱使、促进了用户的侵权活动的发生，或者为之提供了实质帮助。关于参与或者实质参与侵权活动，美国联邦第九巡回上诉法院认为，“为已知的侵权活动提供场所和设施就足以构成帮助侵权责任”。[4]比如，知道他人出售盗版书籍，依然将市场门店出租给该他人，出租人就可能构成帮助侵权。在该案中，Sherman运营的BBS存储、供用户下载原告游戏的非法复制件，已经构成了提供场所和设备意义上的参与。即使拿Netcom案所确立的“实质参与”标准来看，除了为已知的侵权活动提供场所和设备外，Sherman还唆使用户上传非法复制件，在BBS上提供下载指引，以便用户容易下载游戏。此外，他还出售复制工具，方便用户玩所下载的游戏，构成帮助侵权。[5]

---

[1] A copy of the Stipulation and Order of Settlement and Dismissal is available at www.callaw.com/opinions/hotdocs/totalnew.html.

[2] Sega Enterprises Ltd. v. MAPHIA, 948 F. Supp. 923, 41 U. S. P. Q. 2d (BNA) 1705 (N. D. Cal. 1996).

[3] MAI Systems Corp. v. Peak Computer, Inc., 991 F. 2d 511, 518 (9th Cir. 1993).

[4] Fonovisa, Inc. v. Cherry Auction, Inc., 76 F. 3d 259 (9th Cir. 1996).

[5] Nintendo of America, Inc. v. Computer of Entertainment, Inc., 1996 WL 511619 (W. D. Wash. 1996).

➤ 耀宇诉斗鱼案❶：网络游戏直播画面不构成作品，但构成不正当竞争行为

DOTA2（中文名“刀塔 2”）作为一款风靡全球的顶级电竞类网络游戏在游戏玩家中具有极高的知名度。2015 年年初，首届 DOTA2 亚洲邀请赛在上海举行，比赛汇集全球最顶尖的 DOTA2 竞技战队。此次比赛由上海耀宇文化传媒有限公司（以下简称“耀宇公司”）投资承办，并在耀宇公司旗下网站“火猫 TV”（www. huomaotv. com）进行全程直播。2015 年 2 月，耀宇公司向上海市浦东新区人民法院提起诉讼，认为耀宇公司享有对 DOTA2 亚洲邀请赛的独家转播权，广州斗鱼网络科技有限公司（以下简称“斗鱼公司”）侵犯其著作权并构成不正当竞争，且造成了耀宇公司的经济损失。

一审法院认为，“由于涉案（游戏）赛事的比赛本身并无剧本之类的事先设计，比赛画面是由参加比赛的双方多位选手按照游戏规则、通过各自操作所形成的动态画面，是进行中的比赛情况的一种客观、直观的表现形式，比赛过程具有随机性和不可复制性，比赛结果具有不确定性，故比赛画面并不属于著作权法规定的作品”。并由此驳回了原告提出的侵犯其著作权的请求，转而通过《反不当竞争法》对原告的直播权益进行保护。

体育比赛的组织方、主办方包括类似于体育比赛的电子竞技网络游戏比赛的开发商、运营商等对他人转播比赛行为进行相关授权许可，是国际国内较长时期以来的通常做法、商业惯例；耀宇公司投入较大财力、人力等成本举办了涉案赛事，可以获得的对价之一是行使涉案赛事的独家视频转播权，因此该转播权承载着一定的经济利益，属于我国侵权责任法保护的一种财产性的民事利益，根据《中华人民共和国反不正当竞争法》第二条的规定，可以依法给予制止不正当竞争的保护斗鱼公司的行为侵害了耀宇公司独家转播权益，分流了本属于耀宇公司的市场，违反了诚实信用原则。上海知识产权法院二审审理认定斗鱼公司具有主观恶意，在未经授权的情况下直播 DOTA2 亚洲邀请赛，并于直播时在“斗鱼 TV”网页上标注“火猫 TV”等权利人的标识，构成不正当竞争。

➤ 广州硕星诉上海壮游案（奇迹 MU）❷：网络游戏整体画面构成类电作品❸

《奇迹 MU》是韩国（株）网禅公司开发的一款网络游戏。壮游公司经授

---

❶ 一审：（2015）浦民三知初字第 191 号；二审：（2015）沪知民终字第 641 号。

❷ 一审：（2015）浦民三知初字第 191 号；二审：（2015）沪知民终字第 641 号。

❸ 一审：（2015）浦民三（知）初字第 529 号；二审：（2016）沪 73 民终 190 号。

权获得中国地区的独占运营权及维权权利。2013年，硕星公司未经授权开发网页游戏《奇迹神话》并独占性授权维动公司运营。该游戏与《奇迹MU》在前400级三大角色名称技能、等级设置、地图场景、武器装备、怪物及NPC等方面均相同或基本相同。壮游公司认为《奇迹MU》游戏整体画面构成类电影作品，被诉游戏侵犯其著作权。维动公司在运营宣传中使用引人误解的内容，与硕星公司共同构成虚假宣传的不正当竞争，故壮游公司起诉至法院。

一审法院认为，网络游戏整体画面构成类电作品。本案中，《奇迹MU》作为一款角色扮演游戏，具有一定的故事情节，由游戏玩家操作游戏角色，遵循一定的游戏规则在游戏场景中升级打怪，并可进行组队等互动性操作。当玩家开启操作时，屏幕终端呈现出文字、图片、声音等组合而成的画面，上述画面具有独创性，并能以有形形式复制，是应受著作权法保护的作品。上述游戏画面由一系列有伴音或者无伴音的画面组成，通过电脑进行传播，具有和电影作品相似的表现形式。涉案游戏的整体画面是否构成类电影作品，取决于其表现形式是否与电影作品相似，故涉案游戏的整体画面可以作为类电影作品获得著作权法的保护。

二审法院支持了一审法院的观点，认为《奇迹MU》游戏整体画面符合我国著作权法规定的作品的构成要件，属于著作权法意义上的作品。类电影作品的特征性构成要件在于其表现形式由连续活动画面组成，涉案网络游戏整体画面在运行过程中呈现的也是连续活动画面，玩家不同操作会产生不同画面，但这是操作不同而产生的不同选择，未超出游戏设置的画面，不是脱离于游戏之外的创作，故具有独创性的网络游戏整体画面具备类电影作品的实质构成要件，属于类电影作品。硕星公司、维动公司的宣传内容易引人误解为被诉游戏与《奇迹MU》存在关联，构成虚假宣传的不正当竞争。

➢ “梦幻西游2”网游直播侵权案[1]：网络游戏运行过程中的连续画面构成类电作品

《梦幻西游2》是一款由广州网易计算机系统有限公司（简称网易公司）自行开发并营运的网络游戏。广州网易公司发现华多公司通过YY游戏直播网站等平台，未经许可直播、录播和转播“梦幻西游2”游戏的内容，诉至广州知识产权法院。

广州知识产权法院一审审理认为，华多公司在其网络平台上开设直播窗口、组织主播人员进行涉案电子游戏直播，侵害了网易公司对其游戏画面作为

[1] 一审：（2015）粤知法著民初字第16号；二审：（2015）粤高法立民终字第403号。

类电影作品的著作权。涉案电子游戏“梦幻西游”“梦幻西游2”，核心内容包括游戏引擎和游戏资源库，经由用户在终端设备上操作后，引擎系统调用资源库的素材在终端设备上呈现，产生一系列有伴音或无伴音的连续画面，这些画面表达了创作者的思想个性，且能以有形形式复制，此创作过程与“摄制电影”的方法类似，因此涉案电子游戏在终端设备上运行呈现的连续画面可认定为类电影作品，该作品的“制片者”应归属于游戏软件的权利人。结合著作权法对放映权、广播权和信息网络传播权的规定，华多公司的游戏直播行为所侵害的均不属于著作权法所列举的“有名”之权利，归入“应当由著作权人享有的其他权利”。[1]

4.2.5 网络广告类案例

4.2.5.1 广告屏蔽类案例

美国判决综述：近年来美国关于广告屏蔽案件，尤其是和国内典型的网络广告屏蔽形态相似案件的司法判决都很少，相对具有代表性的案件主要有Kaspersky案、Daisy诉Abbott案以及United Video案。三个案件中，法院分别从《通信规范法》避风港原则认定屏蔽广告行为不违法可以免责、从干涉公共利益原则认定广告牌的遮挡行为构成不正当竞争、从版权侵权角度认定广告屏蔽构成版权侵权，由于三个案件本身的案件事实差别较大，因此相关判决意见、角度也大相径庭，其中，Kaspersky案的案件事实和目前国内广告屏蔽的形态比较接近，从该案的判决结果可以初步推断，美国法院相关广告屏蔽案件中，以《通信规范法》避风港原则认定广告屏蔽行为的合法性是一种判决观点。相关判决梗概具体如下。

➢ Zango v. Kaspersky[2]

Zango公司的软件服务带广告：原告提供4款软件服务，如果用户下载了其中某一软件并阅读了软件上提供的广告，则可免费使用该软件的相关服务（如阅读在线视频、音乐，或下载游戏等）；或者，如果用户付费使用原告提供的软件的高级版本，可在使用该软件时免阅读广告。Kaspersky杀毒软件认为Zango的软件属于广告软件、恶意软件：Kaspersky开发并提供杀毒软件，

---

[1] 参见新浪司法：http://news.sina.com.cn/sf/news/ajjj/2017-11-14/doc-ifynshev5940673.shtml，网页更新日期：2017年11月14日，最后访问日期：2017年11月24日。

[2] 568 F.3d 1169；2009 U.S. APP.

认为原告的软件安装后记录用户操作习惯并提供弹窗广告，并且其广告所链接的网站可能导致用户电脑感染病毒、导致用户电脑内存损坏、降低电脑运行速度。

原告软件被被告拦截：用户使用 Kaspersky 使原告使用相关软件浏览网页时的顶部的广告链接失效；同时用户每次上网使用原告软件的时候，都会弹窗提示要不要屏蔽该软件，且“不再提示”的按钮并没有用。

法院认为广告信息属于令人反感的不良信息，根据《通信规范法》（*Communication Decency Act*，CDA）“避风港原则”的规定，屏蔽行为免责，据此认定被告的拦截行为不构成不正当竞争。法院认为屏蔽软件开发者有权判定什么内容属于“令人反感”的内容而被告认为广告内容属于“提供者和用户认为是淫秽、色情、污秽、过度暴力、骚扰或其他令人反感的内容”的判断符合 CDA 立法宗旨。本案中，原告提供的广告内容属于令人反感的不良信息，访问软件提供者对此类信息的屏蔽行为符合避风港原则适应于免责的情况，被告属于访问软件提供者范畴，因此其相关广告屏蔽行为免责。

➢ WGN Continental Broadcasting v. United Video[1]

本案中原被告合作，被告传输原告的电视节目信号：双方合同约定被告在收到原告电视节目广告信号后，可以再次传输给有线电视运营商，由后者将节目信号传输给订阅有线电视的最终用户。原告的信号中同时带有新闻节目、文字广播内容：原告旨在将其新闻节目中植入的文字广播在同一频道以 VBI（垂直回扫期）方式与新闻节目一同播放（文字广告内容可能与新闻节目内容本身无关，二者是独立的信息）。被告在传输节目信号时自行删除节目中的文字广播内容：被告删除原告提供的信号中文字广播部分的信号，而将新闻节目的信号二次传输至有线电视运营商，并最终向用户提供。

法院经审理认为：原告的文字广播与新闻节目内容是同一条信号中的两个部分，二者应属于同一个作品，而不完整提供作品的行为应构成版权侵权，被告应当将原告的文字广播和新闻节目一同传输，否则构成著作权侵权。

在广告屏蔽行为的认定上，国内法院的主流观点，基本认为广告行业主体和广告屏蔽软件开发者之间存在竞争关系，同时，从保护互联网行业的长远发展来看，广告行为作为一种正当的商业模式应受到法律保护，广告屏蔽行为违背诚实信用原则，不具有正当性，其行为构成不正当竞争，但是近年来也出现有的法院认为浏览器屏蔽广告的行为不构成不正当竞争行为。

---

[1] 693 F. 2d 622；1982 U. S. APP.

➢ 优酷诉金山广告屏蔽不正当竞争案❶

原告优酷视频播放前有片头广告，被告金山开发包含广告屏蔽功能的猎豹浏览器。用户使用猎豹浏览器访问优酷视频时，视频片头广告被屏蔽。原告起诉被告不正当竞争。法院从非同业之间也会存在竞争关系、视频广告模式是正当商业模式以及广告屏蔽不具有正当性三个方面，层层论证广告屏蔽行为，违背诚实信用原则，构成不正当竞争。法院的主要判决要旨分析如下。

首先，要分析两个同业之间存在竞争关系，非同业之间也会存在竞争关系。判断两个行业是否存在竞争关系，可以从以下方面进行考虑：两个行业是否在客户群体、交易机会等市场资源上存在争夺关系。具体经营行为是否有“损人利己”的可能性。损人：指该经营者的行为有损害其他竞争者经营利益的可能性。利己：指该经营者会基于这一行为而获得现实或潜在的经营利益。其次，视频广告模式是正当商业模式。主要基于以下论点：视频网站本身并无义务，在用户不支付任何对价的情况下，向其免费提供视频。任何商业模式，只要既未违反相关法规，也未违反商业道德、诚实信用就应该是正当商业模式。最后，广告屏蔽行为不具有正当性。基于以下方面的论述，认为广告屏蔽不具有正当性。

首先，广告屏蔽行为以技术中立抗辩不成立。在使用技术中立评判时，在技术中立的情况下，主要评判对技术使用的功能效果：技术中立，指的是技术本身的中立，而非对技术使用行为的中立，因此，要区分“技术本身”和“使用行为”，技术本身是中立的，对于该技术的使用行为并不一定是中立的，要根据其使用行为的功能效果分析。在使用技术中立评判时，在技术中立的情况下，要考虑技术提供者对于技术使用的功能效果是否存在主观过错：使用技术中立原则评判时，也要考虑技术提供者对技术使用的功能效果是否存在损害他人合法权益的主观过错。其次，广告屏蔽不具公益性（非公益必要不干扰原则）。互联网各产品之间发展的空间边界应为互不干扰，除非有显而易见的特殊合法理由，如杀毒。但是，屏蔽广告并没有有利于公益利益，反而会对用户观看到免费视频有影响，也会导致视频网站丧失生存空间。

➢ 爱奇艺诉“VST 全聚合”软件广告屏蔽不正当竞争案❷

爱奇异视频播放前有片头广告，而用户使用“VST 全聚合”软件播放爱奇异视频时，视频片头广告被绕开。法院从最终利益存在竞争关系即应认定存

---

❶ （2014）一中民终字第 3283 号。

❷ （2015）杨民三（知）初字第 1 号。

在竞争关系、原告经营模式具有合法性、原告已采取技术措施表示拒绝他人任意分享其视频出发，认为被告绕开片前广告具有主观恶意并不适用技术中立抗辩、被告的行为存在损害原告合法权益的后果等角度，层层论证广告屏蔽行为，违背诚实信用原则和公认的商业道德，构成不正当竞争。主要判决要旨分析如下。

首先，同业之间存在竞争关系，非同业之间也会存在竞争关系。具体来讲：经营模式的核心都在于争夺通过其平台观看视频的网络用户数量；被告经营行为导致原告用户转向被告，双方的网络用户数量呈此消彼长。其次，视频中增加广告的模式是正当的经营模式，受法律保护。视频网站向广告主收取视频前推送的广告的费用、向用户收取成为付费会员的会员费维系购买版权和技术服务的支出，进而实现盈利，具有正当性。既未违反现有法律规定，也未违反商业道德，应当受到《反不正当竞争法》的保护。最后，广告屏蔽行为不具有正当性。广告屏蔽行为具有侵权主观故意且损害权利人合法权益。原告对于视频内容采取了加密措施，无论技术措施是否有效，但已明确表示了其拒绝他人任意分享其视频内容的态度。“VST 全聚合”软件绕开广告直接播放正片的行为直接干预并严重损害原告的经营，还在其网站对该软件进行宣传推广，具有明显侵权故意。广告屏蔽行为绕技术措施，挤占对方市场份额，获得不正当竞争优势，损害对方合法权益，违背公认的商业道德和诚实信用原则。此外，技术中立仍应当尊重他人合法利益。技术中立原则是指技术本身的中立，而非任何使用技术的行为都是中立的。即使在使用中立的技术时仍然应当尊重他人的合法利益，在法律允许的边界内应用新技术，而不能以技术中立为名，违反商业道德，攫取他人的合法利益。

互联网的本质在于信息的互联互通，其发展也在于互联互通，因此在互联网上采取合法且正当方法的链接行为并不构成不正当竞争。如果被告能够采取合法且正当方法完整链接播放来源于原告的全部内容，那么这一行为具有正当性，不构成不正当竞争。如果聚合平台通过破解对方技术措施，完整链接原告广告和视频，即使表面上呈现给用户的是完整的内容，但采用的方法不能使原告的广告系统统计到广告播放的数量，损害了原告的合法利益，仍然构成不正当竞争。

➢ 爱奇艺 v. 极客路由器广告屏蔽不正当竞争案[1]

爱奇艺视频播放前有片头广告。被告极科极客开发的路由器利用“屏蔽

[1] 北京市海淀区人民法院（2014）海民（知）初字第 21694 号；北京知识产权法（2014）京知民终字第 79 号。

视频广告”插件直接屏蔽爱奇艺视频的广告。路由器通过安装“屏蔽视频广告”插件过滤了“爱奇艺”网站上播放视频内容前的广告，用户一旦使用被告路由器访问爱奇艺网站，无论是通过 pc 电脑，还是通过 ipad 终端，都可以实现屏蔽视频广告的功能。

法院从非同业之间也会存在竞争关系、视频广告模式是正当商业模式以及广告屏蔽不具有正当性三个方面，层层论证广告屏蔽行为，违背诚实信用原则，构成不正当竞争。

首先，在判断经营者之间是否存在“竞争关系”，不应以是否同业为标准，而应着眼于行为是否损害其他经营者的竞争利益。不应以身份或是否同业为标准，而应着眼于行为；不应从主营业务或所处行业出发界定其身份，而应从具体行为出发，判断其行为是否具有经营性、竞争性；在新的经济模式下，只要双方在最终利益方面存在竞争关系，亦应认定两者存在竞争关系。

其次，视频广告（即广告+免费视频）模式是正当商业模式，主要基于以下论点：爱奇艺公司以通过版权交易和技术手段向广大网民免费提供视频节目的播放服务，同时以网民观看视频节目同时收看的广告数量向广告主收取广告费，以此维系其版权交易和技术服务的支出，进而实现盈利。这一经营模式亦是其获取合法利益的表现形式，具有正当性。任何商业模式，只要既未违反相关法规，也未违反商业道德、诚实信用，就应该是正当商业模式。

最后，广告屏蔽行为不具有正当性。首先，被告明知“屏蔽视频广告”插件将直接干预并严重损害视频网站经营者的经营，而开发、上传、推荐并诱导用户安装“屏蔽视频广告”插件，明显具有过错。对技术的使用不能突破法律限制，极科极客使用“屏蔽视频广告”插件直接干预爱奇艺公司正常经营，以吸引客户获取商业利益。其次，广告屏蔽行为并不要求受害者唯一或者特定，不能因为屏蔽广告插件没有针对爱奇艺，而是针对所有视频网站的广告一律屏蔽这一理由来抗辩不构成不正当竞争行为。

➢ 百度诉 360 浏览器广告屏蔽不正当竞争案❶

开发者开发并上传“屏蔽百度广告”插件到 360 平台：开发者将其自行开发的“屏蔽百度广告”插件上传到 360 运营的浏览器插件平台。用户下载使用 360 浏览器后选择安装“屏蔽百度广告”插件。用户下载使用 360 浏览器后，可以在 360 运营的浏览器插件平台上选择安装“屏蔽百度广告”插件。用户通过 360 浏览器使用百度搜索服务时百度的搜索推广链接会被屏蔽。

❶ 北京市东城区人民法院（2013）东民初字第 08310 号。

法院从不正当竞争法意义上的竞争关系取决于在相关经营活动中是否存在竞争关系、百度推广链接是合法正当商业模式、插件是否具有合理性和合法性应综合分析、信息存储空间网络服务商针对不同产品应尽不同审核义务等方面，论证涉案插件的屏蔽行为，违反了《反不正当竞争法》所规定的公平原则、诚实信用原则，违背了公认的商业道德，其行为构成不正当竞争。法院的主要判决要旨分析如下。

首先，竞争关系不单单取决于经营的产品是否相同，还取决于在经营活动中是否存在竞争关系：不正当竞争法意义上的竞争关系并不取决于是否经营相同的产品，取决于在相关经营活动中是否存在竞争关系，原被告双方同为互联网行业的经营者，同经营互联网相关的服务和产品，故原告和被告之间存在竞争关系。

其次，涉案插件是否具有合理性和合法性应予以综合分析：推广链接为搜索引擎服务业普遍采用的经营模式，正当的商业模式必然产生受法律保护的正当商业利益。我国法律法规无明确规定提供推广链接需要取得相关的资质；推广链接是否属于广告也无明确定义，搜索引擎服务商提供推广及推广链接服务的商业模式已被市场普遍接受并成为目前搜索引擎服务业普遍采用的经营模式；该商业模式不违反法律法规的相关规定，故正当的商业模式必然产生受法律保护的正当商业利益。安装和使用涉案插件的用户自始是原告的“目标用户”，同时给原告造成损失对于没安装涉案插件的用户，原告是存在获取一定商业利益的机会，而涉案插件的安装会导致原告丧失此种商业机会，故涉案插件会在一定程度上导致原告利益受损。

再次，信息存储空间网络服务商针对明显可能侵犯他人权益的产品应尽到更高的审核义务：对于名称等角度可以发现明显可能侵犯他人权益的产品应尽到更高的审核义务，比如“屏蔽百度广告”插件。事先审核不要求其就某种软件从策划和应用过程中能完全明晰其法律定性，但对于明显的能干扰其他互联网产品或服务的正常运行，或导致某种互联网产品或服务在网络终端用户处消失的情况，审核方需予以较高的审核义务。

最后，对于处于明显位置的产品应尽到更高的审核义务：涉案插件在两个浏览器的扩展中心平台上处于热门排行榜等较明显的位置时，网络服务提供商仍可以及时采取必要措施对涉案插件予以屏蔽或删除。原告曾两次向被告发送法律函，要求其删除涉案插件，故被告在接到原告要求其删除涉案插件的请求后，并未及时予以处理。综上，被告虽作为信息存储空间，但应知或明知涉案插件侵犯原告正当商业利益，但仍予以传播的行为，违反了《反不正当竞争法》所规定的公平原则、诚实信用原则，违背了公认的商业道德，其行为构成不正当竞争。

➢ 腾讯视频诉世界之窗浏览器案❶

腾讯公司系“腾讯视频”网站（网址为 www. qq. com）的合法经营人，对该网站依法享有经营收益权。“世界之窗浏览器”软件系世界星辉公司开发经营，该浏览器设置有广告过滤功能，用户使用该功能后可以屏蔽原告网站在播放影片时的片头广告和暂停广告。原告认为世界星辉公司的上述行为使得其公司不能就网站影片的片头及暂停广告获取直接收益，使公司遭受了经济上的损失。被告屏蔽广告的行为，提升了其用户的使用体验度，获得其商业价值的提升，其行为违反了诚实信用原则及公认的商业道德，极大地损害了腾讯公司的合法权益。为维护合法权益，腾讯公司将世界星辉公司诉至法院。

法院认为在被告运营的浏览器页面，“广告过滤”选项非直接获取的位置以及从广告过滤的选项看，其不具有任何的针对性且最大限度地考虑在其浏览器上播放的内容的利益；由此，反映出浏览器运营方对在该浏览器上播放的内容，不存在任何的主观故意的行为，因此不应具有不正当性。该浏览器软件广告过滤功能的使用，没有破坏视频作品的内容，不构成对视频作品权利人根本利益的损害。故涉案具有过滤、屏蔽广告功能的浏览器，不具有对腾讯公司经营造成直接针对性的、无任何可躲避条件或选择方式的特定性损害。

对视频网站的收益，腾讯公司认可其视频网站采取的是“免费+广告”的经营模式，反映出广告收入，并非视频网站的唯一收入、全部收入。即使用过滤功能、屏蔽广告只是影响腾讯公司网络视频服务经营者部分利益，并不能对其产生根本性影响。本案中，“免费+广告”并非互联网视频网站唯一或主要的生存模式；含有屏蔽软件的制作、使用是经营者出于市场利益最大化而进行的经营行为，同时也是为网络用户自愿选择提供的合理机会。

《反不正当竞争法》具有社会法的属性，在认定竞争行为正当与否时，不能仅考虑竞争者的利益，还要考虑整个社会公众的利益。在世界星辉公司具有涉案的屏蔽广告功能的浏览器，由网络用户自主选择开启或关闭，世界星辉公司不存在主动诱导开启的情形，这证明涉案浏览器并无侵犯他人权益的意图、故意；法律不排除、不限制、不禁止网络用户具有选择权，意味着网络用户在浏览免费视频时，不负有观看广告的义务，这是网络用户所享有的选择权。除

---

❶ 北京市朝阳区人民法院（2017）京 0105 民初 70786 号。

非另有约定，网络用户对视频网站的经营者不承担任何义务，即不负有必须观看网络广告的义务。从客观实际上讲，网络用户对具有广告屏蔽功能的浏览器具有现实需求。综上法院认为世界星辉公司开发、经营涉案具有选择性过滤、屏蔽广告功能的浏览器的行为认定不足以构成不正当竞争行为。

4.2.5.2 广告弹出类案例

➢ Washingtonpost. Newsweek Interactive Co. v. The Gator Corporation❶

2002年，多个出版公司起诉被告 Gator Corportaion 公司侵权其版权、商标权及不正当竞争，原因在于被告在多个原告的网站上在未经原告许可的情况下，当用户访问原告的网站时自动弹出被告的广告。被告 Gator 公司开发了一款名为“Gator”的软件，该软件的功能类似于一个数字钱包，保存用户的密码、身份信息等数据，同时该软件绑定了另一款程序“Offer Companion”，一旦用户安装了 Gator 软件就同时自动安装“Offer Companion”。当用户访问其他网站时，被告的未经许可的广告就会弹出在该网站界面，并遮挡住网站的部分内容。原告起诉被告侵犯了其版权法上的公开展示权，原因在于被告的行为改变了原告在网站的外观，遮挡了其部分内容。一审法院通过诉前禁令的方式禁止被告的弹出广告行为，之后原被告达成了和解。

➢ U-Haul Int'l Inc. v. WhenU. com, Inc.❷

本案中，原告声称被告的 SaveNow 广告弹出软件构成了版权、商标权侵权及反不正当竞争。被告的 SaveNow 软件和其他的软件捆绑在一起销售，该软件通过关键词算法来扫描用户的网页浏览行为进而决定哪些词汇、网站及内容和该软件自己存储的数据库中的数据相匹配。当用户浏览 U-Haul 网页时，SaveNow 软件将用户的网页浏览行为和自身数据中的广告匹配成功后，该软件会将存储在自己数据库中的客户广告进行弹出，该广告在其他窗口之上弹出一个独立的“WhenU”窗口以显示该广告。

法院在本案中驳回了原告的全部诉讼请求。对于版权部分，法院没有支持原告关于被告侵犯了其作品展示权和演绎权的主张。法院认为是用户而不是 SaveNow 软件选择了访问 U-Haul 网站。同时 SaveNow 广告窗口并没有改变 U-Haul 的网站页面，而且该广告是独立窗口并没有和原告的网站页面有直接的

---

❶ Washingtonpost. Newsweek Interactive Co. v. The Gator Corporation, Civil Action 02-909-A (E. D. Va. June 25, 2002).

❷ 2003 WL 22071556 (E. D. Va. 2003).

物理联系。对于演绎权的主张，法院认为原告主张的被告的 SaveNow 软件通过检索原告的网站从而将其广告展示在原告的网站上没有侵犯原告的演绎权。被告的 WhenU 窗口和原告的网站是两个相分离的部分，而不是一个整体的作品，在一个用户网站上显示的弹出广告是临时性的弹出，在其他用户界面上弹出的广告不相同，不具有可复制性。

➢ Wells Fargo & Co. v. WhenU. com，Inc.[1]

本案的案件事实与上个案例类似，法院否定了原告的临时禁令的申请，认为原告没有能够证明被告具有版权侵权或商标权侵权的可能性。法院认为原告如果认为被告侵犯了其网页的演绎权，必须证明被告的弹窗广告与原告的网页构成了一个新作品并改变了原有的网页。但是，被告的弹窗广告在用户选择关闭或最小化以后并没有改变原有网页的展现方式，因此不构成对原告网页作品演绎权的侵犯。除此之外，在 1-800 Contracts v. WhenU. com 案中，法院也基于类似的案件事实作出了同样的判决，认为弹窗广告并没有改变原告的网页内容，不能满足固定性的要求即这些广告在用户点击关闭后也就不能再显示在该网页上，因此不能构成侵犯演绎权。

4.2.6 电子书类案例

➢ Smith v. Barnesandnoble. com[2]

原告 Smith 是一本书的版权人，其授权电子书销售商 Smashwords 公司进行书籍的在线销售。被告与 Smashwords 公司通过合同约定被告在线销售该书时可以免费向读者提供书籍 5%的内容作为试读。被告将这些内容存储在其云端的“电子锁”系统中，并向用户提供。一年之后，原告终止了与 Smashwords 公司的合作，并要求被告删除该书籍的在线销售。Smashwords 公司在之后删除了该书籍，但是在被告的电子锁系统中该书籍依然存在。之后读者通过该账户下载了该书的部分内容，原告故起诉被告侵犯其书籍的合法版权。法院否决了原告关于被告直接侵权的诉讼请求。法院认为用户在下载书籍时被告是有获得合法授权的，之后授权过期，用户的再次下载行为是根据被告的“电子锁”系统自动回应的结果，并非被告根据用户的请求进行复制的直接侵权行为。

要求网络服务提供者为用户的版权侵权行为承担严格责任过于严苛，法官逐渐认识到网络服务提供者所扮演的角色和传统出版商的角色是不同的，但也

---

[1] 293 F. Supp. 2d 734（E. D. Mich. 2003）.

[2] Smith v. Barnesandnoble. com，LLC，2015 U. S. Dist. Lexis（S. D. N. Y. Nov. 2，2015）.

不能完全豁免网络服务提供者所应承担的版权责任，因为前者所提供的网络服务确有可能影响版权人的利益，而且版权法从来都不是只针对直接侵权行为的，正如美国法官波斯纳在 Aimster 案中所说，“认识到版权人起诉大量直接侵权人的不实际以及徒劳后果，法律允许版权人通过起诉帮助者、教唆者等间接侵权人作为替代手段，正如故意干扰合同，即引诱违约之情形，如果第三人的行为可以有效防止违约行为的发生，那么在法律上建立这样的机制，即在要求直接违反合同的人承担责任的同时，也要求第三人为违反合同承担责任，就是有道理的。”❶ 因此，版权人和网络服务提供者之间的利益冲突和平衡就集中到了网络服务提供者在何种情况下应当承担相应的版权间接侵权责任，同时还要区分不同种类的间接侵权责任之间的关系。

与直接侵权规则相对应的是间接侵权规则的出现始于美国司法的索尼案，这之后的几十年中，间接侵权规则的不断演变，对美国的司法界乃至产业发展产生了深远的影响。美国国会众议院在 1984 年的《半导体芯片保护法》中明确指出：“该法中有关帮助侵权的规定并不是来自美国的《版权法》，而是来自 SONY 案。”❷ 可见，美国的判例法在美国司法界的地位，其影响也是深远的。下面就对美国版权间接侵权发展过程中的重要案例进行分析和梳理。

➢ Parker v. Google❸

Parker 在 USENET 上发表了文章，该网页被 Google 制成了“快照”。Parker 认为 Google 未经许可自动存档其发表于 USENET 的内容复制了其作品，构成替代侵权，因为它有助于用户通过 Google 未经授权对其版权作品进行分发和复制，而且 Google 有权利和能力来监督或控制这种用户活动，并以广告收入和商誉的形式获得巨额财务收益。地区法院驳回了上述观点，认为：原告不能举出任何特定作品受到了侵害，也不能举出一些 Google 可能有权利和能力监测的特定第三方行为；其次，指控 Google 的广告收益跟 Google 用户数量有直接关联对认定谷歌构成替代责任而言并不充分，因为并不能断言涉案侵权行为和用户数量之间有任何实际关系以及涉案侵权行为为 Google 带来明显且直接的财务利益。上诉法院确认了地区法院的观点。

---

❶ In re Aimster, 334 F. 3d 643 (7th Cir. 2003).

❷ House Report No. 781, 98th C.

❸ Parker v. Google. 2007 U. S. APP. LEXIS 16370 (3d Cir. July 10, 2007).

➢ Intellectual Reserve, Inc. v. Utah Lighthouse Ministry, Inc.❶

原告是《教堂手册指南》一书的版权人，被告在未经原告许可的情况下，将该书的链接发布到网站上并提供了三个链接。原告主张被告的行为构成了版权的引诱侵权和共同侵权。法院认为被告的行为不构成引诱侵权，原因是被告与其他可以显示该作品的网站没有任何的直接关系，同时被告也没有诱导其他网站对该书籍的电子版进行链接。但是，法院认为被告的行为构成了共同侵权。❷ 首先，被告的行为对直接侵权行为有直接的关系，因为其行为对侵权的发生有积极的鼓励。其次，当用户无法通过链接下载该作品时，被告通过邮件的形式进行用户指导其下载，说明其存在主观的明知和应知的故意。因此，法院认为被告的行为构成共同侵权。❸

➢ Pearson Education, Inc. v. Ishayev❹

原告出版了教科书和其解答手册。被告未经原告许可出售该书籍，并通过电子邮件的形式给购买者发送链接，使其可以下载概述书籍和解答手册。原告起诉被告版权侵权。法院认为被告的第一个行为是直接侵权行为，但是第二个通过邮件发送链接的行为不构成侵权。链接本身好比为司机提供了行驶导航，而链接本身并没有包含实质性的侵权内容，因此不能认定其侵犯了权利人的版权。

4.2.7 其他数字内容产业相关案例

4.2.7.1 链接侵权类案例

➢ Perfect 10, Inc. v. Cybernet Ventures, Inc.❺

被告 Cybernet 运营一家网站，该网站上有“年龄验证”工具，在核验用户的年龄之后可以向其订阅用户免费提供仅供成人观看的照片。订阅用户的订阅费费用直接归入被告的账户。在被告的网站中，还有一些从属的小网站，通过点击相应的链接可以跳转。被告对其自身网页上提供的照片和其从属的小网

---

❶ 53 U. S. P. Q. 2d 1425 (D. Utah 1999).

❷ The court noted that “liability for contributory infringement is imposed when ‘one who, with knowledge of the infringing activity, induces, causes or materially contributes to the infringing conduct of another.’” 法院认为在认定共同侵权时需要证明行为人知道侵权行为，并引起或对侵权行为提供了实质性的帮助。

❸ Intellectual Reserve at 1428.

❹ 963 F. Supp. 2d 239 (S. D. N. Y. 2013).

❺ Perfect 10 v. Cybernet Ventures, inc. 213 F. Supp. 2d 1146 (C. D. Cal. 2002).

站上的照片都具有选择和控制的能力。原告 Perfect10 对被告网站上提供的许多照片享有合法版权，因此起诉被告版权侵权。法院认为被告有理由知道侵权行为的发生，因为在过去四年间被告收到美国互联网版权保护协会大约 2000 封的邮件告知其网站上存在侵权内容。此外，被告在每次同意新的小网站加入其系统时，都会对这些小网站上的内容进行审查，由此法院推定被告对侵权行为的发生有明知。对于第二个构成帮助侵权的要素，法院认为被告对其从属的小网站上的内容提供技术和内容建议，并针对不同的用户推荐不同的观看内容。综上，法院认为被告的行为构成帮助侵权。

➢ Bernstein v. J. C. Penney，Inc.❶

1998 年 9 月，加州法院否决了原告 Bernstein 关于著作权侵权的起诉。原告 Bernstein 是一个专业的摄影师，其摄影的照片在多家被告的网站上展示，尤其是在被告 J. C. Penny 的网站上至少有六个链接直接展示原告的摄影作品而其中的五幅作品都没有获得原告的许可。被告认为如果法院制止了这种设链行为，会极大地妨碍互联网上信息的传播和交流，主要有三点理由，加州法院否决了原告的诉讼请求。

➢ Kelly v. Arriba Soft Corp.❷

美国司法实践最初认为聚合链接构成直接侵权，其代表性判例为 2002 年的 Kelly v. Arriba Soft Corp. 案。该案被告为网络图片搜索引擎，其搜索结果以缩略图形式展现给用户，当用户点击某个缩略图的时候，其中的嵌入链接就会指示浏览器从第三方网络地址打开原图，但是原图仍然嵌入在被告网站的背景中呈现，并不会跳转到第三方网站界面；原告发现自己的图片未经许可出现在被告搜索结果里，其嵌入链接指向原告本人网站和第三方网站，于是原告提起版权诉讼。

该案二审法院部分维持了一审法院的判决，认定搜索引擎提供的缩略图构成合理使用，但同时认定指向原图的嵌入链接构成直接侵犯图片的展览权。法院指出，嵌入链接虽然没有复制原图，而是从其他网站导入原图，但原图的呈现方式完全被搜索引擎网站的文字和广告所围绕，与该网站融为一体，所以用户基本无法感知原图实际存储于第三方网站。这些论述可以被看作用户感知标准和实质呈现标准等直接侵权理论的前身。

然而在该判决公开后不久，二审法院又神秘地撤回了原判决，在随后重新

---

❶ 50 U. S. P. Q. 2d 1063（C. D. Cal. 1998）.

❷ No. 00-55521（9th Cir. Feb. 6，2002）.

发布的判决版本中，法院以当事人对嵌入链接问题没有直接提出争议为由，完全删除了有关嵌入链接直接侵犯展览权的论述。

➢ Batesville Services，Inc. v. Funeral Depot，Inc.❶

原告是一家销售盒子的公司，并且其拥有对这些盒子的照片的版权。被告是一家获得原告许可的代理商，销售原告的盒子。在被告自己的网站上，其展示原告的盒子的照片，之后被告在其网站上删除了这些侵权照片。但是其与第三方 Veterans Society 达成协议，被告支付给其一定的费用，其可以将这些盒子的缩略版、低分辨率的图片在第三方 Veterans Society 的网站上显示。当用户点击该图片时，可以直接跳转到原图，并链接到被告的网站上。原告主张之前的图片和之后改动后的图片都侵犯了其版权。之后法院否决了原告关于被告提供的链接侵权的主张，认为链接本身并不能导致版权侵权。

➢ Perfect 10 v. Google，Inc.❷

2006 年的 Perfect 10 v. Google，Inc. 案彻底改变了美国聚合链接案件的方向。该案中被告的网络图片搜索引擎与前案被告类似，但当用户点击缩略图之后，原图通过加框链接方式来呈现（而不是嵌入链接）。原告要求法院发布临时禁令，禁止被告提供原告图片的缩略图和链接第三方网站上的侵权图片。一审法院认为，判断链接是否构成直接侵犯展览权和发行权有两种不同标准：一个是“服务器标准”（server test），只有存储和上载侵权文件的网站才构成直接侵权，而提供聚合链接的网站不构成直接侵权；另一个是“整合标准”（incorporation test），只要被告通过嵌入或加框链接将他人网址上的图片在视觉角度上整合到被告网页上，被告链接就构成直接侵权。

一审法院出于以下几个原因最终采用了“服务器标准”，认为（一）“服务器标准”更符合深层链接的实际技术过程。用户点击链接之后，其中包含的 HTML 指令便将被链接文件的网址提供给浏览器，然后浏览器与网址所指向的文件所在服务器建立双向交流，直接将文件下载到用户终端；虽然该文件打开在被告网页的背景下，文件的传输过程完全没有经过被告控制的设备。所以深层链接仅向用户传播了被链接文件的网址，而没有传播文件本身。（二）根据服务器标准认定深层链接不构成直接侵权，并不意味着链接者不可能承担任何制止侵权的责任。在被告明知或应知文件侵权却仍然提供链接的情况下，原告可以追究其帮助侵权等间接责任。（三）服务器标准更符合网络技术互联互

❶ 2004 Copyr. L. Dec. ¶ 28，901（S. D. Ind. 2004）.

❷ Perfect 10 v. Google，Inc.，（416 F. Supp. 2d，2006）.（C. D. Cal. 2006）.

通的属性，互联网最大的优点之一，就是使从多渠道收集并同时呈现各种内容成为可能。(四) 原告提起诉讼的根本原因就是第三方网站未经授权上载文件的直接侵权行为。(五) 通过认定信息存储和上载构成直接侵权但信息检索不构成服务器标准能够更有效地维护作品创作与传播之间的平衡。

➢ Luvdarts v. AT&T Mobility[1]

原告 Luvdart 公司及 Davis-Reuss 公司是设计并且提供移动多媒体信息服务（Mobile multimedia messaging，MMS）的内容提供商，主营业务是贩售 MMS 电子贺卡。消费者下载贺卡时，原告通常会提示该卡限于一次性分享，但未设置防止进一步使用的技术措施。使消费者无视原告的限制条款而进行无数次分享。被告 AT&T 公司是无线网络运营商，原告联系被告 AT&T 公司要求被告因采取措施阻止用户使用其网络进行侵权下载但未收到回复，遂诉至法院要求被告承担帮助侵权和替代侵权责任。

法院驳回了原告的诉求，主张被告作为无线运营商对设备之间共享移动多媒体消息（MMS）内容不承担替代责任，因为原告没有证明被告有权利或能力过滤其用户在无线网络上传输的内容。上诉法院确认了初审法院的判决指出，原告承认被告无法监督使用其网络进行的侵犯版权之行为。原告 s 只是声称运营商能够建立一个监督侵权行为的系统，使其有权利和能力进行监督。但法院指出在帮助侵权责任下，运营商如果不建立数字权利管理系统可能会被认定为推动了侵权行为，但是在替代责任下，原告不能因被告可能有能力建立一个监控系统而因此就推断出该系统对于预防侵权行为的发生具有积极的效果。

➢ Ticketmaster v. Tickets. com[2]

原告是一家经营网上售票的网站，其页面上包含赛事活动的时间、地点、价格等信息目录。被告 Tickets. com 也是一家类似的网站，经营售票业务。在被告的网站上通过深层链接的方式提供了原告网站的链接，用户可以在这个链接上直接购买各类活动的门票。原告指控被告因为模仿了其网页中的设计页面等内容而构成版权侵权。法院支持了原告的诉讼请求，原因在于被告的模仿行为使得原告的流量流失。之后，上述法院否决了上述决定，认为被告的行为没有侵权原告的版权。原因在于在原告的网页在用户点击被告网页链接调取时只是短暂出现 10~15 秒，之后用户就被明确告知“您购买的票来自另一家网上

[1] Luvdarts LLC v. AT&T Mobility. LLC 2011 U. S. Dist. LEXIS 28369 (C. D. Cal. Mar. 17, 2011), affd. 710 F. 3d 1068 (9th Cir. 2013).

[2] Ticketmaster Corp. v. Tickets. com Inc., 54 U. S. P. Q. 2d 1344, 1345 (C. D. Cal. 2000).

售票公司”，因此，这种链接行为不构成版权侵权，而可以构成版权法上的合理使用。❶

➢ Justin Goldman v. Breitbart News Network, LLC, et al.❷

2018年2月，纽约南区地方法院在本案中，对“服务器标准”的适用提出了质疑。本案中，原告将自己拍摄的照片上传至自己的Snapchat账户中，之后照片被多个用户上传至Twitter社交网络。被告是多家新闻媒体，他们通过在各自的新闻网上通过“内嵌”（Embedding）的方式将照片和相关的文章予以公开报道，原告起诉其构成对美国法上“公开展示权”的侵犯。本案的法官明确拒绝适用“服务器标准”用以判断是否构成侵权。

法院认为，随着计算机科学技术的不断发展，应对原有“版权法”规定的侵权途径进行扩大解释。首先，应当先从技术方面明确被告是通过何种途径在自己的文章中展示原告的照片。被告网站没有复制照片到自己的服务器上。他们运用了一项称为“嵌入”的技术使原告的照片在其文章中可见。法院认为，这里的“嵌入”是指编码员有意地在HTML指令中添加一个“嵌入代码”。此代码将浏览器指向第三方服务器以检索图像。其次，嵌入的图像将超链接链接到第三方网站。其结果是：一个混合了文字和图像的完整的网页，但底层图像可能存储在不同的位置。本案中，毫无争议的是，被告网站实际上并没有从Twitter上下载照片，将其复制并存储在自己的服务器上。相反，每个被告网站仅通过在其HTML指令中输入必要的嵌入代码来嵌入照片，用户无须点击超链接或缩略图即可查看照片。法院认为，根据《版权法》和对相关实践案例的分析总结，原告对该照片享有版权，被告的行为属于侵犯其展示权的行为。

4.2.7.2 网页浏览类案例

网页浏览是互联网用户最常见的行为，它可以为我们形象地提供对用户想要获知内容的解释，便于人们更好地理解和掌握相关内容，从而降低了传统知识的获取难度。互联网媒介中电子传输是信息传递的范例。困难主要来自以下事实：与在传统媒体的情况下不同，在互联网上阅读或使用受版权保护的作品通常需要对作品进行“复制”（至少在MAI案例及其衍生条款的逻辑和根据

---

❶ Ticketmaster Corp. v. Tickets. com, Inc., 2003 U. S. Dist. LEXIS 6483 (C. D. Cal. Mar. 7, 2003).

❷ Justin Goldman v. Breitbart News Network, LLC, ect, 2018 CV 3144 KBF (S. D. N. Y. Feb. 15, 2018).

WIPO版权条约），并且可能还需要分发，传输和访问作品。因此，尽管“阅读”和“使用”不属于版权所有人的专有权，但是复制、分发和（根据WIPO条约）传输和访问是属于版权所有人的专有权。在后一种行为必然伴随在互联网上浏览作品时，这种浏览在技术上可能侵犯版权持有者的多项权利。

美国法在Intellectual Reserve, Inc. v. Utah Lighthouse Ministry, Inc. 一案[1]中认为，浏览受版权保护作品的未授权副本的行为构成侵犯版权，因为该项浏览行为导致在计算机的随机存取存储器（RAM）中对作品进行副本的复制。具体来说，法院援引MAI的裁决说：“当某人浏览某网站，并显示‘受版权保护的材料’时，在计算机的随机存取存储器（RAM）中复制‘受版权保护的材料’，以允许观看该材料。在制作副本的过程中，即使是临时副本，浏览的人也侵犯版权。”

此外，浏览可能牵涉公开展示、公开表演的权利。例如，美国国家基础设施计划（NII）的白皮书[2]认为，浏览互联网上作品的副本至少是公开显示所浏览作品的一部分。此外，至少公众在浏览受版权保护的作品过程中所进行的同步下载，例如美国在线（AOL）等商业在线服务，可能构成对公共表演权的侵犯。正如上文第二部分所述，传送展示和表演的潜在接受者在地理上和/或时间上是分散的，并不能在任何给定情况下阻止单个接收者创造一个公共的展示和表演。

在很多情况下，版权所有者上传材料到互联网的目的和期望是自己的材料被浏览。浏览此类材料无疑将被视为获得了来自版权所有者的隐含许可或者是合理使用行为。例如，在Religious Technology Center v. Netcom On-Line Communication Services[3] 一案中法院指出，许多数字浏览可能是合理使用或无害侵权（innocent infringement）：

没有用作商业或谋利的数字浏览行为，可能是一个合理的使用；几乎没有市场允许将数字作品临时复制到计算机屏幕上以允许浏览。除非这种使用是商业性的，例如某人在线阅读受版权保护的作品，并决定不向版权所有者购买副本，合理使用也是类似的。或许直到在线阅读版权作品变得像阅读平装书一样容易和方便，版权所有者对于数字浏览并没有太多的恐惧，而且市场效应尚未形成。

---

[1] 53 U. S. P. Q. 2d 1425 (D. Utah 1999).

[2] NII White Paper at 45.

[3] 907 F. Supp. 1361 (N. D. Cal. 1995).

此外，除非用户有理由知道，例如从消息的标题、消息包含受版权保护的材料，否则浏览器都将受到无害侵权原则的保护，这允许法院在适当的情况下判决损害赔偿。在任何情况下，用户都不必担心直接侵权被发现：从实际情形来看，版权所有者似乎不太可能证明这种侵权或想要起诉这样的个人。

尽管 Netcom 一案的法院在遵守美国版权法上是正确的，但是浏览引起了重要的版权问题，不能仅仅因为诸如合理使用，默示许可或无害侵权等理论就将问题完全解决。第一，互联网活动本质上是全球性的，美国以外的国家可能不会像美国法院那样采用合理使用和默示许可证等防御性条款。最好的结果是，不同国家的不同规则将造成不确定性和在不同国家产生不一致结果的可能性。第二，正如下面在关于缓存的讨论中所详细阐述的，版权所有者可以开始对他们的作品设置其使用范围的通知。此类通知可能会限制以不合理或者不清楚的方式使用版权所有者的作品，而合理使用或暗示许可证原则的适用在面对此类通知时可能变得更加不确定。第三，浏览，类似于在传统媒体中的阅读，潜在地构成对许多版权的直接侵犯的事实，代表了购买者和用户的权利和版权所有者的利益之间的平衡的重大转变。政策和技术的冲突可能是网络空间中的一个定义问题。认为阅读数字文本造成了一个潜在的版权侵犯行为需要政策的转变。即使是不受欢迎的，这种转变也应该发生，因为一个明确的政策选择，而不是因为新的科技在技术上原创性地建立了世界上的复印机，录像机等概念。[1] 除非考虑实施 WIPO 条约的立法，否则美国版权法（以及其他国家的版权法）中可能不会明确规定此类政策转变及其细节。

在网络浏览类案件中，我们先来分析第一类缓存类案件。缓存在当前的技术下，实际上是在当下的互联网上无所不在的一项活动。缓存，通常当涉及存储来自源的整个站点或其他完整的材料集合时称为“镜像”（mirroring），意味着存储来自原始源站点（如网页）的材料副本，用于日后再次请求访问相同的材料，从而避免了返回到材料的原始源站点的烦琐。缓存的目的是加快重复访问数据的速度并减少由于重复下载数据而导致的网络拥堵。高速缓存的资料通常存储在地理上更接近用户的位置处，或者存储在更强大的计算机上或者是到达最终用户的更少拥堵的数据路径上。缓存的信息通常是临时存储，但是存储的时间可以从几秒到几天，几周或更长。缓存可以分为以下类型：本地缓存（Local Caching）和代理缓存（Proxy Caching:）两种类型。本地缓存通常发生在最终用户的计算机上，可能是在 RAM 中，在硬盘上，或两者的某种组合。

---

[1] R. Nimmer, Information Law ¶ 4.08 [1], at 4-30 (2001).

例如，大多数浏览器将最近访问的网页存储在 RAM 或硬盘中。当用户点击“返回”键时，浏览器通常会从缓存中检索上一页，而不是从原始网站重新下载该页。这种从高速缓存中检索原创网页要快得多，并且避免了额外下载对网络造成的负担。而代理缓存发生在服务器上，而不是发生在最终用户的计算机上。具体来说，代理缓存是将来自原始源的素材的副本存储在除原始服务器之外的服务器上。例如，诸如 AOL 的 OSP 可以在其自己的服务器上存储先前已由 AOL 用户在一段时间内请求访问过的网页。这样当另一用户请求先前存储的网页时，AOL 可以从其自己的服务器下载该页面，而不是从原始源服务器获取该页面。

在网上使用高速缓存至少有三个原因：克服传输带宽限制，平衡提供网页（如通过搜索引擎）或通过多个源分发高需求内容，以及保存存档版本的网页用于在网站被删除或暂时宕机的情况下使用。缓存在许多方面面临着困难的版权问题。因为缓存涉及拷贝的制作，它提出了一个明显的潜在侵犯复制权的问题。此外，代理缓存可能导致侵犯公共分发，公开展示，公开演出和数字演出的权利，因为版权作品的副本可以进一步从缓存服务器向公众分发、表演和展示。

从法律角度来看，因为高速缓存在从互联网向用户获得信息方面具有明显的技术好处，可能会有人假设在互联网上传信息并且希望这样的信息尽可能快地到达最终用户的版权所有者将不会有动机去强调其版权以对抗缓存。在法律术语中，人们可能会认为缓存将属于合理使用或默示许可证原则。然而，法律分析是复杂的，因为缓存会给版权所有者带来诸多的潜在不利[1]：一是导致版本控制的丧失。缓存干扰网站运营商控制将什么版本的信息传送给最终用户的能力。[2] 例如，网站可能已大幅改进，但来自网站旧版本的材料可能驻留在最终用户的 OSP 的代理服务器上。因此，许多最终用户可能看不到网站所有者希望向公众呈现的改进版本。更严重的是，假设网站所有者被告知其网站包含侵权或诽谤内容。为避免责任，网站所有者可能会及时删除此类材料，但可能继续通过旧的缓存版本分发，从而产生潜在的持续责任。二是过期信息的处理。许多网站可能包含时间敏感信息，例如股票报价或体育分数。如果从高速缓存而不是原始站点获得信息，并且高速缓存最近未被刷新，则用户可以获得

---

[1] 在 PR & Marketing News1997 年的一次统计中，82% 的受访者认为网站或者在线服务提供商的缓存不构成侵权。Interactive PR & Marketing News，Vol. 4，No. 28（Aug. 8，1997），at 1.

[2] Eric Schlachter，“Caching on the Internet，” Cyberspace Lawyer，Oct. 1996，at 2，3.

过时的信息或不再准确的信息。由于大多数缓存对于用户是“不可见”的事实，这个问题更加严重。在许多情况下，用户将不会知道正在呈现的信息是否是缓存的信息，缓存何时刷新，或者缓存版本中包含的信息是否与原始站点上的信息相比已经过期。因此，用户可能在不知不觉中依赖于不准确的信息造成自身的损害。三是干扰定时信息（Interference with timed information）：与过期信息的问题密切相关的是干扰定时信息的问题。例如，网站所有者可以与广告商签订合同，以在特定时间窗口（如 7：00am 至 8：00 pm）显示广告横幅。如果来自该站点的页面在下午 7：30 被下载到高速缓存中，数小时未经刷新，用户看到此广告的时间将远远超过广告客户付费的一小时，并且可能根本看不到另一个广告客户在下一个时间窗口付费的广告。四是网页展示次数和其他信息的不准确。许多网站跟踪“网页展示次数”，即网站向用户展示网页的次数。网页展示次数通常用于衡量广告费用，即网站向用户展示的网页次数越多，网站对放置在网站上的广告收取的费用就越多。访问缓存版本的网页可能不会被计入原始网站的网页展示次数，原始网站所有者也无从得知从缓存中查看了给定网页的频率。[1] 因此，网页展示次数的减少会损害网站所有者广告收入。此外，许多站点保留“服务器日志”，记录该站点的用户活动，从中可以收集有价值的信息。而访问缓存信息将生成代理服务器日志中的条目，而不是原始站点。五是导致访问限制的丧失。缓存也可能导致对站点上的信息访问失去控制。例如，假设网站所有者希望通过使用密码来限制某个用户对该网站上材料的访问。某一用户输入密码访问到该信息材料，并且将信息下载到代理服务器，然后其他未经授权的用户可能能够访问它。

➢ Religious Technology Center v. Netcom On-Line Communication Services[2]

DMCA 在规定的情况下为网络服务提供商创建了缓存的安全港。即使根据 DMCA 所要求的条件不符合利用安全港的要求，缓存受版权保护材料的人仍然可以通过合理使用或默认许可证原则来证明其行为的正当性。由于缓存的潜在危害，所以将合理使用和默认许可证原则应用于缓存是不确定的。

在 Netcom 一案中，原告认为 Netcom 应对其服务器上作为向其订阅者提供 Usenet 新闻组服务的一部分的涉嫌侵权的“镜像”（mirrored）材料负责。法

---

[1] David G. Post, “Bargaining in the Shadow of the Code: File Caching, Copyright, and Contracts Evolving in Cyberspace,” at 7 (paper presented at the University of Dayton School of Law Symposium on “Copyright Owners' Rights and Users' Privileges on the Internet,” Nov. 1-2, 1996; copy on file with the author).

[2] 907 F. Supp. 1361 (N. D. Cal. 1995)..

院从下列几个方面进行考量：使用的目的和性质。第一个法定的公平使用因素着眼于使用的目的和特征，包括这种使用是商业性还是出于非营利性的教育目的。代理缓存通常在向最终用户提供商业服务的情况下进行，因此可能是用于商业目的。然而，Netcom 一案的法院却指出，Netcom 使用受版权保护的资料作为其 Usenet 服务的一部分，“尽管是商业性质的，但也使公众受益于互联网的运作和其他创造性作品的传播，这是版权法（Copyright Act）的一个目标。”在许多情况下，OSP 的特定形式的缓存是否具有与版权所有者对其材料的使用相比“完全不同的功能”，并不完全清楚。例如，材料可以从源网站缓存并且由用户从代理服务器以从原始站点完全相同的方式访问。版权持有人可以使用这一事实来区分 Netcom 一案的法院对公平使用第一个法定因素的判决。

首先是版权作品的性质的判断。合理使用权对于虚拟或者未出版的作品通常有比实际或已出版的作品有着更加宽泛的解释。虽然互联网上提供的所有材料都已出版，但这种材料的本质却大不相同。因此，某一个缓存的作品是实际存在的，还是虚构的，抑或是介于两者之间的，都将根据情况的变化而变化，并且第二法定因素并不一定能够对任何特定缓存案件的应用做出预测。在 Netcom 一案中，法院裁定，所讨论的作品的确切性质对于是否构成合理使用并不重要，因为“Netcom 使用涉案作品只是为了方便他们发布到 Usenet，这是一个完全不同于原告的目的使用。”然而，正如在讨论关于合理使用第一法定因素时所指出的那样，在特定的缓存情况下可能并不是这样。因此，很难将第二法定因素应用于特定情况下的缓存。

其次是使用部分的数量。缓存通常涉及复制整个网页的副本，进而包含完整的版权作品，因此在许多情况下，受版权保护作品的全部或者大部分都将在缓存过程中被复制。一般来说，不是为了特定用途需要，不得复制任何作品。[1] 虽然复制整个作品通常不会被认为是合理使用[2]，但是有人确认为缓存本质上就要求复制所有或大部分的缓存的材料，以便获得缓存的最大效益，因此这个因素不应当成为合理使用的决定性因素。

法院指出，“仅仅复制所有作品的事实不能够决定是否构成合理使用，因为出于复制的目的，这样的复制是必不可少的。”因为 Netcom 复制原告作品不超过其作为 Usenet 服务器的必需，因此法院认为合理使用的第三个法定因素

---

[1] See, e. g., Supermarket of Homes v. San Fernando Valley Board of Realtors, 786 F. 2d 1400, 1409 (9th Cir. 1986).

[2] Sony Corp. v. Universal Studios, Inc., 464 U. S. 417, 449-50 (1984).

在 Netcom 一案中并不能否定被告的合理抗辩。参与整个作品复制的 OSP 可以依赖于这个逻辑，即鉴于缓存的性质和目的认为这样的复制是必要的。然而，这样的论证很可能受到攻击，而这取决于执行缓存的方式。OSP 仅仅在先前定义的时间段内，由用户请求的材料的缓存可以被认为是“必需的”，因为这样的材料至少具有预期将被再次访问的基础。OSP 认为这样的缓存是“必不可少的”。

最后是使用对潜在市场的影响。在分析这个因素时，法院可能会考虑“被告人所从事的无限制和广泛行为是否会对原始版权所有人的潜在市场能力造成实质性的不利影响”[1] 由于缓存在互联网上的广泛存在，法院可能会超越特定缓存实体的个别操作，并评估缓存对版权所有者的潜在总体影响。在 Netcom 案中，法院认为，根据合理使用的第四个法定因素的潜在危害，排除了 OSP 在其 Usenet 服务中张贴原告版权材料的是合理使用的裁决。原告认为，其受版权保护的宗教材料在互联网上的广泛分布，使得为了进行收费的宗教培训而使用其授权材料的群体的市场可替代性成倍增加。

总之，似乎合理使用第四个法定因素的应用将是高度事实具体（highly fact specific）的，并且可能存在对版权持有者的潜在市场造成足够危害的情况，以排除被认定为合理使用的裁决。因此，假定合理使用原则将自动保护所有形式的缓存似乎是不明智的。版权所有者对缓存的潜在危害也引起了关于默示许可（implied license）原则是否可以应用于各种情况下的缓存的不确定性。法院常常倾向于狭隘地解释默示许可。因此，法院可能不会根据版权所有者将材料上传网络供浏览的事实，分析得出涵盖对版权所有者造成明显损害使用（如缓存）的默示许可原则来。

➢ Field v. Google[2]

在 Field v. Google 一案中，原告 Field 称，通过允许互联网用户访问 Google 在缓存中存储的其受版权保护的作品的副本，Google 侵犯了其对复制和分发这些作品的专有权利。法院裁定 Google 的行为受到合理使用和默示许可原则的约束。

受到挑战的行为产生于 Google 的搜索引擎及其伴随的网页爬虫（Web crawler）——Googlebot 的情况。Googlebot 会自动连续抓取互联网，以定位和分

---

[1] Campbell v. Acuff-Rose Music, Inc., 114 S. Ct. 1164, 1177 (1994) (quoting 3 M. Nimmer & D. Nimmer, Nimmer on Copyright § 13.05 [A] [4]).

[2] 412 F. Supp. 2d 1106 (D. Nev. 2006).

析网页，并将这些网页编入 Google 的可搜索的 Web 索引。作为此过程的一部分，Google 制作并分析了 Googlebot 找到的每个网页的副本，并将这些网页的 HTML 代码存储在缓存中，以便将这些网页包含在向用户显示的搜索结果中，以及时响应用户搜索查询请求。当 Google 在其搜索结果中显示网页时，显示的第一个项目是网页的标题，如果点击，则会将用户带到该网页的在线位置。标题后面是网页上的一小段文本。在这一段文本之后，Google 通常会提供网页的完整地址。然后，在同样较小的字体中，Google 经常显示另一个标记为“缓存”的链接。点击后，“缓存”链接会将用户指向存储在 Google 系统缓存中的网页的归档副本，而不是该页面的原始网站。通过点击网页的“缓存”链接，用户可以查看该网页的快照（snapshot），呈现的正是用户最后一次访问该网站并由 Googlebot 分析的结果。

法院指出，Google 提供“缓存”链接有三个主要原因：允许查看由于传输问题或者审查变得不可访问的网页的文档副本；由于太多用户试图在特定时间访问特定内容；使用户能够进行网页比较以确定特定页面如何随着时间而改变；并使用户能够通过在页面的缓存副本上突出显示用户的搜索关键词来确定页面的相关性。

与法院的裁决特别相关的是一些广泛认可和公开的标准协议，互联网行业已经开发的哪些网站使得网站所有者可以自动地将他们的偏好传送给如谷歌一样的搜索引擎。第一种机制是在给定页面的 HTML 代码中放置元标签（meta-tags），以指示自动抓取器和机器人无论页面是否应当被索引或缓存。例如，“NOINDEX”标签代表嵌入其中的网页不应当被索引到搜索引擎中的指令，而“NOARCHIVE”标签将表示该页面不应被缓存或存档。当 Googlebot 访问某个网页时，它会在网页的 HTML 中搜索元标签，并遵守它们。

网站所有者与搜索引擎的机器人交流的第二种机制是通过在网站上放置“robots. txt”文件，其包含关于是否允许抓取网站的文本指令。如果 Googlebot 遇到带有禁止抓取的命令的 robots. txt 文件，它将不会抓取该网站，因此在 Google 搜索结果中就没有该网站的条目，也没有“缓存”链接。法院指出，自 1994 年以来互联网行业已经广泛认可 robots. txt 文件作为控制自动访问网页的标准。

Field 决定“通过将其版权作品免费提供给公众使用，并在其网站创建一个 robots. txt 文件，允许所有机器人访问和索引其网站上的所有网页，明知这样的 txt 文件会导致 Googlebot 缓存其受版权保护的作品，希望通过 Google 的标准做法制造一项针对 Google 的版权侵权索赔诉讼。”Field 在其法庭证词中表示，其故意选择在其网站上不使用 NOARCHIVE 元标签。当 Google 了解到 Field 提交（但未提供）有关侵犯版权的投诉时，Google 会及时删除链接到其网站上的所有“缓存”链接。

Field 指控 Google 直接侵犯了其版权（并未声明任何分担责任或代理责任），即 Google 在用户点击包含其受版权保护材料的网页的“缓存”链接并下载来自 Google 系统缓存的页面副本的行为。法院裁定 Google 不是直接侵权者（direct infringer），因为 Google 在用户点击“缓存”链接的自动下载过程中，并没有限制性行为。

此外，法院根据 Google 隐含许可，禁反言（estoppel）和合理使用的三项抗辩，向其授予简易判决。关于默认许可的辩护，法院认为 Field 明知行业标准机制，而通过这种机制，Field 本可以表示不希望其网站被抓取或缓存，以及知道 Google 将如何使用其在自身网站上放置的受版权保护的作品，但是 Field 通过选择不在其网站上包含不被抓取和缓存的元标签，导致 Google 的 Googlebot 将其网站归档，Field 的行为应当被合理地解释为其对 Google 抓取和归档其网站的许可。

法院还认为，Field 不得根据 Google 的行为发出版权声明。Field 在任何人侵犯其作品之前就知道 Google 涉嫌侵权行为，并知道“当其在互联网上发布时，Google 会自动允许——除非有其他指示——通过”缓存“链接访问其作品”然而，Field 仍然保持沉默，并没有表明其不愿意 Google 提供其网站的“缓存”链接，并且希望 Google 而且 Google 也确实依靠了这种沉默。因此，Google 并不知道 Field 不希望 Google 为其作品提供“缓存”链接。所以，法院认定禁反言的四个因素具备，授予 Google 关于禁反言辩护的简易判决。法院随后转向如何适用合理使用辩护的四个法定因素。关于第一个因素，目的和使用的特点，法院依靠 Kelly v. Arriba Soft 的先例发现 Google 的搜索引擎是 Field 的作品的一个变革性的使用，因为 Google 的“缓存”链接的演示没有提供 Field 原始发布的作品的全部功能。相反，“缓存”链接仅允许用户定位和访问可能不可访问的信息，并允许用户了解页面为什么响应其原始查询。允许用户更快速地查找和访问他们正在搜索的信息的目标功能并不是由原始页面提供的，同时也没有使用“缓存”链接替换原始页面的访问。法院指出，Google 在每个列表的顶部都包含一个指向原始网页的突出链接（prominent link），而“缓存”链接以较小的字体显示在较不显眼的位置，没有证据表明互联网用户通过 Google 的“缓存”链接访问包含 Field 的作品的网页，而不是直接访问这些网页。Google 作为商业企业的地位并没否定合理使用的第一个法定因素，因为没有证据表明 Google 通过任何方式使用 Field 的任何作品而从中获利。Field 的作品只是 Google 数据库中的数十亿件作品中的一小部分，当用户通过 Google 的“缓存”链接访问某个网页时，Google 未向用户展示广告或以其他方式提供商业交易。

法院认为，第二个因素，即版权作品的性质，仅仅略微支持 Field 的诉讼请求。即使假定 Field 的受版权保护的作品具有创造性（creative），法院也指出其已经在互联网上发布了这些作品，从而表明其希望将这些作品免费提供给尽可能广泛的受众。法院认定第三个因素，即使用的数量和重要性，是中性的。Google 的缓存服务的变革性和社会价值目的不能通过仅仅使用网页的一部分来有效地实现。法院裁定第四个因素，即使用对版权作品的潜在市场或价值的影响，对于合理使用的确定十分重要。法院认为，没有证据表明 Field 的作品有任何市场，Field 已将作品全部免费提供给公众，并承认其从未出售或接受任何形式的补偿。在一次重要的裁决中，法院驳回了 Field 的观点，即 Google 的缓存通过许可 Google 为包含其作品的页面提供“缓存”链接，剥夺了 Field 可以获得的收入，从而损害了 Field 的作品的市场。法院认识到这一论点的自举性质：“根据这种观点，受版权保护作品的市场总是受到作品的合理使用的损害，因为它剥夺了版权所有者通过许可证获得的收益。最高法院解释说，如果对原告作品根本没有可能的市场，第四个合理使用因素有利于被告。[1]

最后，法院指出，在判决合理使用时，法院可以考虑版权法规定的四个以外的其他因素。在这种情况下，法院认为 Google 的行为是诚实的，因为其遵守了行业标准协议，网站所有者可以用这些标准的行业协议指示搜索引擎不提供其网站的“缓存”链接。Google 还提供了一种自动化机制，可以在出现不需要的链接的情况下，从 Google 搜索结果中迅速删除“缓存”链接。而且谷歌在得知 Field 反对的时候，立即删除了 Field 网站的“缓存”链接。因此，平衡所有因素，法院作出了简要判决认可了 Google 的合理使用抗辩请求。

➢ Perfect 10 v. Google[2]

在该案中，法院认为用户端的网络浏览器的缓存构成版权法上的合理使

[1] Campbell v. Acuff-Rose Music，Inc.，510 U. S. 569，592（1994）.

[2] 416 F. Supp. 2d 828（C. D. Cal. 2006），aff'd sub nom. Perfect 10 v. Amazon. com，Inc.，508 F. 3d 1146，1169（9th Cir. 2007）.

用。原告认为，仅仅通过查看包含侵权图片的网站，Google 搜索引擎的个人用户会对其照片进行本地“缓存”复制，从而直接侵犯复制权。法院驳回了这一论点。本地浏览器缓存基本上由观看者的计算机计自动存储的观看者访问的网站和最近观看的内容。这是一个自动过程，大部分用户并不知道，由个人用户的浏览器进行的本地缓存是非商业性的和转化型的使用，并且其目的是实现减少网络延迟和最小化不必要的带宽使用，它对原创作品的潜在市场影响最小，特别是考虑到大多数用户根本无法找到自己的本地浏览器缓存，更不用说找到特定图像的特定缓存副本。本地浏览器缓存是合理使用的另一个最新判决支持是在 Field v. Google，Inc.[1] 案中，Google 自身的缓存构成合理使用，则本地浏览器缓存是合理使用的更加不应当有疑义。鉴于 Google 是一个商业实体，个人用户通常是非商业性的。而 Google 安排维护自己的缓存，而个人用户通常不知道他们的浏览器会自动缓存观看的内容。鉴于 Google 的缓存对全世界开放，个人的本地浏览器缓存只有在用户的计算机上才能访问。

上诉审时，美国联邦第九巡回上诉法院确认了这一裁决，认为即使假设这种自动复制可以构成直接侵权，在这种情况下也是合理使用的。由用户的计算机自动执行的版权功能以帮助访问互联网是变革性的使用。此外，正如地方法院所指出的，缓存的副本并没有超过协助用户上网使用的必要水平，而且旨在增强个人的计算机使用，并不是取代版权持有人对其作品的利用。在这样的自动背景下的复制，对 Perfect 10 的权利仅仅有非常小的影响，但具有相当大的公共利益。

➢ Ticketmaster L. L. C. v. RMG Technologies，Inc.[2]

在 Ticketmaster L. L. C. v. RMG Technologies，Inc. 一案中，原告 Ticketmaster 试图使被告承担直接和间接的版权责任，因为被告开发和销售的一个自动化工具，使得票务经纪人（broker）访问和快速浏览 Ticketmaster 的网站，同时购买大量的黄牛票。法院对被告给予初步禁令，裁定被告极有可能被认定对直接侵犯版权负有责任，因为在该工具的开发过程中，被告访问了原告 Ticketmaster 的网站，并从原告计算机的 RAM 中复制了其网页，法院引用 MAI v. Peak 一案，认为这项复制属于版权法的“副本”。法院发现这种未经授权的复制违反了 Ticketmaster 的网站的使用条款，即禁止使用网站的任何区域用于商业目的，并使用任何自动化设备搜索 Ticketmaster 网站。

---

[1] 412 F. Supp. 2d 1106（D. Nev. 2006）.

[2] 507 F. Supp. 2d 1096（C. D. Cal. 2007）.

法院根据 Perfect 10 v. Google 驳回了被告这种 RAM 复制应被视为合理使用的抗辩。该案的法院认为，美国联邦第九巡回上诉法院裁定只有用户所作的链接到侵权网站的自动缓存副本才被视为合理使用，因为其是非商业性，变革性的以及对原创作品的潜在市场影响最小。相比之下，在本案中，法院裁定被告不是浏览侵权网站的“无辜”第三方。相反，被告查看 Ticketmaster 网站的目的和复制行为是为了促进被告自己的商业目标，并且违反了 Ticketmaster 网站的使用条款。此外，在这种情况下，这种复制行为对原告的权利有着重大影响，因为被告的行为使得使用其开发的工具的用户也违反了 Ticketmaster 的使用条款，侵犯了原告的权利，并共同造成了对原告的损害。

法院还认定被告极有可能对共同侵权承担责任，因为它提供了一个工具，使得使用其工具的用户能够未经授权就访问和使用 Ticketmaster 网站，从网站上提供侵权的网页副本，通过被告将其开发的工具宣传为“隐身技术（stealth technology)，即允许隐藏 IP 地址，所以永远不会被 Ticketmaster 网站屏蔽，带来更多的侵权行为。

➢ Parker v. Yahoo!, Inc. [1]

在 Parker v. Yahoo!, Inc. 一案中，原告是在其网站上免费提供的几个作品的作者，起诉雅虎和微软涉嫌版权侵权，指控其搜索引擎创建和重新发布未经授权的作品的缓存副本，即当互联网用户使用被告的搜索引擎中的任一个时，搜索结果中包含用于响应用户查询的网页的缓存副本的超链接。用户可以通过超链接访问原始网站或通过在被告的计算机上托管的缓存副本来查看搜索结果。原告在他的投诉中承认，通过 robots. txt 协议提供了选择退出机制，阻止他的网站被缓存。

法院裁定，由于原告未能在其网站上使用 robots. txt 协议或向被告发送删除通知，被告在诉讼之前对缓存行为进行了默示许可的肯定辩护。从原告的默示态度和早期缺乏反对，被告可以适当地推断原告知道并鼓励搜索引擎的缓存行为。然而，法院拒绝完全驳回原告的直接侵犯版权的指控，因为被告在原告提起诉讼后仍继续展示原告的作品。法院根据若干先例判决，认为在没有对价（consideration）的情况下，非专有的默示许可可以被撤销，而启动诉讼本身可以构成对默示许可的撤销事由。同时，法院驳回了原告根据互联网用户的浏览器为了查看网站储存了所必需的文件的临时副本，而这些副本侵犯了原告的原创内容的事实，而提出的要求被告承担分担和代理版权侵权责任的诉讼请求。

---

[1] 2008 U. S. Dist. LEXIS 74512 (E. D. Pa. Sept. 26, 2008).

法院认为，原告通过在线发布作品，且没有采取要求注册者采取任何其他访问限制措施，这暗示原告授权互联网用户查看其原创内容，因此也默示许可为了查看该内容而附带的必要复制行为。即使搜索引擎的用户直接侵犯了原告的版权，法院认为原告并没有提出任何可信的指控，即被告因为该侵权行为在经济上受益于这种侵权，并且原告也没有指控任一被告知道任何第三方侵权的情况的存在。

➢ Facebook v. Power Ventures [1]

在 Facebook，Inc. v. Power Ventures，Inc. 一案中，被告经营的 Power. com，从“Facebook Connect”应用程序员界面（API）之外的 Facebook 网站收集用户信息。在用户提供其用户名和密码后，Power. com 服务使用访问信息从这些账户中刮除（scrape）用户数据。Facebook 声称被告在提取用户信息的过程中制作了 Facebook 网站的缓存副本，直接和间接地侵犯了 Facebook 的版权，而被告则提出了驳回版权声明的动议。法院否认了这项动议，裁定根据 Facebook 的指控，即被告在每次访问数据时都对 Facebook 网站制作了未经授权的缓存副本，足以支持驳回被告的动议。

4.2.7.3 数据抓取类案例

网络平台抓取网络数据以及使用或发布这些网络数据，已经成为网络常态，而这会导致未来产生大量的著作权及《数字千年版权法案》侵权索赔诉讼。目前，国内外都已经出现了一些相关案件：

➢ FatWallet 案

2002 年感恩节前，FatWallet. com 公司在其网站上发布了“黑色星期五”（感恩节后各大型零售商启动优惠活动）广告促销产品名称和价格清单，这些清单是通过网络数据抓取的方式，从不同的零售商网站上获得的。作为网络数据被抓取最多的零售商沃尔玛致信 FatWallet. com 公司，以后者违反 DMCA 为依据，要求后者从网站上撤下所抓取的网络数据。沃尔玛的代理律师还根据 DMCA 第 512（H）条发出传票，要求“寻求足以证实发布侵权材料的个人信息”。之后，由于加州大学伯克利分校布尔特·豪法学院（Boalt Hall School of Law）的法律、技术与公共政策诊所（Law，Technology & Public Policy Clinic）同意代表 FatWallet. com 公司应对沃尔玛的传票后，沃尔玛撤回了自己先前提出的要求。

---

[1] 2009 U. S. Dist. LEXIS 42367（N. D. Cal. May 11，2009）.

➢ Nautical Solutions Marketing v. Boats. com[1]

Boats. com 公司经营 Yachtworld. com 网站，游艇经销商在该网站上发布待售游艇清单。Nautical Solution Marketing 公司（以下称为“NSM”）发布了 Yachtbroker. com 网站，意在与 Boats. com 公司的 Yachtworld. com 网站竞争。Boats. com 公司认为 NSM 提供的两项服务侵犯了著作权。首先，NSM 利用一种名为 Boat Rover 的网络爬虫工具，从 Boats. com 公司名下的 Yachtworld. com 和其他网站上摘录了包括厂商、型号、长度、生产日期、价格、地点信息在内的游艇信息清单，以及带有这些游艇清单的网页地址。NSM 使用的 Boat Rover 网络蜘蛛工具先复制带有游艇清单的网页地址，然后收集游艇的数据和信息，并将这些数据和信息录入自己的检索数据库。

其次，NSM 在获得游艇经销商同意的情况下，提供“代客泊车”服务（valet service），即将这些游艇经销商在其他网站上的游艇清单进行移动、删除或者更改。在这项服务中，NSM 名下的 Yachtbroker. com 网站从 Boats. com 公司的 Yachtworld. com 网站上复制了包括游艇图片、介绍（不包括整个网页的地址）在内的内容，并以不同的格式发布在 Yachtbroker. com 网站上。尽管 NSM 名下的 Yachtbroker. com 网站发布游艇标题与 Boats. com 公司名下 Yachtworld. com 网页上的很多标题一模一样，但法院认为这些标题是游艇销售网站的标准宣传格式。

NSM 向法院提起诉讼，认为其提供的两项服务并未侵犯 Boats. com 公司的著作权，而法院也支持了 NSM 的要求。法院认为，Boats. com 公司 Yachtworld. com 网站上的游艇信息不受到著作权法的保护，NSM 使用这些游艇信息是合法的。法院还指出：游艇图片和介绍的著作权属于游艇经销商，而不是 Boats. com 公司，因此不存在侵权；被复制的标题属于游艇行业的标准信息，也不构成侵权。Boats. com 公司要求认定 NSM 名下的 Yachtbroker. com 网站抄袭了自己名下的 Yachtworld. com 网站的，但法院以两个网站明显不同为由驳回了该项要求。法院认为 NSM 名下 Yachtbroker. com 网站发布内容与 Boats. com 名下 Yachtworld. com 网站上的内容虽然一样，但格式不同，因此不构成侵权。最终，法院驳回了 Boats. com 公司的侵权诉讼。

➢ Facebook，Inc. v. Power Venture，Inc.[2]

Power 运营了一个社交网站，其网站的功能是可以让使用其他社交网站的

[1] No. 802-cv-760-T-23TGW（M. D. Fla. Apr. 2，2004）.

[2] 2009 U. S. Dist. LEXIS 42367（N. D. Cal.，May 11，2009）.

用户可登录 Power. com 并创建一个账户。Power. com 将聚合用户的社交网络信息。用户可以在一个界面上看到来自许多社交网站的所有联系人。被告的用户可以通过单一程序跟踪各种社交网络的朋友，并可以通过点击被告的主网站跳转到用户的各种社交网站。Power 访问了 Facebook 的用户数据，并发送电子邮件和其他电子信息推广 Power. com：Power 开发了软件、自动设备和程序访问和从 Facebook 获取信息。Power 用户通过同意活动邀请函的方式通过用户在 Facebook 的邮箱向用户的 Facebook 好友发送推广 Power. com 的邮件。在原告发现该行为后，向其发出了停止函，并起诉被告侵犯其版权、商标权等。

本案法院认为被告提取网站底层信息的行为侵犯了原告拥有的合法版权。网页抓取本质上是包括把网页地址复制到电脑内存，以提取底层信息。即使这种复制是暂时的，但仍然足够构成复制。由于 Facebook 的服务协议中规定禁止抓取，所以复制是不被允许的。这种未经权利人许可的复制行为属于侵犯版权的行为。

➢ Craiglist v. 3Taps[1]

本案中，Craiglist 公司以被告从其网站上收集和转发广告的行为侵犯著作权为由，起诉 3Taps 公司在内的多名被告。3Taps 公司宣传的“Craiglist API”应用程序接口，允许第三方接触 Craiglist 的大量内容信息。被告认为 Craiglist 对这些广告的编辑也不构成著作权。Craiglist 向法院表示，个人用户发布的广告具有一定的创造性和原创性，可以获得著作权保护，法院支持了 Craiglist 的观点，驳回了被告的诉讼请求。此外，法院认为 Craiglist 编辑个人用户广告并发布在自己网站上的工作具有创造性，应当受到版权法的保护。

法院认为，在 2012 年 7 月 16 日到 2013 年 8 月 8 日，Craiglist 对个人用户创作的广告拥有排他性的使用权，包括 Craiglist 有权禁止他人复制、再发布、分发或者未经允许加工这些广告，而这些个人用户发布广告时，已经知道 Craiglist 的上述权利，因此用户同意了上述条款。在此期间之外，Craiglist 的《网站使用条款》并未规定 Craiglist 有权禁止他人复制、使用、演示、分发、加工用户的广告内容，因此第三方可以使用上述广告内容。

---

[1] 942 F. Supp. 2d 962，971-72（N. D. Cal. 2013）.

➢ 大众点评诉爱帮网数据抓取案❶

爱帮网使用了大众点评网上的商户简介和用户点评部分内容，在用户点评内容上方均注有发布者昵称和“在大众点评发表”字样及链接标识。比较爱帮网和大众点评网展示的商户简介，两者内容基本相同，爱帮网展示的用户点评中，源自大众点评网的内容比例较大，且两者内容基本相同。爱帮网获得内容的方式是通过垂直搜索技术：爱帮科技公司称该公司提供的是垂直搜索服务，符合搜索服务行业的通用展示模式。

法院认为，爱帮网对大众点评网的点评内容使用，已达到了网络用户无须进入大众点评网即可获得足够信息的程度，超过了适当引用的合理限度，事实上造成爱帮网向网络用户提供的涉案点评内容对大众点评网的相应内容的市场替代，对汉涛公司的合法利益产生实质性损害。因此，爱帮科技公司的行为，客观上是有竞争目的的市场竞争行为，违背了公认的商业道德，扰乱了网络环境下的经济秩序，对市场竞争产生了损害，已构成《反不正当竞争法》所禁止的不正当竞争行为，依法应当承担停止侵害的法律责任。

➢ 百度诉 360robots 案❷

百度 robots 协议不允许 360 爬虫机器人抓取百度产品内容，360 搜索引擎违背百度 robots 协议，未经授权抓取百度网站内容并作为搜索结果向网络用户提供。为应对百度禁止 360 抓取百度网页内容的技术防御措施，360 采取反技术措施直接以网页快照方式向网络用户提供百度网站内容。百度起诉主张 360 不正当竞争要求赔偿，360 另案起诉百度不合理利用 robots 协议限制竞争。

法院判决要点：robots 协议为行业通行规则和道德标准，应当被尊重。robots 协议应当合理设置抓取规则。robots 协议产生纠纷应当遵循“协商-通知”程序处理。内容源网站未解释其 robots 协议的合理性，就不可以主张搜索引擎不正当抓取内容。网页快照仅限在内容源网站自身原因或其他客观原因导致用户无法访问的情况下使用，否则，搜索引擎直接将内容源网站网页链接替换为网页快照的行为不当。

➢ 新浪微博诉脉脉数据抓取案❸

新浪微博与脉脉签订了合作协议：规定双方通过 Open API（应用编程接

---

❶ 一审：北京市海淀区人民法院，（2010）海民初字第 24463 号；二审：北京知识产权法院，（2011）一中民终字第 7512 号。

❷ 北京市第一中级人民法院，（2013）一中民初字第 2668 号。

❸ 一审：北京市海淀区人民法院，（2015）海民（知）初字第 12602 号；二审：北京知识产权法院，（2016）京 73 民终 588 号。

口）模式，新浪微博向脉脉提供 API 接口，授权脉脉在合作期间在满足相应的条件下可以调用新浪微博平台的相关数据。新浪微博用户的职业信息和教育信息是拥有高级权限的开发者才能调取的，但是脉脉运用技术手段通过 Open API 接口抓取了上述信息。最后，脉脉用户手机通讯录中联系人在未注册脉脉账号的情况下，因为脉脉用户上传个人手机通讯录而使得该通讯录中联系人的新浪微博信息能够在脉脉用户的人脉中展现。这种对应关系是高精准以及极具个性化的。

法院认为脉脉未获得用户的再次授权，损害了消费者的利益，侵犯了用户的选择权和知情权，构成对用户数据的不当使用，违反了诚实信用原则和一般商业道德。在 Open API 的模式下，应坚持“用户授权”+“平台授权”+“用户授权”的三重授权原则。数据资源是互联网企业重要的竞争优势及商业资源，抓取他人数据资源并径行使用的行为伤害了新浪微博的竞争利益。脉脉的上述行为实质上是无正当理由地截取了新浪微博的竞争优势，节省了自身大量的经济投入，一定程度上侵害了新浪微博的商业资源，变相降低了同为竞争者的新浪微博的竞争优势，这种竞争行为已经超出了法律所保护的正当竞争行为。

4.2.8 小　结

司法实践可以最为直观地反映技术发展中遇到的新问题，也能够最为快速地做出反应，其对产业发展的影响也最为直接。美国法上的索尼案是美国版权法历史上具有标志性意义的案件，其确立的“实质性非侵权用途”作为判断产品提供者侵权责任的重要依据，对于高科技产品行业来说意义也是深远的。正是因为该规则的确立，才使得美国的高科技企业在该案判决之后的二十年中得以快速发展，而起诉高科技产品提供者应承担帮助侵权的案例并不多。产品提供者在少数的案例中在其产品只有非法用途的情况下，才被判决应承担相应的赔偿责任，例如提供非法卫星电视解码器等案例，这对于以技术发展的内容产业来说无疑起到了保驾护航的积极推动作用。但是，随着新技术的不断发展，司法判决可能对一个产业的发展起到抑制甚至是阻碍的作用。以 P2P 技术为例，美国 Napster 公司由于 Napster 案件判决书做出的禁令判决，使得 Napster 服务被迫关闭，并将公司出售。这些判决对 P2P 软件行业的发展也造成了毁灭性的打击，甚至在某种程度上对技术公司的创新活动产生了一定的负面影响。

我国的司法案例也有自身的发展特点。由于新技术引发的新的版权保护新客体例如体育赛事直播、游戏直播、新的商业模式等以及新的权利类型的出现，例如追续权、信息网络传播权等，冲击了知识产权法定主义原有的法理基础。另外，新兴商业主体和消费者在技术革命的浪潮冲击下，不再局限于一种权利类型的救济途径。在版权法之外，还会寻求反不正当竞争法、侵权责任法和合同法等多种救济。在法律条文本身无法解决新技术带来的挑战时，往往会选择不同法律中的“一般条款”作为灵丹妙药，这一点在我国的《反不正当竞争法》中体现得尤为明显。在体育赛事直播侵权类案件、聚合盗链侵权类案件、游戏直播侵权、广告屏蔽类案件中，案件的当事人在诉讼的过程中基本都会援引我国《反不正当竞争法》中的“一般条款”作为诉讼的依据。法官在司法实践中也在不断平衡各利益主体的利益，并不断学习和追赶新技术，才能更加准确地理解技术发展特征，灵活适用法律。

4.3 中美数字内容产业的版权行政执法

4.3.1 美国版权行政执法

美国版权保护机构包括登记机构和行政救济机构，主要有美国版权办公室（USCO）、国际贸易委员会（ITC）、美国海关与边境保护局（CBP）等。美国国际贸易委员会（ITC）根据《美国关税法》第337条款及相关修正案对侵犯美国知识产权的进口商品案件拥有管辖权，即通常所谓的“337调查”。美国国际贸易委员会有权主动或根据原告申请对进口贸易中侵犯注册版权的行为，进行调查并作出决定。隶属于美国国土安全部的海关与边境保护局，是美国的边境执法机构。海关与边境保护局对进口贸易中的知识产权侵权行为有权采取禁止入境、扣留、扣押、没收和罚款等法定的执法措施。版权权利人可以申请海关与边境保护局执行美国法院发布的禁止进口或扣押令。注册版权可以申请在海关与边境保护局电子备案系统备案，备案之后监控进口贸易，对于合理怀疑侵犯备案知识产权的商品采取扣留、扣押、没收，罚款等执法措施。

其中，美国版权办公室，主要负责提供行政管理和行政服务，隶属于美国国会图书馆，其职责主要包括：执行美国版权法；同时服务于国会并在国会立法过程中提供专业咨询；协助司法部进行版权保护；与商务部、美国贸易代表办公室等政府部门合作，提供版权方面的协助；负责版权自愿登记和版权交易等文件的备案；代为收取有线电视和卫星转播等法定许可费用，并转交给版权权利人；收集美国出版社依法向国会图书馆提交的赠书；从事版权方面的宣传教育活动。[1] 但是与我国版权局不同的是，美国的版权办公室主要的职能是负责进行版权登记管理和版权权利转让登记及进行立法修改建议，没有相应的版权执法功能。[2] 美国版权行政保护的最大特点在于区分国内行政保护和海外行政保护。[3]

4.3.1.1 美国海关的版权行政执法

不同于我国海关对于我国进出口货物都进行管辖，美国海关对版权的保护，一般是以进口环节为主的同时兼顾对出口环节的保护。[4] 此举是为了保护美国国内的市场免受进口侵权产品的侵害，这一规定在《美国法典》中也有所体现，条文中规定了美国海关仅对进口到美国的侵权货物可以采取相应的边境保护措施。根据 TRIPS 协议规定的知识产权边境措施的适用范围仅仅针对假冒商标和盗版货物。[5] 因此美国海关可以针对这两种侵权行为进行查处，其职权范围仅限于对涉及版权和商标权的侵权货物进口的查处，对其他类别知识产权的边境保护措施，只能由美国联邦贸易委员会（United States International Trade Commission，USITC，以下简称 ITC）启动，海关无权自己决定。鉴于本书的范围局限，在此仅研究美国的版权行政执法行为。美国法下的海关知识产权行政执法有其独特的法律系统和依据，其执法依据主要集中在《关税法》项下，具体用图 4-10 表示如下：

---

[1] 沈鑫：《美国对外贸易中的知识产权保护政策研究》，暨南大学博士论文，2012 年 5 月。

[2] 参见：维基百科词条 United States Copyright Office，网页访问时间：2017 年 12 月 19 日，网页更新时间：2017 年 11 月 16 日。

[3] 郝凤军：《论我国著作权行政保护的完善路径》，《中国版权》2016 年 6 月上，第 37 页。

[4] 参见：国家知识产权局网站：《欧盟知识产权海关保护制度的特点》，http://www.sipo.gov.

[5] 李仲周、易小准、何宁：《世界贸易组织乌拉圭回合多边贸易谈判结果法律文本》，法律出版社，2000 年版，第 344 页。

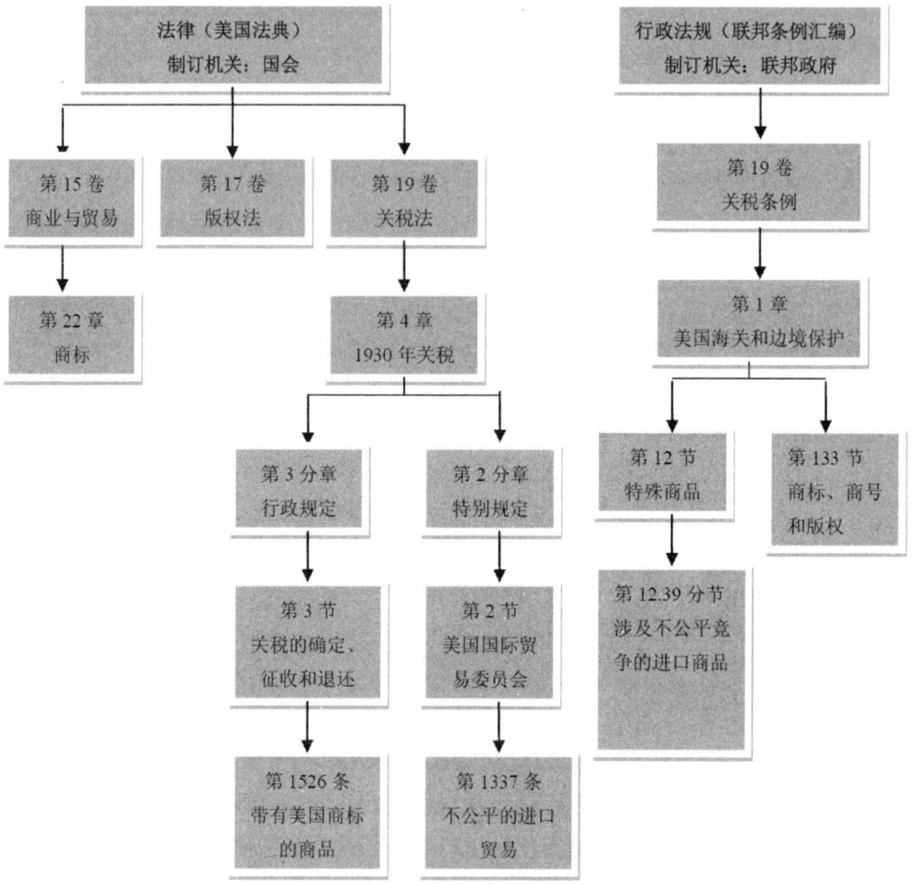

图 4-10　美国海关知识产权保护法律结构❶

《美国法典》规定，权利人要求海关保护其知识产权的，应当将有关知识产权向海关总署备案，备案申请一经核准，有效期为 20 年，可以续展。备案有效期内，海关发现进出口货物涉嫌侵犯已经备案的知识产权的，海关可以采取扣押措施。对于侵犯版权的商品，海关的保护是根据权利人的备案予以主动保护。❷ 权利人首先要向美国海关与边境保护局将自己拥有版权的作品予以登记备案，如果海关在口岸发现侵权物品后予以主动扣留，或者也可以由权利人

---

❶ 严桂珍：《美日韩海关知识产权保护研究》，同济大学报告，课题编号 GWHJ-014-201202，报告更新时间 2014 年 7 月，第 10 页。

❷ 韩虞梅、韩笑：《保护知识产权，包装绚丽多姿，保护 IP 百年铸辉煌》，《包装世界》，2005 年 8 月版。

进行举报。根据美国《关税法》第133.21条的规定，在美国版权局进行过登记的版权产品，均可以在海关备案从而获得进口保护。❶ 备案的有限期为二十年，权利人可以在届满后申请续展，如果该作品的保护期在登记备案时已经少于二十年，则登记备案的期限为版权的剩余保护期限。

美国海关对货物侵权事实的认定，采用的原则是推定为主，实质调查为辅的原则，即货物持有人不能提供足够的证据证明货物是经合法授权的，即推定为侵权。❷ 对于侵犯版权的产品，如果所有人没有对侵权事实提出异议，海关可以推定构成侵权，但如果所有人提出了异议，海关应当进行实质调查。同时，权利人有权利选择法院处理相关的侵权纠纷。❸ 如果海关发现了侵犯版权的货物进口时，可以予以没收并对货物的进口人予以罚款。如果海关认定该侵犯版权的货物达到刑事处罚的标准，除了没收货物和罚款外，还会由美国的移民与海关执法局对进口人进行刑事侦查，以追究其相应的刑事责任。

美国版权的海关保护制度而言，无论是对其保护的申请还是有关侵权行为的认定，对案件实施的处理审查都体现了简单便利的原则。权利人只要对权利申请了保护，海关即可对其实施较长时间的保护，保护期限与版权的保护期限相同。此外，美国的海关对于保护的启动程序具有较大的主动权。对于案件的调查，货物持有人如果在规定的期限内不能提供有效的权利证明，海关即可推定该货物构成侵权。❹ 美国海关较为主动的执法权限，很大程度上减轻了权利人的负担，有利于更好地保护本国的知识产权。

4.3.1.2 美国行政准司法机构对版权的保护

美国的ITC是国内独立的联邦准司法机构，对涉及与贸易有关的知识产权事务有广泛的调查权和裁定权，其中包括对侵犯知识产权产品的进口调查。❺ 调查的范围主要是进口产品本身是否侵犯了合法有效的美国权利人的版权或专利权。最为常用的调查手段是337调查。337调查主要针对的是进口到美国的侵犯美国有效的版权、专利、商标等专有权的行为。综上，ITC的主要职能包

---

❶ 杨涛：《知识产权海关保护制度研究》，华东政法大学博士论文，2009年3月。

❷ 聂毅、黄建华：《欧美知识产权海关保护制度的特点及对我们的启示》，《知识产权》，2005年第1期，第65页。

❸ 参见网站：欧美知识产权海关保护制度的特点 http://www.sipo.gov.cn/dtxx/gw/2004/200804/t20080401_352782.html，网页访问时间：2018年1月26日，网站更新时间：2004年12月28日。

❹ 杨涛：《知识产权海关保护制度研究》，华东政法大学博士论文，2009年3月。

❺ 毛克盾：《中国专利法修改的理论思考与辩证》，《湖北民族学院学报（哲学社会科学版）》，2014年第6期。

括：对国内与知识产权相关的进口调查包括采取相应的制裁措施；国内的产业及经济分析；反倾销和反补贴调查中的国内产业损害调查；保障措施调查；贸易信息服务；贸易政策支持；维护美国海关税则，其中的337调查是其主要的工作职责之一。[1]

377调查的程序主要包括调查的发起，立案，送达与应诉，取证，听证会，和解会议，初裁以及复审和仲裁。一般情况下，大都是由原告发起调查并将申请书提交至ITC，而由ITC自行发起的调查相对较少。在ITC收到申请材料后，一般要对申请材料与相关案件进行审查，以此判断是否要决定立案。在立案和调查程序启动后，随即进行的即为取证程序，在此环节中，当事人可以就与其申诉或抗辩有关的问题取证，但要求这类问题属于非秘密性问题，随后可举行听证会，并可采取和解或者初裁等程序来了解案件。最终裁决结果决定以后，ITC需要将裁决结果提交至美国总统审议。

377调查程序的执法处罚结果主要有以下几类：有限排除令，普通排除令，停止令，临时救济措施以及辅助性措施。所谓排除令，则是指排除侵权企业的产品或者侵权产品进入美国市场，其中普遍排除令的严厉程度要高于有限排除令。停止令以及临时救济措施均可算作止损措施，要求侵权方停止侵权，或ITC会在紧急情况下，为及时止损而裁定予以实行临时性救济措施。辅助性措施则是指惩罚性措施，诸如缴纳罚金，保证金或者采取扣押等措施。根据377调查的执法处罚结果可看出，一旦进口产品存有侵权行为，将面临不能再进入市场的风险和处罚，可见，美国对于知识产权的保护是非常关注的。

除ITC外，美国的贸易代表办公司（USTR）可以针对本国企业在国外遭受的不公平或不合理的进口限制等行为发起301条款的调查。其中，针对知识产权的301条款的调查也称“特别301”条款。该条款的设定专门针对美国自己认定的没有对知识产权提供充分且有效保护的国家和地区。通过301条款的运用，美国每年通过拟定重点国家、重点观察国家、一般观察国家等名单，对其贸易伙伴施加压力。

301条款可认为是一种贸易救济手段，在国外市场中，美国可以依据相关的贸易条款，享有一定的权利以促进外国对其知识产权的保护。在USTR对遭遇的不公正或者不合理的进口限制行为发起调查以后，就会采取相应的措施减

---

[1] 参见网站：美国的知识产权行政执法制度是怎样的？http://www.worldip.cn/index.php?m=content&c=index&a=show&catid=54&id=70，网页访问时间：2018年1月27日，网页更新时间：2014年12月22日。

少这种不公平、不合理的待遇，以降低对美国贸易产生的损害。“特别 301 条款”的适用一般需要经历一定的过程，首先要先拉列出“观察名单”，然后根据名单中的国家的动态，诸如是否有对知识产权的保护水平加以改善，来决定是否将其列入“重点观察名单”。被列入该名单的国家应当在一年内对本国的知识产权保护采取重大修改，否则就会被列入“重点国家”名单。一旦被列入该名单，如果不在六个月内加强对知识产权的保护，则会被采取报复措施。在这个过程中，美国会根据该国的法律、政策是否拒绝充分有效的知识产权保护，是否对美国进口产品有不利影响等标准确定重点国家。❶ 透过“特别 301 条款”的相关规定，可以看出 USTR 在知识产权保护问题中保留了一定的自主权，一般情况下，美国会按照年度更新“特别 301 报告”，报告中会列举重点国家等名单，这就表明，在此方面，美国可以按照本国的标准自由决定将某一个国家在名单中列入或者剔除。

4.3.1.3 美国国家知识产权协调中心对版权的保护

国家知识产权协调中心（NIPRCC）是美国政府的一个中心，由美国国土安全部门的美国移民和海关执法部门负责监督，协调美国政府执行知识产权法。NIPRCC 成立于 2000 年，有来自中心活动中的多个政府机构的代表。❷ NIPRCC 的设立是为了促进信息共享，调查和检察协调，为私营企业和公众提供集中的信息资源，避免重复劳动。例如，中心的执法机构分享从调查中收集到的信息，新出现的犯罪趋势和新的侵权技术会更快速被确定，并且与执法实地官员分享这些信息。该中心涉及非法复制的电影，电视和音乐等各类知识产权犯罪。此外，NIPRCC 还与美国贸易代表办公室合作，根据其他国家的版权，专利和商标等知识产权法确定对美国公司和产品的贸易壁垒，据此，其每年都有根据 1974 年《贸易法》修正的 301 条款的规定作一份报告。

4.3.1.4 美国专利商标局的执法机构

美国的专利商标局（USPTO）对知识产权的管理机构主要有两个分支，一个负责专利和商标的审查登记工作；另外一个负责专利商标的文件工作，主

❶ 吴文俊：《浅析美国贸易法“301 条款”与 WTO 争端解决机制的关系》，载于中国法学网，http://www.iolaw.org.cn/showNews.asp?id=5409，网页访问时间：2018 年 1 月 28 日。

❷ 参见：维基百科词条 National Intellectual Property Rights Coordination Center，网页访问时间：2018 年 1 月 22 日，网页更新时间：2017 年 9 月 23 日。

管有关文件分类、技术评估以及预测等。美国专利商标局政策办公室与国际事务办公室以及国家电信和信息管理局（NTIA）共同为商务部的互联网工作组（IPTF）合作工作。❶

商务部于 2010 年建立了互联网政策工作组，以确定影响美国私营部门通过互联网实现经济增长和创造就业潜力的主要公共政策和运营问题。专责小组正在对隐私政策，版权，全球信息自由流通，网络安全和互联网经济创新之间的关系进行全面审查。它主要负责国内和国际信息和通信技术政策，国际贸易，网络安全标准和最佳实践，知识产权，商业宣传。除此以外，互联网政策工作小组也主要负责全面检查版权的在线可用性以及协调保护版权与创新和网络经济之间的关系。在国际层面，工作小组中的版权与技术团队通过对国外版权以及国际版权制度进行分析并为国内的法律执行提供建议，包括协助对新的版权国际准则进行谈判。

2013 年 7 月，互联网政策小组公布了关于版权、创意、创新与数字经济绿皮书。该绿皮书呼吁公众关注重大政策问题，并致力于讨论全球版权问题。该绿皮书指出了关乎经济增长、创造就业和文化发展的版权政策问题，诸如改善千禧年数字版权法案（DMCA）的通知和删除系统的运作，政府如何促进在线授权环境的进一步发展等，同时针对这些问题向公众征求意见，互联网工作小组因此设立了一个论坛为了使多方利益攸关方就 DMCA 问题达成共识。对于促进在线授权环境的进一步发展，工作组于 2015 年 4 月召开了公共会议，以探讨政府是否能够以及如何促进版权作品在线许可环境的进一步发展，尤其是侧重于开发和使用各类作者的标准识别符，用于识别权利所有者的数据库以及系统之间的互用性与这些数据库和许可平台链接的可能门户。❷

4.3.1.5 美国司法部对版权的保护

美国司法部主要任务是保障法律的实行，通常其会通过战略的发布，要求其下属的美国联邦调查局等执法机构，与国家知识产权协调中心一起，作为调查合作伙伴，打击知识产权类犯罪。❸ 根据战略的部署要求，执法机构也会选择与企业合作，共享基本信息，通过扩大对犯罪问题的认识，获得有关犯罪趋

❶ 参见：美国专利商标局官网 https://www.uspto.gov/，网页访问时间：2018 年 1 月 29 日，网页更新时间：2018 年 1 月 23 日。

❷ 参见：国外知识产权环境报告网站 http://www.cnips.org/baogao/detail.asp?id=562，网页访问时间：2018 年 1 月 24 日。

❸ 参见：美国联邦调查局官网 https://www.fbi.gov/，网页访问时间：2018 年 1 月 22 日。

势的信息，获取有助于查明犯罪分子的调查线索，以及收集犯罪活动的证据。在保护知识产权的同时，联邦调查局会协助公司企业改进他们自己的分析工具和技术，以揭露犯罪行为。

4.3.2 中国特色版权行政执法

我国的版权保护采用行政保护与司法保护并行的双轨制模式，❶ 使得版权行政管理机关有权查处版权侵权行为，这一赋权行为具有典型的中国特色。因为即便在世界上很多国家都设有版权的行政管理机构和司法机构，但是一般版权的行政管理机构往往没有直接的执法职能，需要依赖专业的行政执法机构或者行政准司法机构。学界普遍认为版权行政保护由于具有强势且高效的特点，符合我国基本国情并对我国版权保护的完善及发展具有重要作用，可以有效维护版权人的合法权利，打击侵权盗版行为，利于我国版权法制的发展。总体来说，自 2008 年我国的《国家知识产权战略实施纲要》实施以来，我国的版权行政保护状况得以持续改善。我国各级版权行政管理部门强化日常监管，积极开展专项治理，加大版权保护工作力度。2017 年，全国各级版权行政执法部门共办理行政处罚案件 9.35 万件，收缴各类侵权盗版制品超过 5.08 亿件，移送司法机关追究刑事责任3 735件。在知识产权社会满意度调查中，版权人近五年满意度呈现上升趋势，2016 年达到 7.84 分。❷

4.3.2.1 我国版权行政执法管理机构

2018 年之前，我国的版权行政执法的管理机构主要由国家新闻出版广电总局下设的国家版权局进行管理，各地方由设立在相应的新闻出版广电管理机关进行管理。全国 31 个省市、自治区和直辖市全部设立了版权管理机构。国家版权局的管理职能主要是国务院下设的版权行政管理机构，除了承担版权管理的相关职能外，也承担着组织查处版权领域重大及涉外违法违规等行为的职能。同时，国家版权局下设了版权管理司，内置了执法监管处，承担着部署、组织全国版权行政执法与管理工作；指导和监督地方版权行政管理与执法工作；负责网络版权监管，组织查处重大及涉外侵权盗版案件；组织协调开展版权执法重大活动和打击侵权盗版专项行动；组织推进全国软件正版化工作；承办全国打击侵犯知识产权和制售假冒伪劣商品领导小组及其办公室交办的相关

---

❶ 朱一飞：《论知识产权行政执法权的配置模式》，《法学杂志》，2011 年第 4 期，第 15 页。

❷ 参见：国家版权局官网：http://www.ncac.gov.cn/chinacopyright/channels/485.html。

事项等职责。❶

从地方版权行政执法机构来看，近年来，随着我国版权行政管理的任务不断加重和版权执法重心的逐渐下移，版权行政管理机构逐渐向基层延伸，地市县的版权行政管理部门逐渐建立。❷ 特别是近年来文化综合执法改革的推进，有效改变了过去版权管理体制“高位截瘫”即地市以下基本无版权机构的状况，充实了执法力量，提高了执法效率。2018 年以前，我国各级版权管理部门不断加强对文化市场综合执法的业务指导，目的在于提升各级文化市场综合执法队伍的版权业务水平和执法能力。同时，多部门分工合作、互相配合、联合行动的版权执法机制日趋成熟。各级版权行政管理部门积极加强同新闻出版、广播电视、扫黄打非、通信管理、互联网信息管理、公安、工商、海关等部门的协作。如果涉及版权产品的进出口贸易，对外贸易管理部门商务部和海关也会依法参与版权保护。海关部门主要负责货物进出口环节的知识产权保护，尤其是版权行政保护的执法工作。❸ 逐步形成了以版权管理为平台，多部门共同参与、密切配合的打击侵权盗版工作格局，有效维护了版权市场秩序。2018 年随着国家新一轮机构改革的推进，版权行政执法工作将连同专利和商标行政执法工作整体推进，形成统一有效的国家知识产权行政执法体系。

4.3.2.2 版权行政执法现状评估

从我国目前的版权立法规定来看，版权的行政执法可以分为以下几种类型：第一种是根据我国《著作权法》第 48 条❹和《著作权行政处罚实施办法》第 2 条❺规定的行政处罚权。第二种是行政查处权。根据我国《著作权法实施条例》第 37 条❻明确了版权行政管理部门针对损害公共利益的版权侵权行为

---

❶ 李顺德：《对加强著作权行政执法的思考》，《知识产权》，2015 年第 11 期，第 25 页。

❷ 宗艳霞：《网络著作权行政法保护研究》，大连海事大学博士论文，2017 年 4 月。

❸ 秦国艳：《中美版权行政保护制度之比较》，《法制博览》，2015 年 8 月上，第 11 页。

❹ 有下列侵权行为的，应当根据情况，承担停止侵害、消除影响、赔礼道歉、赔偿损失等民事责任；同时损害公共利益的，可以由著作权行政管理部门责令停止侵权行为，没收违法所得，没收、销毁侵权复制品，并可处以罚款；情节严重的，著作权行政管理部门还可以没收主要用于制作侵权复制品的材料、工具、设备等；构成犯罪的，依法追究刑事责任：（一）未经著作权人许可，复制、发行、表演、放映、广播、汇编、通过信息网络向公众传播其作品的，本法另有规定的除外；……（八）制作、出售假冒他人署名的作品的。

❺ 国家版权局以及地方人民政府享有著作权行政执法权的有关部门，在法定职权范围内就本办法列举的违法行为实施行政处罚。法律、法规另有规定的，从其规定。

❻ 有《著作权法》第四十八条所列侵权行为，同时损害社会公共利益的，由地方人民政府著作权行政管理部门负责查处。

拥有行政查处权。第三种是行政裁决权，也就是在版权侵权案件中，由版权行政管理机关认定侵权是否成立也就是行政权对版权民事案件进行裁决的体现。2002—2015 年，全国版权执法案件为7 836件，平均每年为1 306件。版权行政执法案件数量较低。其中的原因可以归纳为在后计划经济时代，由于出版物的发行以传统的纸质媒介为中心，出版、发行和销售环节的企业多为国有企业，流通的渠道相对固定，在一定程度上有利于遏制侵权盗版的发生。但是在2000 年以后，由于计算机、移动通信工具等的不断普及，发行商和销售渠道发生了重大变化，侵权媒介和渠道逐渐多样化，侵权盗版案件也逐渐增多。版权行政执法的总体情况如图 4-11 所示，具体情况可以归纳为以下几个方面：

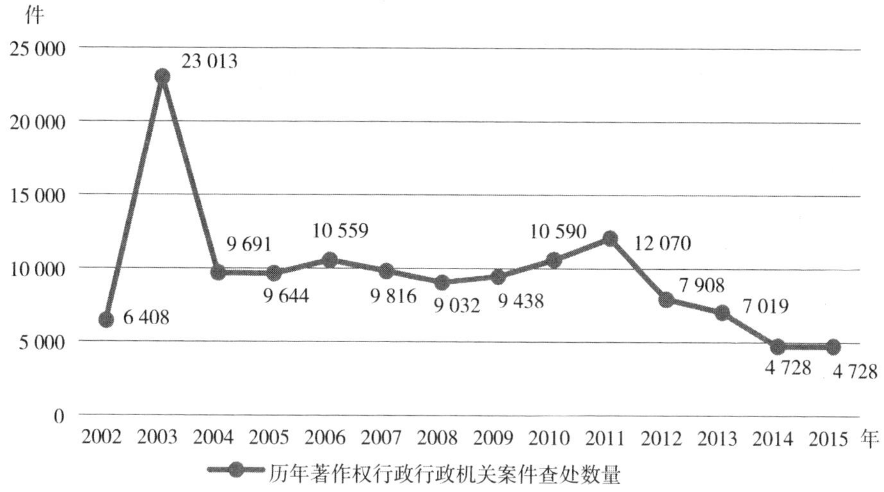

图 4-11　2002—2015 年中国版权行政执法案件数量❶

从制度建设层面，我国不断完善版权执法工作的体制机制。第一是不断推动完善版权执法监管法律体系。2005 年颁布的《互联网著作权性质保护办法》重点规范了网络服务运营商的版权行政责任，2006 年国务院颁布了数字内容领域第一个行政法规——《信息网络传播权保护条例》。同年，我国加入世界知识产权组织的两个互联网条约——《世界知识产权组织版权条约》（WCT）以及《世界知识产权组织表演和录音制品条约》（WPPT）。❷ 从法律规范来看，版权行政执法的法律依据不断完善，这为数字环境中版权执法监管

❶ 资料来源：国家版权局官网：http://www.ncac.gov.cn/chinacopyright/channels/485.html.

❷ 阎晓宏：《新常态下深入推进版权执法监管工作》，《中国版权》，2015 年第 10 期。

工作提供了有力的法律保证。

第二是推动社会共同治理新机制的建立。2007 年，国家版权局在财政部的支持下设立了打击盗版侵权举报、查处奖励基金并成立反盗版举报中心和“12390”举报电话。同时，积极促进版权权利人与网络交易平台建立版权保护合作机制，加强跨区域之间的合作。例如与香港海关共同签署《保护版权及打击盗版光盘合作互助安排》《打击网络盗版合作互助安排》，与台湾地区智慧财产部门签订了《海峡两岸知识产权保护合作协议》，推动建立粤港澳知识产权案件协作处理机制，增强区域版权执法的针对性和实效性。[1] 同时开展与相关国际组织和境外执法部门的联合执法，加强对外合作。在“剑网”行动等专项行动中，美国电影协会、国际唱片业协会、商业软件联盟、国际出版商协会等权利人组织投诉的案件中，开展了积极的国际合作，处理了天线视频案、射手网案、番茄花园案等国内外有较大影响的案件，维护了我国权利人在海外的合法权利，强化与外国执法机关的合作。

从版权执法效果层面，我国的版权执法专项治理能力不断提升。我国版权的专项治理成效显著。日常的监管与“双打”专项行动相结合，整体推进。2005 年开展“剑网”专项行动以来，共查办网络侵权案件5 560件，依法关闭网站3 082个，有效净化了网络环境。全国各地版权行政执法部门相继查处了快播播放器侵权案等一批侵权盗版要案，共查处案件2 000余起，依法关闭盗版网站1 000余个，移送司法机关追究刑事责任案件 200 多件，网络侵权盗版高发势头得到有效遏制。[2] 此外，利用技术手段加强版权监管。利用版权监管平台加强对大中型视频、音乐网站版权重点监管，公布重点影视作品预警名单23 批，版权重点监管的效果不断显现。同时，我国软件正版化工作成果显著。从实施效果来看，2013 年年底中央、省、市、县四级政府机关全部实现软件正版化，企业软件正版化工作取得重大进展。

在版权执法监管工作方面，形成了版权重点监管制度。通过建立国家版权监管平台，对大中型视频网站进行版权重点监管，推动形成了权利人与网络服务商建立版权保护合作机制。截至 2016 年，国家版权局共公布七批 284 部重点影视作品预警名单作品，并将重点监控范围从视频领域逐步扩大到音乐、文学网站领域。自 2013 年以来，通过颁布各领域的规范性文件，例如《关于规范网盘服务版权秩序的通知》《关于责令网络音乐服务商停止未经授权传播音

---

[1] 阎晓宏：《新常态下深入推进版权执法监管工作》，《中国版权》，2015 年第 10 期。

[2] 资料来源：中国新闻出版广电网：www.chinaxwcb.com.

乐作品的通知》《关于加强网络文学作品版权管理的通知》等建立了相应的“黑白名单”制度，公布了一批文学作品侵权盗版网络服务商的“黑名单”以及网络文学作品重点监管的“白名单”。此外，建立了网络平台的“通知—删除”工作机制，明确网络服务提供商的权责，维护良好的网络版权环境。

从我国“两法衔接”角度来看我国版权行政执法与刑事司法的制度配合。我国的版权行政机关逐渐加大行政执法机关向刑事司法机关移送知识产权刑事案件的数量。❶ 各级版权行政管理部门根据中办、国办《关于加强行政执法与刑事司法衔接工作的意见》，积极采取措施，进一步推动行政执法与刑事司法的有效衔接。一是积极配合相关部门起草、修订有关两法衔接的法规、文件。以查办要案为抓手，巩固并加强两法衔接机制。对符合刑事立案标准、涉嫌犯罪的案件及时移动公安机关、对情节严重、影响恶劣的案件联合有关部门挂牌督办，推动快诉快审快结，依法严惩犯罪分子。2005—2016 年，全国各级版权行政执法部门共办理行政处罚案件 9.35 万件，移动司法机关案件3 362件。❷ 从权利证据、案件分析、法律适用等方面进行配合司法部门快速判案，充分发挥了行政、司法联合办理重大案件的效能。2011 年以来，国家版权局会同公安部、高法院、高检院等部门对 58 件重大侵权盗版案件进行联合挂牌督办，先后多次组成案件督察组对重点案件进行实地督导。

4.3.2.3 历史分期与发展研究

➢ 起步时期：1995—2005 年

20 世纪 80 年代，我国知识产权相关的法律体系开始建设，司法体系刚刚起步，由于大量的司法纠纷需要处理，司法机构的人员和力量严重不足。在这种情况下，行政管理机关承担起行政执法的重任是历史的必然选择。20 世纪 90 年代以来，我国的知识产权司法保护体制和机制逐步完善，行政体制改革也逐渐深入，行政管理职能与行政执法功能已经出现了逐渐分开的趋势。根据数据统计，我国 1995—2000 年的六年间，全国版权执法案件总数为7 836件，平均每年为1 306件，行政执法案件数量总数少。这与该时期以传统的图书、音像制品、报纸和杂志等有形载体为依托的文化产品流通为主，这种文化产品的流通由于其载体的有形性和复制成本高的原因，侵权案件数量也较少，行政执法需求也相对较弱。

---

❶ 朱一飞：《论知识产权行政执法权的配置模式》，《法学杂志》，2011 年第 4 期，第 46 页。

❷ 参见：中国新闻出版广电网：www. chinaxwcb. com.

➢ 稳步发展期：2005—2008 年

随着我国互联网的普及与迅速发展，2005 年为起点可以被称为网络版权保护的元年。这一年，国家版权局和信息产业部出台的《互联网著作权行政保护办法》是互联网版权行政保护的第一个法律性文件。[1] 同年 9 月，国家版权局会同国家多个部委联合开展了打击网络侵权盗版的“剑网行动”，拉开了通过行政手段打击网络盗版侵权行为的专项行动的序幕。2006 年，国务院出台了《信息网络传播权保护条例》，规定了一系列网络版权侵权行为的行政处罚措施。同年，我国加入了 WCT 和 WPPT 两个世界知识产权公约，这两个公约内容中包含了缔约方需要为保护版权提供相配套的执法程序，这也为我国的版权行政执法提供了国际层面的支持。

➢ 重点提升期：2009 年至今

2009 年，国家版权局出台了《著作权行政处罚实施办法》（以下简称《办法》），标志着我国的版权行政管理法制体系进一步完善。该《办法》共四十五条具体规定了我国版权行政执法的主体、权限、管辖范围、处罚措施和处罚程序等事项，为行政执法提供了较为细致的执法依据和执法标准。自 2009 年之后，国家版权局通过“剑网行动”等专项行动和其他常规的监管活动。

4.3.2.4 版权行政执法专项行动

由于互联网领域的版权问题日益突出，2005 年起，国家版权局联合国家网信办、工信部和公安部等部门联合启动打击网络侵权盗版的“剑网行动”。每年针对行业内最为严重的侵权行为，集中加大打击力度，不断净化互联网时代的版权环境，取得了良好的效果。与此同时，版权局还加强对网络企业的版权重点监管工作，由国家和地方版权部门直接监管重点的视频网站、音乐网站及网络文学等，推动企业自律。2015 年，版权局出台《关于规范网络转载版权秩序的通知》和《关于责令网络音乐服务商停止未经授权传播音乐作品的通知》，更是体现了规范网络版权的行动和决心，这些规则的发布也被认为将有助于倒逼行业规则的出台。

➢ 剑网行动

由于网络环境中的版权侵权问题严重且具有隐蔽性强、危害性高等特点。自 2005 年至今，国家版权局联合国家互联网信息办公室、工信部、公安部，每年组织开展打击网络侵权盗版专项治理“剑网”行动。“剑网”行动主要针

---

[1] 杨福军：《论我国著作权的行政保护》，《法制与社会》，2011 年第 11 期，第 36 页。

对网络文学、音乐、视频、游戏、动漫、软件等重点领域，强化对网络侵权盗版行为的重点打击力度，从表4-4可以看出，“剑网”行动每年选择的重点领域均为每年发展较快、侵权现象高发的重点领域。[1] 从该专项行动开始至今，在推动网络版权监管、净化网络环境方面取得了积极成果：“剑网”行动累计查办互联网侵权盗版案件4 681起，依法关闭侵权盗版网站2 676个，没收服务器及相关设备1 178台，罚款人民币783万元，移送司法机关追究刑事责任案件388件，查处了“天线视频网”影视作品侵权案、“番茄花园”网站侵权案、“天籁村网”音乐作品侵权案、百度和快播播放器侵权案等一批有较大社会影响的案件。[2] 从“剑网”行动查处情况可以看出，历年行政处理的案件占比平均达七成以上，同时数量和比例也在不断升高，体现出行政执法在网络版权保护中的重要作用。[3] 我国的版权行政保护具有速度快、程序简便的特点，可以短时间内处理侵权纠纷。此外，由于版权行政保护具有主动查处的特点，对于维护网络环境下的版权市场秩序和促进公平竞争有着重要作用。[4] 较之于司法渠道，网络环境下的版权行政保护具有高效率、地区联动性强、处罚见效快、社会影响广泛的特点，有效遏制了网络侵权盗版行为。

表4-4　2010—2017年中国“剑网行动”主要内容[5]

年份	行动重点	监管重点
2017	开展重点作品版权专项整治、开展APP领域版权专项整治，开展电子商务平台版权专项整治	聚焦新闻出版影视行业的网络版权保护，聚焦电子商务平台和移动互联网应用程序（APP）领域的版权整治，以规范影视和新闻作品网络版权秩序为重点任务，以查办大案要案为重要抓手，网络云存储空间、网络广告联盟版权治理成果，强化互联网企业的主体责任，维护良好的网络版权秩序

[1] 繁星：《网络版权监管取得积极成果》，《新华书目报》，2015年2月5日版。

[2] 阎晓宏：《新常态下充分认识加强版权执法监管工作重要性》，《中国新闻出版报》，2015年1月19日版。

[3] 《2014年中国网络版权保护年度报告》，国家版权局版权管理司、中国信息通信研究院，2015年4月。

[4] 宗艳霞：《网络著作权行政法保护研究》，大连海事大学博士论文，2017年4月。

[5] 根据中信证券研究部和国家版权局网站内容整理。

续表

年份	行动重点	监管重点
2016	开展打击网络文学侵权盗版专项整治行动、开展打击 APP 侵权盗版专项整治行动、开展规范网络广告联盟专项整治行动	创新监管手段，建立“黑白名单”制度，开展网络文学专项整治
2015	开展规范网络音乐版权专项整治行动、规范网络云存储空间版权专项整治行动、打击智能移动终端第三方应用程序（APP）侵权盗版专项整治行动、规范网络广告联盟专项整治行动，以及进一步规范网络转载版权秩序	音乐版权专项整治、网络云盘专项整治以及移动 APP 专项整治
2014	保护数字版权、规范网络转载、支持依法维权、严惩侵权盗版	打击部分网站未经授权大量转载传统媒体作品，并通过规范网络转载行为，推动传统媒体与网络媒体建立合作机制
2013	查办一批大案要案、深入开展对音视频网站的主动监管工作、加强对移动互联网的版权监管工作、加强对网络交易平台的版权监管工作等	建立重点影视作品监管预警机制，打击通过移动设备、电视机顶盒、电视棒和音视频播放器等软硬件工具权盗版的违法犯罪活动
2012	查办一批大案要案、继续开展视频网站主动监管工作、加强对网络交易平台的版权监管完善督办协调机制	继续要求各地部门视频网站主动监管，加强监管网络交易平台
2011—2010	对音频视频和文学网站、网游动漫网站以及网络电子商务平台的监控	严厉打击利用手机等移动媒体侵权盗版的违法犯罪活动

➢ 其他专项行动

一是侵权信用记录与侵权预警制度的建立。由我国发改委、人民银行牵头，工商总局、版权局和知识产权局等负责的将故意侵犯知识产权的行为纳入企业和个人信用记录。2016 年，国家版权局建立了网络文学作品版权监管的“黑白名单制度”，公布了一批文学作品侵权盗版网络服务商的“黑名单”以及网络文学作品重点监管“白名单”。国家版权局会同工商总局积极开展网络广告联盟专项整治行动。推动国内主要的网络广告联盟开展行业自律，指导网络广告联盟建立健全内部版权机制，切实规范广告投放程序。各联盟企业对黑名单所列侵权小网站依法采取相关措施，例如终止向其投放广告并解除其会员资格，[1] 等等，有效遏制侵权盗版的发生与发展。

二是软件正版化专项行动。2006 年，工信部联合国家版权局、联合商务部发布《信息产业部、国家版权局、商务部关于计算机预装正版操作系统软件有关问题的通知》，文件要求在我国境内生产的计算机和在国内销售的进口计算机，均应当预装正版操作系统软件。[2] 由计算机行业协会、软件行业协会等中介机构加强行业自律和宣传，切实提高各利益相关体的知识产权保护意识，有效推动了正版软件的知识产权保护工作。2007 年初次开展正版软件预装统计工作时的正版预装率为 87.75%，2008 年达到 93.52%，之后一直稳定在 98% 以上，2016 年操作系统软件正版预装率为 98.97%。在推进软件正版化的过程中，每年对部分地区软件正版化工作开展年度督促检查工作，督促各地完善软件正版化工作长效机制，巩固和拓展软件正版化成果。

三是公安部相关专项行动。2010 年 11 月至 2011 年 11 月，全国公安机关开展了打击侵犯知识产权和制售伪劣商品犯罪的“亮剑”行动，重点打击涉及侵犯版权、商标权、专利权和职务新品种等侵犯知识产权犯罪和生产、销售伪劣商品犯罪。2017 年 4—12 月，开展打假领域的“云端 2017”专项行动，通过信息设备，利用大数据等，对假冒伪劣犯罪产业链条开展拉网式联合打击。

四是文化市场治理行动。自 2008 年以来，全国各级文化行政部门和文化市场综合执法机构共出动执法人员 55 万余人次，检查互联网文化经营单位 27 万余家次，办结互联网文化案件5 211件，罚款3 800余万元。

4.3.2.5 我国目前存在的问题

第一，版权行政执法现行体制机制的作用尚未充分发挥。版权行政执法是加强版权管理的一个重要手段，自从 2005 年开始，中央开展文化市场综合执法改革，省级将北京、上海、天津、重庆四地的版权行政执法权并入文化市场行政执法总队，省级以下则全部并入当地相应的文化市场综合执法机构，文化市场综合执法机构集中行使包括新闻出版、广播影视、文化文物、版权等方面的行政执法权。2016 年，党中央、国务院发布《关于进一步深化文化市场综合执法改革的意见》，明确要求进一步深化文化市场综合执法改革，促进文化市场持续健康发展。由于版权执法专业性强，特别是涉及意识形态工作，相对

---

[1] 任晓宁：《网络广告联盟版权自律倡议》，《中国新闻出版广电报》，2016 年 12 月 1 日版。

[2] 郭涛、李震宁：《正版化推动国产软件快速发展》，《电子知识产权》，2011 年第 9 期，第 35 页。

疑难复杂，较难处理，版权执法在文化市场综合执法过程中有弱化现象。

第二，由于我国自2004年以来开展文化市场综合执法改革，各直辖市和市、县两级基本完成了文化、新闻出版广电等文化市场领域执法力量的整合，组建了新的文化市场综合执法机构。这种执法权逐渐向基层下放的背景下，也对基层文化执法体制、市场准入制度等方面的改革需要同步进行，但是目前从改革的进展来看，在执法制度机制的完善、综合执法信息化建设方面有待提升，相关部门和人员的权责划分等方面有待进一步明晰。

第三，我国版权行政执法的管理体系设置不够完善，出现多头管理的现象。从目前的执法情况来看，从国家层面的管理机构设置来看，国家版权局在行政执法过程中，需要文化部门、工商部门和公安机关等多部门的协助。多头的管理模式导致执法的效率和效果都会受到相应的影响。

第四，从地方的版权行政执法来看，由于我国《著作权法》第七条规定："国务院著作权行政管理部门主管全国的著作权管理工作；各省、自治区、直辖市人民政府的著作权行政管理部门主管本行政区域的著作权管理工作。"而实践过程中，各地一般只有省一级的版权局，地市以及没有专门的版权行政机关，通过文化管理部门的内部机构设置版权科来管理相关的工作，这种管理体制的设置，容易导致由不同的版权行政管理职权的主体来分别管理地方的版权行政执法工作，而省一级的版权管理部门无权监督下级文化部门的工作，影响实际的工作效果。

第五，全国版权保护水平仍不平衡，以北上广深为代表的互联网企业密集区地方版权执法任务重，执法任务的强度与行政执法资源短缺之间的矛盾依然存在。同时，随着新技术和新商业模式的兴起和发展，为版权执法工作带来了新难题和挑战，执法队伍的专业化水平和整体素质仍需进一步提升。

4.3.3 本章小结

美国版权保护机构包括有登记机构和行政救济机构，主要有美国版权办公室（USCO）、国际贸易委员会（ITC）、美国海关与边境保护局（CBP）等。与我国版权局不同的是，美国的版权办公室主要的职能是负责进行版权登记管理和版权权利转让登记及进行立法修改建议，没有相应的版权执法功能。美国版权行政保护的最大特点在于区分了国内行政保护和海外行政保护。不同于我国海关对于我国进出口货物都进行管辖，美国海关对版权的保护，一般是以进口环节为主同时兼顾对出口环节的保护。美国的ITC是国内独立的联邦准司法机构，对涉及与贸易有关的知识产权事务有广泛的调查权和裁定权，其中包括对侵犯知识产权产品的进口调查。最为常用的调查手段是337调查。美国的贸易代表办公司（USTR）可以针对本国企业在国外遭受的不公平或不合理的进口限制等行为发起301调查。此外，美国的专利商标局、商务部和司法部、国家知识产权协调中心等机构都会配合版权的行政执法工作。

中国的版权行政执法采取的是与司法保护并行的双轨制模式，使得版权行政管理机关有权查处版权侵权行为，这一赋权行为具有典型的中国特色。因为即便在世界上很多国家都设有版权的行政管理机构和司法机构，但是一般版权的行政管理机构往往没有直接的执法职能，需要依赖专业的行政执法机构或者行政准司法机构，正是这样独特的制度设置，使我国的版权行政执法具备了高效的特点。虽然我国近年来版权的执法力度和执法能力都在不断提升，专项治理行动效果明显。但是从长期来看，依然存在着执法的水平不均，执法人员的水平有待提升、“两法衔接”工作不够顺畅等问题。

在未来的改革过程中，一是要高度重视行政处罚和刑事司法的衔接工作。二是探索版权执法体制机制的创新。探索跨区域的版权执法协调机制和快速反应的协作机制。进一步加大地区间执法协作力度，建立健全执法监管快速反应工作机制，集中优势执法资源。三是进一步提高版权执法队伍的专业化水平和执法能力，面对网络版权侵权高发、侵权行为更加隐蔽、手段更加复杂等特点，提高版权执法队伍人员的执法能力和专业化水平显得尤为重要。一方面，加强对执法人员的相关培训，不断丰富全国版权执法监管培训师资库。另一方面，需要加强日常执法的监管和指导，建立相应的制度机制，形成长效。四是在新的国家机构改革完成之后，需要尽快协调版权行政执法与专利商标行政执法的统一，提高执法效率。充分发挥版权行政执法现行体制机制的作用，进一步推进版权保护环境的有效治理。五是充分调动版权相关执法部门工作的积极性，并借助社会力量，充分发挥版权协会、行业组织、版权集体管理组织的作用，最终达到社会共治。

5. 新技术与新挑战——数字内容产业发展与法律政策的互动

5.1 网络中立与数字内容产业的发展

网络中立，即网络开放或网络中立原则，其内涵是互联网的管理者应该在无差别歧视的基础上，为所有的软件、内容、平台、网站提供互联网接入服务。真正的网络中立应当不分来源和形式平等对待所有的互联网内容。例如，亚马逊能够接触到一个最终用户的能力不应当与某一个当地的互联网零售商有所不同。现如今，关于互联网中立讨论的最多的一个话题是“网络快车道”（fast lane）的接入问题，即一个公司必须要付费才能够在数据的传输速度上获得竞争优势。

然而，更广泛意义上的网络中立问题不仅仅局限在此，它包括了一系列的关注点：对互联网服务提供商为了政治、限制竞争、审查等原因屏蔽网络的担忧；垂直整合的互联网公司优待或者只允许访问其子公司；资金更充足的强势竞争者限制弱小网站、服务、公司的互联网访问权限。尽管备受争议的网络中立对于不同的人有着不同的含义，监管层面的网络中立争议主要围绕在《通信法》（*Communication Act*）、《电信法》（*Telecommunication Act*）、FCC公布的指令和裁决以及法院裁判的法律语言含义上。但是，首先理解网络是如何运行的，将会对从监管和法律层面的分析网络中立打下基础。

美国的《电信法》将互联网界定为“国际电脑网络来连接美国本地或者非美国本地的协作数据传输”和“集合了电脑设备、电磁传输媒体及相关设备、软件组成的世界范围内的电脑网络，应用TCP/IP协议或者后续协议来传输信息”。最高法院则言简意赅地将互联网定义为“互相连接的电脑组成的网络”。互联网的基础设施包括，互相连接的网络供应商（NSP），它们连接到网络接入点，而网络接入点又连接到网络服务提供商（ISP），而正是网络服务提供商将信息路由到电脑。网络供应商和网络服务提供商可能是同一家公司，也可能网络供应商将宽带或者互联网接入租赁给一家独立的互联网服务提供商。出于准确理解网络中立的考虑，需要铭记互联网生态系统内的三个主要参加者：主干（有线或者电话公司充当的网络供应商），边缘服务提供商（诸如Netflix一样的内容提供商），最终用户（通过互联网消费内容的人）。三个关键的参加者在一个广义的政客与利益集体的集合内相互作用，而它们之间的相互作用为网络中立的讨论树立了框架。

尽管在司法判例和行政裁决之中，已经对网络中立有了定论，但是其仍然是一个能够引起共鸣的政治话题，这对于那些关注于言论自由、消费者权利、商业利益、经济自主和有限政府的人来说，尤其如此。

5.1.1 各方的利益考量

支持网中立的一方是出于经济和政治原因。投资于网络中立的公司，如Google和Netflix，出于财务上的原因选择支持网络中立。一旦没有了网络中立，这些公司将不得不因为与不受监管的电信服务商之间费用的增加，而重新设计他们的商业模式。Google的YouTube和Netflix十分支持网络中立政策，因为网络中立限制互联网服务提供商对“快速通道”的收费。而Google的YouTube和Netflix的商业模式需要高质量和不间断的流媒体传输，而“快速通道”政策将会对其不利。Reddit公司和Netflix甚至参与了2014年9月10号的网上抗议活动“Internet Slowdown”，来支持网络中立。Electronic Frontier Foundation、Save The Internet以及ACLU等一些互联网和一般权利组织是鲜明的网络中立支持者。从政治上看，网络中立的支持者对于不受监管的互联网服务提供商的把关能力持谨慎怀疑态度，因为互联网服务提供商已经前所未有地控制着美国应用最广泛的通信方式。而支持网络中立最大的政策原因是，互联网服务提供商可能出于审查或者限制竞争的原因屏蔽网络内容。

反对网络中立的一方，主要是出于商业、经济、政治和意识形态的原因。SBC公司的CEO Edward Whitacre, Jr. 在2005年的一次采访中就表示，电信公司反对网络中立，主要是因为电信公司本身巨大的资本投入，使得它们获得了排除免费使用者的权利。同样，电信公司担心严苛的监管将会给公司带来巨大的消耗，尤其是将互联网服务划归《通信法》第二章中的电信服务，并要求其遵守《电信法》的公共载波规则。这种担心并非毫无根据，随着视频流媒体传输的不断增长，网络管理本身已经出现诸多问题，而一旦《通信法》第二章的反歧视条款实施，解决这些问题就会更加困难。

网络中立政策是奥巴马执政期间力推的政策，但是随着2016年新任总统特朗普入主白宫，美国的联邦通信委员会（FCC）也更换了掌门人，由“网络中立”政策的反对者Ajit Pai继任。而就在2017年2月3日，FCC官方发表声明宣布终止对运营商“零费率”的调查，运营商不再受限于自己的通信管道商的身份，可以向用户提供包括音乐、视频等内容的流媒体服务，而不收取任何流量费用。[1] 同时，在2017年4月26日，FCC主席发表演讲，提出准备推翻美国的网络中立政策，以实现对电信运营商轻监管的目的。此举一出，包括Facebook、谷歌公司等在内的互联网企业纷纷公开表示反对，他们认为废除网络中立政策将使得电信公司在信息与服务商拥有压倒性的权利。通过对用户收取不同费用以限制对网站内容的访问或者进行限速，本身就是歧视和差别待遇。而AT&T、Verizon等电信巨头则认为不能因为网络中立政策限制消费者的消费选择权。12月14日，美国联邦通信委员会（FCC）以3票赞成，2票反对，通过了《重塑互联网自由指令》，废除网络中立政策。互联网并不是一种“取之不尽，用之不竭”的资源。随着更多的消费者更加频繁地接入互联网，加重了数据传输的阻塞。网络管理实践（尽管实际上包含歧视条款，旨在确保尽可能多的数据完成点对点的传输），即使包含例外规则，也有可能被网络中立规则所禁止。此外，线上的流媒体传输越来越流行，占据了很大一部分的互联网带宽。反对网络中立的人认为，电信公司抑或私人实体对使用了他们大部分服务的用户收取额外的费用，符合基本的商业规则。这些互联网领域的主要参与者以及他们的观点，在正反两面，影响了互联网监管在立法、司法、行政领域的发展走向。

5.1.2 美国互联网监管的发展历程

FCC监管互联网的权力来自于1996年的美国《电信法》，该法更新并修正了1934年的《通信法》。在《电信法》通过之前，FCC在计算机第二规则（Computer Ⅱ rules）之下监管互联网，该规则是用来规范那些通过电话线传输

---

[1] 参见：https://apps.fcc.gov/edocs_ public/attachmatch/DOC-343340A1.pdf.

的数据处理服务。计算机第二规则根据信息在数据传输中的处理程度，划分出了两个相互独立的通信服务种类：其一，基础通信服务（basic service）；其二，高级通信服务（enhanced service）。基础通信服务属于《通信法》第二章（Title II）中的电信服务，需要遵守公共载波规则，而高级通信服务则不需要。FCC 当时认为，使用《通信法》第二章监管这一新兴的数据处理科技并不适当，因为这可能阻碍处在高速发展和竞争激烈的市场中的服务提供者所能提供的潜在服务。FCC 进一步认为："监管也会伤害普通消费者的利益且有悖于《通信法》的立法目标"，这种分类标准持续了超过二十年。

在这之后，《电信法》实施了。而原来关于通信服务"基础通信服务"与"高级通信服务"的分类，也分别转换为"电信服务"与"信息服务"。尽管 FCC 在计算机第二规则时期，选择不将通过电话线提供的互联网服务置于《通信法》第二章中的公共载波规则监管之下，但是，FCC 从一开始就将通过电话线提供的 DSL 互联网或者宽带互联网服务，归类为电信服务，受制于《通信法》第二章的规则。通信服务的分类，是信息服务抑或是电信服务，对于理解 FCC 在多大程度上享有对于某项服务实施强制监管的权力来说，至关重要。尽管《通信法》第一章的信息服务与第二章的电信服务都属于 FCC 的监管权力范围，但是 FCC 只能够对于被归类为电信服务且处在第二章监管之下的服务种类强制使用公共载波类的规则。此外，《电信法》还授权 FCC 可以通过辅助机构和委托机构监管通信服务。多年来，FCC 一直致力于运用此项授权建立网络中立规则。FCC 对于网络中立规则的最早尝试，是 2002 年的《有线宽带指令》。

➢ 2002 年的《有线宽带指令》

2002 年之前，FCC 并没有为了高速的网络接入而对有线调制解调器上网服务进行归类。在 2002 年 FCC 针对该问题，出台了宣告式的判决以及名为"In the Matter of Inquiry High speed Access to the Internet Over Cable and Other Facilities"决策通知。在决定如何归类有线调制解调器上网服务时，FCC 参考了自身的 Universal Service Report，并发现应当将其归类为信息服务，因为有线调制解调器上网服务为用户提供的是一种单一的、整合的服务。FCC 认为互联网服务的基本组成部分，包括电子邮件、网页浏览、应用使用和计算机之间的互相连接是不可分割的，因此不应该被定义为电信服务，从而拥有不同的法律地位。

此外，FCC 还参考了《电信法》中关于"电信""电信服务"和"信息服务”的定义。所有的法律定义，都指向的是用户最终能够接收到的服务，而不是提供这些服务所依赖的设备。因此，FCC 认为有线调制解调器上网服务的归类，也应该着眼于其作用与提供的服务，而非所使用的设备。FCC 裁决有线调制解调器上网服务提供的是互联网的接入服务，因为有线调制解调器上网服务跟其他互联网服务的运行机制是相同的，它们都是为用户提供功能的整合，包括电子邮件，维持用户万维网在线以及 DNS。FCC 进一步得出结论认为，有线调制解调器上网服务并不包含一个可分割的电信部分。尽管有线调制解调器上网服务是通过电信为客户提供各种功能服务，但是法律明确的区分的“电信”与“电信服务”。

➢ FCC 确立的互联网自由的四项原则

2004 年的 2 月 8 日，FCC 主席 Michael Powell 在一次研讨会上提出了互联网自由的四项原则。Powell 强调 FCC 宽带互联网的政策目标是，“通过提高对于多元、高速、高级互联网以及其相关科技的投资，来提高经济增长，鼓励创新，同时让每个美国人能够对如何生活、如何工作、如何享乐有更多的选择”。Powell 提到了 FCC 完成其“在合理及时的基础上提高宽带的使用”任务的机会，解决制造了限制竞争与反垄断法律的“最后一英里”问题。同时，Powell 还认为，国会计划让互联网远离不必要的监管，以免阻碍互联网的快速发展。鉴于当时宽带互联网还属于新鲜事物，也缺乏相关的监管经验，Powell 不热衷于创立官方的监管制度。因此，他才呼吁电信行业行动起来保护某些互联网的自由。在 Powell 的发言中，他呼吁电信业界保护互联网的四种自由：其一，内容接触的自由；其二，使用应用的自由；其三，添加个人设备的自由；其四，获得服务计划信息的自由。通过提出这四项自由，Powell 似乎是在向电信公司指明一条通过良好的企业行为避免严厉监管的道路。

5.1.3 相关判决的发展历程

➢ Brand X 判决

在 Powell 宣布了 FCC 互联网自由的四原则的第二年，最高法院在 National Cable & Telecommunications Ass'n V Brand X Internet Service [1]案开始定义 FCC 对互联网进行管理的能力范围，以及司法机关对于 FCC 监管的审查框架。法院

[1] 545 U. S. 967 (2005).

认为，其一，Chevron 规则❶适用于 FCC 对法律的解释；其二，在 Chevron 规则之下，FCC 对于“电信服务”的解释是符合法律的；其三，FCC 的决定符合《行政程序法》，没有滥用自由裁量权。Brand X 判决十分重要，因为，其一，它让法院将 Chevron 规则适用于 FCC 对于“电信服务”解释，其二，为如何合法构建《通信法》提供了例证；其三，举例说明了什么样的政府机构行为，在《行政程序法》下是滥用自由裁量权。

在有线互联网出现之前，大多数的用户通过电话线使用 DSL 互联网进入网页。在最近的重新分类之前，DSL 互联网都归类在《通信法》第二章（Title II）中的电话服务，所以需要遵守共同载波规则。DSL 共同载波规则中的一项要求就是，电话公司应该将电话线开放给其他的 ISP，为用户提供互联网服务。本质上，正因为 DSL 互联网被分类为第二章中的“电信服务”，其他独立的 ISP 才能以公共的方式使用私人公司所有的电话线。因为 2002 年的有线宽带指令将有线调制解调器网络服务归类为了第一章中的“信息服务”且不受公共载波规则约束，所以这些独立的 ISP 事实上没有权利再以公共的方式像使用电话线那样使用有线。这些独立的 ISP 起诉要求司法审查，最终到了美国联邦第九巡回上诉法院。第九巡回上诉法院撤销了该项指令，认为有线调制解调器网络服务并不是电信服务，并且 FCC 无权通过解释《通信法》来使有限公司免除《通信法》第二章的监管和公共载波规则的约束。FCC 不服上诉，案件最终到了最高法院。

最高法院推翻了第九巡回上诉法院的判决，认为它对 FCC 指令的合法性分析不恰当。首先，最高法院认为，第九巡回上诉法院没有使用 Chevron 规则去分析 2002 指令中对于某项法律的解释是否合法适当。然后，最高法院用 Chevron 规则去分析 2002 指令，这需要法院复核 FCC 对于某项法条的解释。法院面临的两个问题是，其一，国会有没有对这个问题发表过看法，即该法条是否是含混不清的；其二，如果该法条是含混不清的，那么法院必须审查行政

---

❶ 《美国法》上的 Chevron 规则是因 1984 年的 Chevron U. S. A，Inc v. NationalResource Defense Council，Inc 案而得名。该案确立了美国法院对行政机关的行为进行司法审查的标准：“当法院审查行政机关对其执行的行政法规解释是否得当时，法院需要考虑两个问题：首先是国会是否对该问题进行了直接的、明确的规定。如果国会的意图是明确的，法院就适用国会明确的法律意图。如果法院认为法律对某一特定问题的规定导致理解模糊时，法院面临的问题就是行政机构对法律的解释是否是法律本身所允许的解释。如果是，法院就应当遵循该行政机构的解释，如果法律对这个问题的规定并不清晰，并直接导致了该问题可能有若干执行方法，那么只要行政机关的做法是一种法律本身所允许的解释，而且这种解释本身与法律的目的并不相冲突，那么美国法院就无权否定行政机关行为的合法性。”

机关对这个法条的解释是否是在法律允许范围之内的解释。这背后的逻辑在于行政机关比法院更有能力去填补这些法律空白。如果法条是含混不清的，且行政机关的解释是合理合法的，法院必须支持行政机关的解释。在这种情况下，法院解释与行政机关的解释不通，也不会使用自身对该法条的解释。最高法院认为，在该案中 FCC 对于法律的解释是合理合法的。

最高法院的判决是基于其对 FCC 宣告决定的分析，在该决定中，FCC 确定了有限公司提供有线调制解调器网络服务是“电信服务”还是“信息服务”。FCC 认为有线调制解调器网络服务属于信息服务，并且认为在法律提供的定义之下，有线调制解调器网络服务并不属于电信服务。对于有线宽带互联网提供商是否提供了电信服务的问题，涉及的就不仅仅是电信是否是有线调制解调器网络服务的必要部分这个问题了。“提供服务的本质是最终用户受到服务，而不在于服务所使用的特殊设备”，FCC 认为，有线调制解调器网络服务不属于电信服务，主要是考虑到强大的信息处理与互联网接入服务无法脱离有线而存在。有线调制解调器网络服务这种综合的本质，使得它无法成为独立、透明的单一的电信服务。最高法院认为，FCC 对于法条的解释满足了 Chevron 规则的第一步。

此外，在 Chevron 规则第二步之下，FCC 对于法律的解释是一个合理的政策选择。最高法院认为，FCC 为将有线调制解调器网络服务与 DSL 服务区别对待提供了合理的解释。同时，FCC 拥有在法定的权限内，根据实际情况合理变更解释的权力，并且这次它行使了该项权力。FCC 对于现如今互联网市场的分析并没有滥用自由裁量权。FCC 通过分析得出合理结论，根据该结论又得出了与以前计算机第二规则不同的结论。因此，最高法院认为，FCC 的此次行为，完全符合 Chevron 规则。Brand X 案的判决，将会为一系列案件奠定基础，这将会限制和定义 FCC 对于互联网监管的权力，同时影响开放互联网的规则。

在 Brand X 判决之后，FCC 将 DSL 重新归类为信息服务，同时 FCC 将无线上网服务也归类为信息服务，本质上让所有的宽带 ISP 归类为了信息服务提供者而不受第二章公共载波规则的约束。此外，FCC 保留了在《通信法》第一章规则之下监管宽带服务提供商的可能性，但是在重新分类之后，FCC 在多大程度上保留了这项权力仍不清楚。

2005 年，FCC 针对通过无线设备接入宽带互联网的合理框架提出了非强制的四项原则：为了鼓励宽带应用，同时保持和提高公共互联网的开放本质，消费者应当享有以下权利：（1）根据个人意愿，访问合法的互联网内容；（2）在法律允许的情况下，根据个人意愿使用各种服务和应用；（3）在不损害互联网的情况下，根据个人意愿接入合法的设备；（4）在互联网提供商，应用与服务提供商以及内容提供商之间应该有充分的竞争。尽管这四项政策原则过于宽泛，而无法作为强制实施的互联网中立框架规则，但是却代表了 FCC 未来创建网络中立体制的走向。这四项原则彰显了 FCC 之后为了建立“无屏蔽，无限制，无付费特权”网络中立体制而做的种种努力。然而，FCC 仍然奋力挣扎，希望通过符合行政法规树立自身的权威，就像在 2010 年的 Comcast 案中表现出的那样。

➢ Comcast V. FCC 案：辅助权力（auxiliary authority）理论的失败

在 2010 年 Comcast V. FCC 一案中，美国哥伦比亚特区巡回上诉法院认为，FCC 没有合法解释行政辅助机构监管 ISP 的实际做法。在 2007 年，两个非盈利倡导团体指责 Comcast 违反了 FCC 的开放互联网原则，干预了 P2P 网络传输应用。这两个机构连同 FCC 起草了一份报告，指责 Comcast 侵犯了互联网开放原则赋予用户的“根据个人意愿，访问合法的互联网内容”，“在法律允许的情况下，根据个人意愿使用各种服务和应用”的权利。FCC 发出指令指责 Comcast，同时提出《通信法》赋予了 FCC 对于 ISP 网络管理工作的辅助监管权。Comcast 不承认 FCC 的指责，同时对其指令提出上诉。

美国哥伦比亚特区巡回上诉法院分两步论证了这个辅助权力问题：其一，《通信法》第一章赋予 FCC 的一般审查权是否包含案件中的监管权力，其二，FCC 的监管对于法律授权责任高效的工作表现是否是合理的辅助。尽管法院认为，《通信法》的确赋予了 FCC 监管的权力，但是国会的声明以及其他一些法律条款指出，FCC 并不是一个合法的授权辅助机构。Comcast 最终获胜，FCC 的指令被撤销，且 FCC 不能够在引用辅助机构理论来强制实施网络中立原则。尽管面临着行政法上的挑战，但是 FCC 还是不遗余力地去完善和发展开放互联网。

在美国哥伦比亚特区巡回上诉法院针对 Comcast 一案判决之后，FCC 发布了一项新的关于互联网监管的指令。新的开放互联网指令创造了两类新的互联网接入服务：有线服务与无线服务。有线服务的网络中立政策相较于无线服务更加严格。这是 FCC 考虑到无线网络服务还在发展之中，FCC 不想对其施加过多的监管。这项指令中提到的三项原则是：（1）有线网络服务和移动无线网络宽带服务的透明；（2）有线网络服务和移动无线网络宽带服务的“禁止屏蔽”条款；（3）针对有线网络服务的“禁止歧视”原则，有线网络服务的提供商不得不合理歧视合法的网络流量。Verizon 公司对这些原则提出了挑战，最后导致了美国哥伦比亚特区巡回上诉法院在判决中，明确界定了 FCC 监管互联网的权力机制。

➢ Verizon v. FCC

2014 年，美国哥伦比亚特区巡回上诉法院提出了一份充分的行政实施和执行网络中立规则的路线图。法院对于 Verizon 一案的判决中明确，尽管 FCC 有着广泛的权力，但是它的监管权力中，不包括对通信服务施加“公共载波规则式”的监管措施，因为通信服务本身就免受这些监管。在 2010 年，Verizon 针对 FCC 的开放互联网指令提起诉讼，认为 FCC 的指令超出了法律授予它的权力范围。美国哥伦比亚特区巡回上诉法院最终认为，透明性原则可以成立，但是“禁止屏蔽”和“禁止歧视”原则本身属于信息服务的公共载波规则，而不能引申为《通信法》上的公共载波规则。

美国哥伦比亚特区巡回上诉法院集中了大量的笔墨论证分析《通信法》第 706 条对于 FCC 的法律授权条款规定：FCC 应该为了所有的美国人在合理及时的基础上鼓励先进通信技术的使用。通过采用连贯一致的，符合公共利益、需求与便利的价格上限监管措施，以及提高本土通信服务市场竞争的其他监管措施来消除公共设施的投资障碍。《通信法》的第 706 条要求 FCC 经常性地调查先进的通信设施服务是否对所有的美国人开放和采用，并且要求 FCC 马上消除阻碍这些先进通信基础设施建设的障碍。法院认为《通信法》第 706 条不是一个像 Verizon 提出的国会政策的声明，而是一个国会代表权利的授权表示，即 FCC 代表国会去实施第 706 条。FCC 进一步说服法院，宽带服务提供商和边缘服务提供商的关系直接影响到先进电信服务的应用推广与公共福祉，所以其直接处于 FCC 的监管范围之下。

然而，美国哥伦比亚特区巡回上诉法院同时也认为，《通信法》第 706 条授予 FCC 的权力不是没有限制的。FCC 的监管权力不能同《通信法》已有的监管措施相冲突，如果 FCC 将宽带服务提供商归类为公共载波提供者，就将违反《通信法》，因为 FCC 已经将宽带服务归类为信息服务而非电信服务。因为两种服务类型现在还是相互独立的状态，所以，法院认为，FCC 不能一方面将一项服务归类为信息服务，另一方面将适用于电信服务的公共载波规则强加于信息服务之上。法院驳回了 FCC 关于“禁止歧视”与“禁止屏蔽”的互联网开放规则属于公共载波规则的诉讼观点。这些规则消灭了个人定制服务的空间，因此属于公共通信服务的规则。

Verizon 一案的判决对于 FCC 现阶段的网络中立制度的发展至关重要。实际上，美国哥伦比亚特区巡回上诉法院已经为 FCC 制定合法合规的充分、可实施的网络中立制度步骤画出了路线图。FCC 吸取了法院判决传递的信息，发出了提议制定政策的通知，最终才有了开创性的 2015 年《开放互联网指令》。

5.1.4 2015 年的《开放互联网指令》

2015 年，FCC 通过的《开放互联网指令》毫无争议地成为 FCC 历史上制定的最强硬的网络中立政策。在该指令中，FCC 将互联网服务重新分类，以便其对互联网适用《通信法》第二章的公共载波条款，即禁止歧视和禁止屏蔽。此外，该项指令还系统性地彻底分析了 FCC 引用其他监管理论的能力，如延展权力行使期限的权力和《通信法》第 706 条赋予的权利。

在 2014 年的 5 月，FCC 发布了规则制定通知（NPRM）提出了基本的问题：保持互联网开放的正确的公共政策是什么？这项指令制定通知，目标在于提高透明性规则，沿着 Verizon 一案法院判决提供的蓝图，依靠《通信法》第 706 条赋予它的权利，提出禁止屏蔽的规则，并且要求宽带服务提供商进行理性的商业活动。这项通知也提到 FCC 是否要使用包括《通信法》第二章在内的其他权利，来制定其他明显的规则或不同的标准。最后，FCC 问道，如果《通信法》第二章实施了，FCC 如何谨遵第二章规则的要求来行使其权利，以及移动互联网服务是否也要纳入第二章的分类之中。对于这项指令制定通知的反响是巨大的，在公共评议阶段史无前例地收到了接近 400 万的评论。

在回答 2014 年开放互联网指令制定通知的过程中，三个首要的目标指引着 FCC：美国需要更多的宽带；更好的宽带；开放的宽带网络。根据指令，开放的互联网之所以重要，是因为，其正在驱动着美国经济的增长，而且作为美国民众与全世界每天进行商业、教育、社交、娱乐等活动的关键工具。互联网必须为了商业、创新、言论、消费者，以及应用与内容的开发者的创新和宽带服务提供上的扩大和投资保持开放。为了保持互联网开放而精心制定的政策，能够保证投资于创新继续增长。2015 年的《开放互联网指令》限制了有害互联网开放的行为，特别是屏蔽、限流、付费优先，并提高了透明性原则，同时设计了一项标准的行为模式以防出现新的妨害互联网开放的行为。该项指令同时采取了 21 世纪的《通信法》第二章管理体制，保持“轻监管”的基调，促进互联网业的创新与投资。通过将互联网服务重新分类为第二章之下的通信服务，FCC 将会采用原来将互联网服务分类为第一章下信息服务是不被允许采用的监管措施，如禁止歧视和禁止屏蔽规则。

在开放互联网指令中，FCC 认为需要一个网络中立的监管机构去维护开放互联网的基本原则，因为宽带服务提供商在经济上有动力，并且实际上有能力损害互联网的开放性。为了保护互联网的开放性，FCC 决定颁布强硬的规则保护消费者的权利。这些规则都是十分清晰的，是指导互联网业界和用户的明确界限。

5.1.5 诉讼接踵而至

在 FCC 官方发布了 2015 年《开放互联网指令》的同时，美国电信业协会（United States Telecommunications Association）就在美国哥伦比亚特区巡回上诉法院提起了诉讼，要求审查该项指令，指责该项指令“独裁的，任性的，是对《行政程序法》自由裁量权的滥用；违反了包括《美国宪法》和 1934 年的《通信法》在内的多部法律。以及 FCC 据此颁布的多项法令等”。2016 年 6 月 14 日，美国哥伦比亚特区巡回上诉法院（United States Court of Appeals for the District of Columbia Circuit）就美国电信协会诉联邦通信委员会（Federal Communications Commission，以下简称 FCC）一案作出判决，合议庭以二比一判决认定 FCC 于 2015 年 2 月 26 日通过《开放互联网指令》（*Open Internet Order*）属于其职权范围内之事，该指令的内容是合理的并且不违背美国宪法第一修正案，从而驳回了原告的诉讼请求。这一判决对于推进网络中立原则意义重大，它确认了 FCC 的网络中立新规的合法性，支持了“互联网的创新和竞争依赖于互联网的开放和中立”这一观点，是互联网用户和互联网企业的一次胜利，必将对世界其他国家确立网络中立原则产生积极影响。

2015 年的《开放互联网指令》确立五条开放互联网规则，即所谓的网络中立规则。前三条为“明线规则”（bright-line rules）：第一，禁止屏蔽，宽带运营商不得屏蔽合法的内容、应用、服务或者无害设备；第二，禁止流量调节，宽带运营商不得基于内容、应用、服务或者无害设备损害或者降低合法的互联网流量；第三，禁止付费优先，宽带运营商不得在接受对价的基础上给予一些合法的互联网流量优先待遇，换句话说，不得创设“网络快车道”，这一规则同样禁止 ISP 向其关联公司的内容和服务提供优先待遇。第四，“一般行为规则”（general conduct rule），即禁止宽带运营商对下列事项进行不合理干预或者施加不合理影响：（i）终端用户自由选择、接入和使用宽带互联网接入服务或者选择合法的互联网内容、应用、服务和设备；（ii）OTT 服务商和终端设备厂商（合称边缘服务商<edge provider>）向终端用户自由提供合法的内容、应用、服务和设备。第五条为增强的透明度规则（enhanced transparency rule）。

2015年《开放互联网指令》，应当能够经受得住电信业界的挑战，即质疑FCC是否有权将宽带互联网服务归类为电信服务而非信息服务。根据以往Verizon一案的判决，互联网宽带服务分类为信息服务，是FCC在互联网宽带服务强制施加实际上的禁止歧视和禁止屏蔽的公共载波规则的主要障碍。如果在USTelecom一案中，法院判决了FCC拥有重新分类宽带互联网服务的权利，并受《通信法》第二章公共载波规则的约束，则2015年《开放互联网指令》将会继续有效，并且FCC现在的互联网中立管理体制将会毫发无损。事实上基于在Brand X和Verizon一案的判决，FCC可能的确有着重新分类互联网服务的权力，所以它也有权强制实施2015年《开放互联网指令》。在Brand X案的判决之下，2015年《开放互联网指令》得到保留。

美国哥伦比亚特区巡回上诉法院可能会十分依赖Brand X一案的判决和Chevron规则去分析2015年《开放互联网指令》。在Brand X一案中，法院要处理的问题是FCC是否有权将宽带互联网服务分类为电信服务或者信息服务。Brand X一案的判决，将会指导法院适用Chevron规则去分析FCC对于《通信法》的解释是否合法合规。首先，在Chevron规则第一步之下，2015年《开放互联网指令》不会被认为是一个关于《通信法》的无效的法律解释。同样在Chevron规则之下，Brand X一案的法院认为国会在《通信法》中并没有明确的定义何为通信服务，所以将这种解释的确立授予了FCC。适用Chevron规则的第二步，Brand X一案的法院认为，FCC对互联网服务的分类是符合法律要求的。有鉴于在Brand X一案中和现阶段关于FCC对《通信法》中信息服务和电信服务的法律解释，美国哥伦比亚特区巡回上诉法院很有可能认定2015年《开放互联网指令》是对《通信法》的一个合法解释。其次，考虑FCC对于2015年《开放互联网指令》呕心沥血的准备工作，对于FCC在该项指令中的政策决策是任意妄为的独裁行为的指控也不太可能得到美国哥伦比亚特区巡回上诉法院的支持。

首先，我们需要对Chevron规则进行分析。在Brand X一案中，法院认为Chevron规则是以适当的解释框架去分析FCC对于法律中规定的电信服务的解释。法院认为，FCC对于《通信法》的解释是符合Chevron规则的，因为国会将“执行和实施”法律的权利授予了FCC，以及为了公共利益制定相关的规则和制度去将法律的规定付诸实践。因为在关于2015开放互联网一案中还涉及FCC对《通信法》中“电信服务”的解释，所以美国哥伦比亚特区巡回上诉法院将会使用Chevron规则的框架去分析该项指令。

Chevron规则要求法院首先确定国会是否对争议问题做出过明确解释，其次，如果国会没有，那么法院需要确定FCC针对争议问题的政策选择是否是负责的和不越权的。如果法院认为FCC在争议政策之中的决定是对法条的合理合法的解释，法院将会支持这些决定。

在Brand X案中，美国哥伦比亚特区巡回上诉法院极有可能认为FCC对于法律的解释符合Chevron规则框架的两个步骤。在Brand X一案中，法院在分析《通信法》关于电信服务与信息服务的定义时，认为《通信法》没有很明确的确定某些设备到底提供的是电信服务还是信息服务，毫无疑问FCC获得了运用自由裁量权解释法律去填补空白的权力。在2015年《开放互联网指令》一案中，美国哥伦比亚特区巡回上诉法院也会像在Brand X案件中那样运用Chevron规则的第一步去解释FCC是否有解释法律的权力。同样地，美国哥伦比亚特区巡回上诉法院很可能认为FCC有这样的权力。

Chevron规则的第二步，要求法院必须决定FCC对分类问题的决策选择是不是合理反映了法律的本意。就像在Brand X一案中那样，美国哥伦比亚特区巡回上诉法院很可能认为FCC将宽带互联网服务归类为电信服务是对法条的合法合理解释。此外，美国哥伦比亚特区巡回上诉法院不太可能会判定FCC的决策选择是不合理的，因为FCC此次决策做了充分的调研，还制定了现代的第二章规则框架去保护互联网用户和ISPs，还有对于2015年《开放互联网指令》制定通知的大多数支持网络中立的评论。

进一步讲，美国哥伦比亚特区巡回上诉法院考虑到FCC为2015年《开放互联网指令》所付出的努力和理论研究，很可能认为FCC对于法律解释并不是武断和多变的。Brand X案件中，法院认为，FCC有根据实际情况，在法律允许的范围内解释法律的权力。因为在2015年《开放互联网指令》中，FCC为将宽带互联网服务归类为电信服务提供了合理的解释，美国哥伦比亚特区巡回上诉法院很可能支持FCC。在满足了Chevron规则和Brand X案件的要求之后，美国哥伦比亚特区巡回上诉法院将会回溯到Verizon一案的判决中，确保FCC遵循了在Verizon一案中确定的路线图。

➢ Verizon判决的分析

在Verizon一案中，法院基本支持了开放互联网原则，但是认为，FCC不能将公共载波规则适用于通信服务，因为FCC本身就特别规定了通信服务不受公共载波规则的约束。因为FCC已经将宽带互联网服务归类为了电信服务，需要受到公共载波规则的约束，所以美国哥伦比亚特区巡回上诉法院无须再考虑在Verizon一案中的问题，美国哥伦比亚特区巡回上诉法院应当支持FCC实施开放互联网指令。

在Verizon案中，法院认为，FCC既然已将宽带互联网服务归类为了信息服务，而非电信服务，再对互联网宽带服务施加专门只适用于电信服务的公共载波规则，就涉嫌违反《通信法》。既然这种服务的分类是相互独立的，FCC不能一方面把互联网宽带服务归类为信息服务，另一方面又对其适用专门只针对电信服务的公共载波规则。

但是Verizon一案的法院并没有在实质上推翻开放互联网原则，而是认为，考虑到FCC对于《通信法》的解释，FCC并没有权力去适用或者强制实施这些原则。但是，FCC遵循Verizon一案设定的路线图，将宽带互联网服务归类为电信服务，这样一来，Verizon一案的法院可能会认同FCC对于《通信法》的最新解释，也认为FCC拥有了强制实施开放互联网原则的权力。

5.1.6 FCC通过《重塑互联网自由指令》[1]

2017年11月，FCC新主席、共和党人Ajit Pai提出“重塑互联网自由”议案，主张结束政府对ISP严格的公共事业式的监管，促进宽带基础设施投资、创新和（用户）选择。2017年12月14日，美国FCC以3票赞成，2票反对，通过了《重塑互联网自由指令》，废除网络中立原则。《重塑互联网自由指令》废除了《开放互联网指令》中将互联网服务归类为Title Ⅱ下的“电信服务”的规定和与之相应的全方位互联网行为标准条款，将互联网服务重新归类为美国《电信法》Title I之下的“信息服务”，不再按照公共承运人标准对ISP进行公共事业式监管，允许宽带互联网服务提供商基于用户付费而调控、优待某些流量和内容，即允许创设“网络快车道”，但要求互联网服务提供商增加其业务透明度，以便用户可以基于透明的费用标准选择购买。此外，新指令规定联邦贸易委员会（FCT）从不正当竞争和消费者保护角度进行监管，包括对用户隐私保护方面的监管。

[1] https://www.fcc.gov/document/fcc-releases-restoring-internet-freedom-order.

5.1.7 反对的浪潮

FCC的废除网络中立政策遭到互联网企业、用户及民主党人士的反对。2018年1月17日，21个州和美国哥伦比亚特区的检察长向华盛顿特区巡回上诉法院提起诉讼，以推翻FCC废除网络中立规则的决定，诉讼理由包括FCC的行为是武断的、任性的，且滥用自由裁量权，违反了包括宪法在内的联邦法律；FCC错将宽带服务重新划到Title I信息服务，而不是Title Ⅱ服务，这显示出其对通信法的错误、不合理的理解。此外，多家社会组织也已起诉FCC，如消费者权益保护组织Public Knowledge、Mozilla等。❶

此次诉讼的领导者纽约州检察长Eric Schneiderman在一份声明中指出，网络中立的废除将让互联网服务供应商成为看门者——他们可以将利润凌驾于消费者之上，同时还能控制用户在网络上所能看到的东西、所能做的事情以及所能说的话。❷ 这一担忧并非凭空而来，此前的案例也证实了这一点：电信公司AT&T曾经屏蔽了苹果公司的FaceTime和谷歌的Hangouts视频聊天，Comcast电信公司为了和微软的Xbox联机游戏竞争，曾对其用户收取流量费，而对Comcast自家提供的游戏服务则免收流量费。❸

2018年1月22日，蒙大拿州州长签署一项行政命令，以确保该州ISP继续遵循“网络中立”。该行政命令将于2018年7月1日生效。届时，包括Charter、AT&T、Verizon在内的多家运营商都将要遵守这一命令。但是，FCC在通过《重塑互联网自由指令》，废除“网络中立”的同时，还明确规定各州不能制定自己的规则。因此，该行政命令将可能面临法律挑战。❹ 1月24日，纽约州州长签署了一项行政命令，将要求纽约州各机构只跟遵守网络中立规定的ISP签订合同，但该行政命令同样面临法律挑战。但是，如果采取该措施的州足够多，网络中立就有可能被重新制成国家标准。❺

2018年1月24日，AT&T董事长、CEO兼总裁Randall L. Stephenson在公开信中表示，国会应该出台适用于所有互联网公司的《互联网权利法案》，从

---

❶❷ cnBeta：《美22个检察长正式对FCC废除“网络中立”计划提起诉讼》，访问日期：2018年1月17日。

❸ 新京报：《美国废除“网络中立”原则 影响几何？》访问日期：2017年12月18日。

❹ cnBeta：《蒙大拿州长签署“网络中立”行政命令：各运营商将需遵守》，访问日期：2018年1月23日。

❺ cnBeta：《继蒙大拿州后 纽约州州长也签署了“网络中立”行政命令》，访问日期：2018年1月25日。

而保障所有互联网用户的中立、透明、公开、非歧视和隐私权益。在保护消费者权利的同时，立法者也应该为所有互联网企业和所有网站制定一致的规则。并强调 AT&T 支持‘开放的互联网’，无意屏蔽网站或审查在线内容，也不会‘根据内容来限制、歧视或降低网络的性能’。❶

5.1.8 小 结

FCC 废除网络中立政策，可能极大地促进美国基础设施领域的投资和创新，但同时，面临着 ISP 可能滥用市场地位，控制数据，威胁网络获取权和言论自由，增加消费者支出甚至抑制初创企业竞争与创新等问题。随着 FCC 在美国巡回上诉法院取得胜诉使得网络中立规则深入人心，尽管得到了主要的科技公司、EFF 等一些民权组织、网络中立首倡者的大力支持，但由于极大触动了美国大型电信公司、宽带公司的既得利益，因此在出台乃至实施过程中遭遇重重阻力。其实早在 2010 年 10 月，FCC 就发布《开放互联网指令》，但随即就被美国电信巨头 Verizon 诉至法院，最后被判无效。FCC 败诉之后发布《规则制定通知》（NPRM），向公众广泛征求意见，并于 2015 年 2 月 26 日通过目前最为严格的网络中立新规《开放互联网指令》。

在美国 FCC 出台网络中立新规之前，其他国家就已经开始探索以立法的形式逐步确立网络中立原则。例如，2010 年 6 月，智利国会修订电信法，成为世界上第一个确立网络中立的国家；修订后的电信法禁止 ISP 任意屏蔽、干扰、歧视、阻止或者限制互联网用户通过互联网使用、发送、接收或者提供互联网内容、应用、服务或者其他类型的合法活动的权利，ISP 必须一视同仁地向所有互联网内容提供接入服务，不能因为来源或者权属而差别对待。2012 年 6 月，紧随智利之后，荷兰将网络中立写入立法，成为欧洲第一个确立网络中立的国家。2012 年年末，斯洛文尼亚通过一部电子通信法，将网络中立写入其中，成为确立网络中立的第二个欧洲国家。欧盟于 2015 年 10 月通过一项涉及网络中立原则的提案，但在具体规则上略不同于美国 FCC 的网络中立新规。虽然欧盟的网络中立原则要求平等对待所有互联网流量，不得歧视，但是在网络能力充足的情况下，运营商可以为那些对质量有特殊要求的网络服务提供优化处理服务，这被认为是向网络快车道、零费率服务等流量管理措施提供

---

❶ cnBeta：《AT&T CEO 力挺开放互联网：消费者需要“互联网权利法案”》，访问日期：2018 年 1 月 25 日。

了方便之门[1]。2016年，印度电信管理局（TRAI）通过一项法规，其中涉及网络中立的规定，禁止零费率服务。

由于人们越来越认识到互联网在社会和经济活动中的基础性地位，将互联网视为公用设施（utility）的趋势越来越强烈，从而要求ISP不得采取屏蔽、限制等歧视性措施。因此，无论是在国际层面还是在国内层面，支持网络中立的声音渐成主流，通过法律、法规、司法判例等多种形式承认、确立网络中立原则，因为这关系着互联网创新和自由竞争之未来。在运营商屡屡违背网络中立、推行网络中立遇到多重障碍、人们对网络中立的内涵未能达成共识的背景下，人们依然需要通过网络中立原则的确立维护一个开放、自由、充满竞争的互联网，因为随着社会经济越来越依靠于互联网，这已经不仅仅关乎互联网的未来，而且关乎社会经济的未来。美国法院在美国电信协会诉FCC一案中以强有力的声音支持网络中立，将网络接入服务视为公用设施，从而要求平等、无歧视地对待所有互联网流量和内容，这是网络中立的一次胜利，值得借鉴和学习。但是由于网络超越国界，因此网络中立不仅仅是一国之事，而且是一个国际性问题，需要各国共同应对，以维护世界互联网的开放性，唯其如此，互联网经济才会是一个公平、自由竞争的经济，才会对社会经济带来长远的重大影响。

5.2 视频聚合盗链行为的法律规制

随着互联网技术的不断革新以及网络视频产业的不断发展，人工智能、云计算、区块链等新技术的出现改变了人们在移动互联网时代对内容的获取方式和传播途径，也带来了聚合侵权、云盘侵权等系列产业纠纷，不断冲击现有的版权制度。视频聚合类APP的出现以“视频聚合平台”标榜，通过播放器嵌套、定向链接、网页聚合等形式，利用深链聚合技术、播放器平台等构筑网络信息平台，培育并不断扩大用户基础，对外声称聚合全网海量视频资源，并以去除广告等作为宣传，通过具有诱惑性的语言和焦点图片诱导用户下载安装，非法提供盗版、涉黄涉暴等内容的视频。这类软件的装机量很多都在百万级别以上，用户数量和影响力不亚于正版视频网站，社会危害性不容小觑，“聚合

[1] 曹建峰、李正：《欧盟网络中立规则评述——一个更开放的欧盟互联网》，《信息安全与通信保密》，2016年第12期，第65页。

盗链”已演变成一种对正版视频产业极具危害性的商业模式。

在“聚合盗链”模式下，视频聚合软件采取技术手段破解各大视频网站的技术保护措施，获取正版视频网站服务器上存储的影视作品资源，在其软件内向用户传播影视作品资源。这种做法转嫁了架设服务器以及购买带宽、采购版权的高昂成本，违背正版视频网站的意愿分走用户流量，获取自身的广告利益。[1] 据各大视频网站不完全统计，国内视频网站为运营正版视频每年支出的宽带成本高达46.8亿元。每年因盗链、网盘侵权损失的流量VV数量[2]超过24430911.5千次，广告收益的损失至少在18亿元以上。[3] 而各大主流视频网站用于视频采购的成本每年高达180亿元。[4] 从商业模式上来看，这种做法严重扰乱了市场的公平资源配置与成本效益原则，亟待通过适当的方式进行规制。

5.2.1 我国对聚合盗链规制的司法困境

5.2.1.1 司法解决方案多样，各法院适用的审判标准不一

从目前各地的司法实践来看，由于权利人的权利受到侵害的问题突出，这种聚合类APP造成的商业利益损失巨大，近年来相关案例层出不穷。归纳各地的司法实践，有如下几种规制路径：

直接侵权。司法实践中越来越多的聚合盗链案例倾向于被认定为直接侵权，这一趋势也正是由于实务中大家对聚合盗链的本质和危害性认识更加深入而体现出来，然而纵观法院对此类案件做出直接侵权判决的审理思路却不尽相同。早期法院依据用户感知标准[5]，认为聚合盗链行为在用户的角度看来是聚

---

[1] 互联网视频正版化联盟《关于聚合平台盗链侵权问题的行业分析报告》，第3页。

[2] 日视频播放量。日视频播放量（VV）、日独立访问用户数量（UV）这两个指标是目前视频网站的主要流量参数。

[3] 互联网视频正版化联盟《关于聚合平台盗链侵权问题的行业分析报告》，第4页。

[4] 比如，韩国电视剧《Doctor异乡人》此前在大陆地区的网络版权费接近千万元；爱奇艺视频2014年为购买《爸爸去哪儿》《快乐大本营》等五档综艺节目的独家播放权而支付了2亿元，再比如，腾讯2015年以五年五亿美元拿下美国NBA的网络独播权，这是新浪之前每年支付的2 000万元版权费的五倍。资料来源：互联网视频正版化联盟《关于聚合平台盗链侵权问题的行业分析报告》，第4页。

[5] 王迁：《论提供“深层链接”行为的法律定性及其规制》，载《法学》2016年第10期。使用户在不离开设链网页的情况下欣赏被链内容，导致“从用户感知的角度，会以为是设链网站在提供该作品”，就应当认定链接提供者实施了“信息网络传播行为”。

合软件直接提供了作品，因而构成直接侵权，典型的案例如梦通诉衡准案[1]等；后来随着理论界对用户感知标准的质疑越来越多[2]，法院认定直接侵权的往往根据被告举证不能，认为原告已提供了初步的证据证明了聚合软件提供了作品，而被告不能进一步的举出证据证明自己仅仅提供链接服务，因而由被告承担举证不能的后果[3]，认定被告构成提供内容的直接侵权。典型的案例如乐视诉北京风网案[4]、乐视诉微看影视[5]等；近年来，有不少法院依据实质性替代标准[6]来认定聚合盗链直侵权，典型案例如腾讯诉易联伟达一审判决[7]、乐视诉幻电案[8]等。

共同侵权。认定聚合盗链构成共同侵权的典型案例有快乐阳光公司诉同方公司案[9]，瑞亚阳光诉我乐、千钧案[10]，激动诉千钧、我乐案[11]等。认定构成共

---

[1] 北京市海淀区人民法院（2007）海民初字第25153号民事判决书。又如重庆高级人民法院认为“以普通网络用户的网络知识程度和阅读网络内容的习惯，网络用户不一定知道被告的网站同其他网站已经建立了链接，其内容服务提供者已经并非被告，从而使网络用户误以为其内容仍为被告提供。”参见：重庆市高级人民法院民事判决书（2008）渝高法民终字第145号。

[2] 王迁：《网络环境中版权直接侵权的认定》，《东方法学》2009年第2期。作者认为：以用户的感知作为判断网络服务提供者是否实施了信息网络传播行为的标准。显然，这是一个主观标准……“用户感知标准”在法理上是难以成立的。无疑，“用户感知标准”将极大地阻碍搜索技术的发展，利益平衡荡然无存。

[3] 崔国斌：《得形忘义的服务器标准》，《知识产权》2016年第8期。

[4] 北京市朝阳区人民法院（2013）朝民初字第6662号民事判决书。法院认为：乐视网公司明确表示未以涉案形式向第三方授权涉案影视作品的信息网络传播权，亦未将其自己视频网站的端口开放给土豆网，风网信息公司亦未提交相反证据。故本院认为风网信息公司并未就其软件所播放涉案电影系链接于第三方网站提供充分证据。综上，本院依据现有证据认定风网信息公司未经许可在线传播了涉案影视作品《一路有你》，侵害了乐视网公司所享有的信息网络传播权。

[5] 北京市知识产权法院（2015）京知民终字第1874号民事判决书。

[6] 我国《最高人民法院关于审理侵害信息网络传播权民事纠纷案件适用法律若干问题的规定》第五条规定，网络服务提供者以提供网页快照、缩略图等方式实质替代其他网络服务提供者向公众提供相关作品的，人民法院应当认定其构成提供行为。因而有观点认为实质性替代标准来源于此条规定，认为聚合盗链软件实施的行为从行为效果上代替了被链网站的服务，因而构成提供作品行为，侵犯了信息网络传播权。

[7] 北京市海淀区人民法院2015海民（知）初字第40920号民事判决书。法院认为：易联伟达公司并非仅提供链接技术服务，还进行了选择、编辑、整理、专题分类等行为，主观上存在积极破坏他人技术措施、通过盗链获取不当利益的过错；其一系列行为相互结合，实现了在其聚合平台上向公众提供涉案作品播放等服务的实质性替代效果，对涉案作品超出授权渠道、范围传播具有一定控制、管理能力，导致独家信息网络传播权人腾讯公司本应获取的授权利益在一定范围内落空，构成侵权。

[8] 上海市浦东新区人民法院（2015）浦民三（知）字第595号民事判决书。

[9] 北京市知识产权法院（2015）京知民终字第559号民事判决书。

[10] 北京市朝阳区人民法院（2010）朝民初字第02394号民事判决书。

[11] 北京市第二中级人民法院（2010）二中民终字第03086号民事判决书。

同侵权的案例都有一个共同点，就是被链网站播放了侵权作品，且聚合盗链软件具有主观过错，明知或应知被链网站侵权情况的存在。然而随着聚合盗链商业模式的变化，被链网站往往是经合法授权的正版视频网站，认定共同侵权的前提不复存在，因而对聚合盗链行为进行规制，对原告的权利进行充分救济的问题根源又回到了聚合盗链行为性质的认定。

不正当竞争行为的认定。对于聚合盗链行为构成不正当竞争的认定法院争议较小，比较典型的案例有乐视诉“电视猫”案❶、爱奇艺诉聚网视案❷、搜狐诉“看客影视”App案❸等。在上述案例中法院均认为聚合盗链行为未经原告授权，破坏原告设置的技术保护措施，绕过原告网站的会员收费机制，屏蔽原告的广告，分流原告的流量造成原告的广告收入损失，属于不正当竞争。原告以不正当竞争的诉由起诉承担的败诉风险较小，然而由于被告聚合盗链造成的巨大成本损失却不能得到充分救济。有的法院在认定不正当竞争时避开了对聚合盗链是否侵犯信息网络传播权的认定，有的法院也在认定构成不正当竞争的同时认定构成信息网络传播权直接侵权，如乐视诉电视猫案；也有法院在认定不正当竞争的同时，认为聚合盗链不构成信息网络传播权直接侵权，如搜狐诉“看客影视”App案。

认定不侵权。在腾讯诉易联伟达一案中，北京市知识产权法院做出的二审判决认为服务器标准❹是判断信息网络传播行为的合理标准，在信息网络传播过程可能涉及的各种行为中只有初始上传行为符合要求，由于聚合盗链行为没有将视频资源上传至自己的服务器，而是通过破坏技术保护措施的方式从第三方网站的服务器上获取资源，因而聚合盗链行为不是信息网络传播行为，不构成信息网络传播权直接侵权。另外，用户感知标准以及实质替代标准都不是信息网络传播行为的认定标准，原告的损失可以通过以破坏技术保护措施为诉由向法院起诉。❺

---

❶ 北京市朝阳区人民法院（2015）朝民（知）初字第44290号民事判决书。

❷ 上海市杨浦区人民法院（2015）杨民三（知）初字第1号民事判决书。

❸ 上海知识产权法院（2016）沪73民终68号民事判决书。

❹ 陈锦川：《关于网络环境下著作权审判实务中几个问题的探讨》，载《知识产权》2009年第6期。作者指出：所谓服务器标准，即认定某一行为是网络传播行为还是提供网络服务行为，应以所传播的信息是否存在于该传播主体的服务器上为标准；用户感知标准是，即使网络服务提供者仅仅提供了技术服务，但其服务的外在形式使用户误认为是该主体在提供信息的可以认定其是内容提供者。

❺ 北京知识产权法院（2016）京73民终143号民事判决书。

5.2.1.2 我国司法实践对聚合盗链的误读

造成上述司法审判结果多样，裁判思路不一致的原因，同目前司法实践中和学界对聚合盗链技术原理的理解不一致有密切关系，这也是导致对聚合盗链行为性质认定出现分歧的根本原因。对技术层面理解的偏差会直接影响法律认定过程中对是否构成信息网络传播行为的理解出现不一致。因此厘清聚合盗链的技术实现原理的前提是对我国信息网络传播权以及信息网络传播权控制的传播行为范围准确的解读，也即对版权的权利边界明确的把握[1]。目前司法实践中出现的用户感知标准、实质替代标准、服务器标准等都不是司法适用的唯一标准，也不是学界认可的统一标准。用户感知标准缺乏客观性，实质性替代标准从获益或损害后果出发作为行为性质认定的考量因素不符合客观行为定性逻辑，服务器标准更是拘泥于技术的泥沼，不能与时俱进。[2]

其次，对于聚合盗链行为起诉的理由多样，权利人的权利得不到充分的救济。目前司法实践中的案由主要是信息网络传播权侵权、不正当竞争以及破坏技术保护措施，然而不正当竞争与破坏技术保护措施都不是权利人救济其权利的最终办法，聚合盗链毕竟是以“作品传播利益”为中心的，所以为了避免版权法的碎片化，应尽量减少反不正当竞争法的介入。[3] 反不正当竞争法应当处于补充与兜底的地位，在依据版权法可以对聚合盗链行为进行定性及规制时，不应当适用反不正当竞争法而使得版权法落空。[4] 另外，被链网站与权利人不是同一主体时，即被链网站是分销主体时，聚合软件与权利人不存在竞争关系，聚合软件分流了被链网站的流量，而权利人却损失了分销利益。采取破坏技术保护措施的诉由在同样的情况下，权利人的利益无法得到保护，被链网站与权利人不同时，聚合软件破坏的技术保护措施是被链网站采取而并非权利人采取的，此种情况下权利人不具备原告资格，无法通过破坏技术保护措施来维护自己的权利；更进一步，聚合软件的损害行为并非破坏技术保护措施这一

---

[1] 杨明《聚合链接行为定性研究》，《知识产权》2017 年第 4 期，作者认为其始点在于如何理解著作权的本质，借此才能确立适当的方法来判断著作权的边界，进而在此基础上，我们才能探讨聚合链接行为是否直接触及了著作权的边界（即著作权侵权的实质内涵）。所谓著作权的本质，简言之即权利主体所享有的是怎样一种性质和特点的权利，其与著作权制度的立法宗旨——著作权法究竟要保护什么、该法律保护要实现何种目标——密切相关。

[2] 崔国斌：《得形忘义的服务器标准》，《知识产权》2016 年第 8 期。

[3] 冯晓青：《视频聚合平台盗链行为直接侵权的认定》，《人民法院报》2016-08-03（007）.

[4] 薛军：《互联网不正当竞争的民法视角》，法制网 2015 年 10 月 27 日发布，http://www.legaldaily.com.cn/IT/content/2015-10/27/content_ 6325669.htm?node=78871.

部分，聚合盗链的行为对于本应该属于版权人控制的传播范围进行了扩大，损害了版权人的传播利益，这一部分的损害行为应当通过版权专有权利进行规制。

5.2.2 揭开“聚合盗链”的技术面纱

除了司法实践的认定标准不一，存在较大分歧之外，学界的学者也对聚合盗链行为到底构成直接侵权还是间接侵权的问题争论不休，在对“聚合盗链”这一行为进行法律定性时必须先探明其实现背后的技术原理。

5.2.2.1 聚合盗链≠破坏技术措施+深层链接

在司法实践中与理论界，常常有观点将“聚合盗链”与“深层链接”联系起来，认为聚合盗链是在深层链接的技术上发展起来，❶ 聚合盗链可以简单地分解成破坏技术保护措施加上深层链接，而破坏技术保护措施只是一种手段行为，并不影响聚合盗链是否侵犯信息网络传播权，进而得出聚合盗链的行为本质等同于深层链接的本质的结论。❷ 这种理解是不准确的，聚合盗链的实现原理与深层链接的原理是不同的，更不能将聚合盗链简单地分解成破坏技术保护措施加深层链接。参考维基百科中关于 deep linking 的定义，深层链接即在万维网的环境中，链接到网站中可公开检索的具体内容（如“http://example.com/path/page”），而非链接到网站首页（如“http://example.com/”）的超链接方式。❸ 具体而言，深层链接是超链接的一种方式，包括链接到网页次级页面、网页中某个具体文件的链接方式，但不包括链接到网站首页的链接方式

---

❶ 王迁：《论提供“深层链接”行为的法律定性及其规制》，载《法学》2016 年第 10 期，第 25 页。作者在文中指出：以“深层链接”为基础的网络技术和商业模式也在更新，出现了“聚合”服务，如视频聚合、音乐聚合和新闻聚合等。所谓“聚合”，是指对在他人网站服务器中存储和传播的大量作品提供以作品名称形式出现的“深层链接”，并进行分类和排序。用户在点击作品名称（背后是“深层链接”）之后，通常在不脱离设链网页的情况下就可欣赏被链作品。……对于破解其他网站的技术措施并相应地提供“深层链接”的行为，著作权法中禁止规避技术措施的条款可进行规制。

❷ 林子英、崔树磊：《视频聚合平台运行模式在著作权法规制下的司法认定》，载《知识产权》2016 年第 8 期，第 37 页。作者在文中指出：视频聚合平台采用的主要运营模式是大家通常所说的“深度链接”方式，指的是那些不链接到网页，而是直接链接到视频内容的方式，用户可在不离开视频聚合平台的情况下，直接获取视频内容，实现观看……根据其行为手段及所采取的技术手段的不同，视频聚合平台又分为采用一般深度链接手段的聚合平台及采用盗链手段的聚合平台。

❸ 维基百科中关于 Deep linking 的定义为：In the context of the World Wide Web，deep linking is the use of ahyperlink that links to a specific，generally searchable or indexed，piece of web content on a website（e. g.，“http://example.com/path/page”），rather than the website's home page（e. g.，“http://example.com/”）.

（如网址导航、友情链接）。[1] 在理论界与司法实务中，深层链接所指往往与技术规范意义上的深层链接所指不同，理论界与实务中认为通常情况下，如果链接提供者在引导用户获得被链接内容时，无须进入被链网站即可获得被链接内容，则该链接行为被称为深层链接行为。[2] 可见理论界与实务中所指深层链接并非要求万维网环境，也并不要求链接内容属于公开可检索。技术规范意义中的深层链接属于有益的互联网链接技术，而理论界与司法实务中所指的深层链接属于性质有争议的链接技术，它不满足产业界提出的合法链接四要件，即内容公开、完全跳转、完全呈现、全网搜索[3]，不被被链网站所欢迎。而如今的聚合盗链采取的技术相比较理论界和司法实务中所指的性质有争议的深层链接并不是一回事，甚至更为恶劣。下文将详细论述聚合盗链的技术实现过程与深度链接不同之处。

5.2.2.2 聚合盗链技术抓取的是存放在私有服务器中的内容

在正版视频网站视频播放的过程中，一般会涉及网页地址[4]、flash 地址[5]、视频文件地址[6]三个代表着不同含义的 URL 地址。其中，网页地址会在浏览器的地址栏中完整展示，这个网页地址展示的是完整的网页内容，包括了视频播放框、周边的广告框以及其他相关的网页内容，这个地址是公开的，相当于视频网站的首页，通过点击搜索链接或其他网页的链接，可以进入提供视频播放的网页（即网页地址），这就是通常所说的普通链接；第二个地址 flash 地址（相对地址），完整网页中文字、图片、广告、动画等不同的内容对应了不同

---

[1] 参见：http：//en. wikipedia. org/wiki/deep-linking，访问时间：2016 年 11 月 14 日，网页更新时间 2016 年 11 月 11 日。

[2] 王迁：《论提供“深层链接”行为的法律定性及其规制》，载《法学》2016 年第 10 期。作者认为：某些“深层链接”可导致在不发生网页跳转的情况下，在设链网页展示被链作品。在“深层链接”指向以媒体格式文件形式存在的各类作品的情况下，对被链作品的展示、播放和下载由于表面上并未离开设链网页，同时此类链接也往往不以网络地址的原始形式出现，而仅仅使用了作品名称、图标等文字或图形信息，使人无从知晓信息背后是一个指向其他网站中媒体格式文件的链接，由此造成不少用户误认为被链作品来自设链网站。参见北京知识产权法院（2016）京 73 民终 143 号民事判决书。

[3] 刘政操，田小军：《从乐视诉电视猫案看聚合盗链的司法定性》，《中国知识产权报》，2016 年 9 月 2 日版，第 10 页。

[4] 这里的三个 URL 仅指视频网站视频播放过程所涉及的网址。网页地址是指通过网站观看影视作品，首先需要打开或者通过链接进入播放影片所在的网页。

[5] flash 地址，又叫相对地址，是指完整网页中文字、图片、广告、动画等不同的内容模块对应的不同的地址。

[6] 视频文件地址，又叫绝对地址，是指存储视频文件的地址，即文件来源地址。

的 flash 地址，视频文件有一个不同于网页地址的 flash 地址与之对应，在网址栏输入该 flash 地址打开的是只有影片播放内容的页面，第三方网站可以自行编辑该 flash 地址，从而实现在自己网站内呈现视频内容，也即所谓的加框链接或嵌套播放，理论界和司法实务中所指的深层链接也是通过对 flash 地址进行编辑来进行实现；第三个地址视频文件地址（绝对地址）是指文件来源地址，这个文件来源地址就是储存视频文件的 URL 地址。由于视频文件的版权成本较高，视频网站往往将视频文件存储在外部无法公开检索的服务器中。视频聚合软件，通过破解视频网站的技术措施，伪造密钥获得视频文件地址，进而抓取视频网站内容服务器的视频文件，在自己软件界面内向用户提供播放或下载的行为，就是聚合盗链。❶ 由此可见无论是技术规范意义上的深层链接还是司法实践中所指深层链接与聚合盗链实现的技术原理都不同，聚合盗链具有更大的主观恶意与破坏性，抓取的内容是视频网站花大力度设置保密措施的属于私有领域的服务器中的，而不像深层链接和修改的是互联网环境下可公开的 flash 地址。

5.2.2.3 聚合盗链通过仿造密钥实现对内容的直接获取

在聚合盗链模式下，被链视频网站由于购买带宽、采购版权成本巨大，一般会实现播放器与服务器分离，对其服务器中的内容采取技术保护措施。正版视频网站自己播放视频时，视频客户端或播放器请求播放视频后，播放服务程序会生成视频地址鉴真密钥 ckey 加密字串，嵌入 HTTP 请求中，服务器接收到这个 HTTP 请求后，根据特定的解密算法，解密该 ckey，并返回嵌入视频播放密钥 vkey 值的相应剧集播放地址，视频得以正确播放。❷ 从上述正版视频网站播放视频的实现过程来看，视频客户端或播放器与服务器的互相请求回应是必不可少的，上传至服务器与播放器请求同时构成提供视频行为的两个组成部分，完整的视频提供行为包括了前期上传至服务器以及后续视频客户端或播放器向服务器请求播放，通过 ckey 验证机制，从而由客户端播放器向用户提供。仅仅上传至服务器不能达到使公众获得的可能性，因而信息网络传播权控制的提供行为不应当仅仅包括上传至服务器。在聚合盗链软件实现视频播放的过程中，相当于视频聚合软件代替了正版视频网站播放视频时视频客户端或播放器

❶ 邹良城：《聚合盗链行为的实现原理与法律规制》，载于腾讯研究院官网：http://tencentresearch.com/4899 访问时间：2017 年 6 月 24 日。

❷ 徐利再：《移动互联网视频业务盗链分析及对策研究》，《软件》2012 年第 5 期。

的功能，聚合盗链软件伪造鉴真密钥 ckey 获取视频播放密钥 vkey 值，骗取了正版视频网站服务器的响应，盗取了正版视频网站不对外公开的服务器中的内容，实现向用户提供。无论是正版视频网站自身的视频播放行为还是聚合盗链中聚合视频软件播放视频的行为，都是后期播放器或聚合盗链软件向服务器请求，通过验证获取视频文件的环节使得视频内容处于被公众获取的可能性状态。

从上述正版视频网站与聚合盗链软件播放视频过程对比来看，两者都实现了将不对外公开的服务器中的视频资源提供给公众的行为。对于正版视频网站播放视频的行为，毫无疑问属于信息网络传播权控制下的提供内容的行为。而对于聚合盗链行为由于没有上传至服务器这一与正版视频网站的唯一区别的环节，对其是否是信息网络传播行为产生了争议。从聚合盗链软件主观意图看，其旨在向用户提供内容，实现一站式播放；从客观行为上看，聚合盗链实施了将第三方网站不公开的服务器中的内容向公众传播，使得公众可以在选定时间选定地点获得的可能性状态；从行为效果上来看，聚合盗链软件扩大了视频内容的传播范围，使得权利人对作品的传播失去了控制。信息网络传播权作为版权法中一项具有排他性的财产权，其排他效力体现在两个方面，一是权利人对提供行为的控制，二是权利人对公众范围的控制。保障这种排他性乃信息网络传播权得以实现其功能的关键前提。反之，如果权利人提供作品的方式和渠道能够被任意替代，信息网络传播权的排他性效力则无从实现，权利本身亦形同虚设。❶ 聚合盗链行为使得权利人丧失了对作品传播的控制，因而应当属于信息网络传播权核心控制的传播环节。

如果以服务器标准作为判断信息网络传播行为的标准，仅将初始上传至服务器的行为作为信息网络传播权控制的行为，那么根据被链网站存储内容侵权或不侵权可得出聚合软件间接侵权或不侵权的结论。无论哪种情形下，享有信息网络传播权的正版网站为购买版权付出的巨额成本，架设服务器和购买带宽的高昂费用以及广告收入损失均无法得到补偿，法律对聚合盗链的定性对技术和产业的发展有着深远的影响，依据服务器标准认定聚合盗链行为不构成信息网络传播行为必然使得聚合盗链的商业模式更加猖獗，而正版视频网站的经营模式将严重受损，长此以往，视频行业做正版的越来越少，而做盗链的却越来越多，这对版权人的权利将产生严重的影响，不符合版权法“鼓励作品的创

---

❶ 熊琦：《聚合平台深层链接究竟适用什么标准》，《中国知识产权报》，2017 年 2 月 10 日版，第 10 页。

作与传播”之价值。

5.2.3 “提供”行为辨析——以美国法为启示

判断聚合盗链是否构成信息网络传播权直接侵权的关键在于判断行为是否落入信息网络传播权控制的行为范围内。根据我国《著作权法》第十条第（十二）项的规定，信息网络传播权，是指以有线或者无线的方式向公众提供作品，使公众可以在其个人选定的时间和地点获得作品的权利。如何界定“提供”作品的行为是判断是否构成侵权的关键。从上文的聚合盗链的技术原理的梳理可以看出，聚合盗链行为实际上是在信息网络环境下在未经权利人许可的情况下实施的对作品的后续传播行为。这种行为是否应被纳入信息网络传播权规制的范围呢？厘清信息网络传播权的控制范围应当结合信息网络传播权的立法渊源，认定“提供行为”的含义应当理解不同国家的规制路径及产生背景，进行正确理解和解读。

我国《著作权法》对信息网络传播权的规定来源于世界知识产权组织版权公约（WCT）第8条后半段，WCT第8条规定了“向公众传播的权利”（right of communication to the public），即文学和艺术作品的作者应享有专有权，以授权将其作品以有线或无线的方式向公众传播，包括将其作品向公众提供，使公众中的成员在其个人选定的地点和时间可获得这些作品。[1] 该条款的目的不在于强制条约的缔约国在其本国的立法中新增一项专有权利，而是采用所谓的“伞性解决方案”,[2] 从而将该问题交由成员国自行解决。我国专门以信息网络传播权对作者“向公众传播的权利”进行了规定，做出了最低限度的保护，但如何理解我国的信息网络传播权还需要结合立法渊源以及现实需要的考量；而美国在其本国版权法的基础上，并没有进行相应的修改的调整，而是由现有法律体系内的“表演权”“展示权”以及“发行权”来共同控制网络环境中的交互式传播行为。无论哪种立法模式都应当对权利人的传播权利进行充分的保护。

5.2.3.1 “服务器标准”的适用之争

美国法上的“服务器标准”的适用之所以被广泛讨论，源于美国联邦第

---

[1] 国家知识产权局官网：http://www.sipo.gov.cn/zcfg/gjty/201509/t20150910_ 1173640.html，访问时间：2016年11月12日，更新时间：2015年9月10日。

[2] 王迁：《网络环境中的著作权保护研究》，法律出版社，2011年版，第115页。

九巡回上诉法院审理的 Perfect 10 诉 Google 一案（以下简称“Perfect 10”案）。[1] 在该案中，美国联邦第九巡回上诉法院运用“服务器标准”判定被告的行为是否侵犯“公开展示权”（right of display）。在本案中，原告 Perfect 10 拥有系列裸替照图片的合法版权，被告 Google 公司是全球最大的搜索引擎服务提供商提供。被告将所有保存了原告 Perfect 10 图片的网页在系统里进行了缓存，通过缩略图的形式展现，用户点击 Google 搜索就可以看到这些缩略图，不用再行访问原告的网站。当用户点击该缩略图后，Google 通过上下两个方框来分别展示 Google 的缩略图和原图，缩略图上注明了原图的尺寸和原图的 URL 地址。鉴于上述行为，原告起诉被告的行为构成版权直接侵权。[2] 审理本案的初审法院加州中区法院指出，对于内嵌链接（in-line linking）或加框链接（framing），判断其是否侵犯“展示权”有两种测试标准即“服务器标准”（server test）和“嵌入标准”（incorporation test）。[3] 这两种标准会导致两种截然不同的结果。根据“服务器标准”，如果一个网站仅设置了嵌入链接而没有在其服务器上存储这些内容则可以免除直接侵权的责任；按照“嵌入标准”，如果一个网站在其网站的内嵌链接或加框链接中链接了第三方的内容责任可能面临直接侵权的风险。[4] 二审联邦第九巡回上诉法院采取了“服务器标准”，认定 Google 公司由于没有在其服务器中存储原图，不构成对原图使用的直接侵权；但是，由于 Google 将缩略图存储在其服务器上并提供给用户，该行为构成了直接侵权且不构成合理使用。[5] 该案的判决成为我国司法实践中采用“服务器标准”的域外范本。但是，“服务器标准”的适用是否能够解决有链接引发侵权的问题呢？美国联邦第九巡回上诉法院对美国版权法的解读和对技术的理解是否正确呢？答案并不尽然。

2018 年 2 月，纽约南区地方法院在 Justin Goldman v. Breitbart News Network, LLC, et al.[6] 案件中（以下简称“Justin”案），对“服务器标准”的适用提出了质疑。本案中，原告将自己拍摄的照片上传至自己的 Snapchat 账户中，之

[1] Perfect 10 v. Google, Inc.,（416 F. Supp. 2d, 2006）.

[2] Perfect 10 v. Google, Inc.,（416 F. Supp. 2d, 2006）.

[3] 在两个标准的区分上，在“服务器标准”下，如果设链方没有在自己的服务器上存储侵权文件，而是链接到第三方的网站上，则可以免除直接侵权责任。在“嵌入标准”下，任何网站如果将第三方的网站的内容嵌入或通过深链（in-line link）的方式链接到自己的网站上可能面临直接侵权的风险。

[4] Perfect 10 v. Google, Inc.,（416 F. Supp. 2d, 2006）.

[5] Perfect 10 v. Google, Inc.,（416 F. Supp. 2d, 2006）.

[6] Justin Goldman v. Breitbart News Network, LLC, ect, 2018 CV 3144 KBF（S. D. N. Y. Feb. 15, 2018）.

后照片被多个用户上传至 Twitter 社交网络。被告是多家新闻媒体，他们通过在各自的新闻网上通过“内嵌”（Embedding）的方式将照片和相关的文章予以公开报道，原告起诉其构成对美国法上“公开展示权”的侵犯。本案的法官明确拒绝适用“服务器标准”用以判断是否构成侵权，认为被告的通过“嵌入”方式❶传播作品的行为即使没有将作品存储在自身的服务器中，亦构成对“展示权”（display right）的直接侵权。

5.2.3.2 “服务器标准”不能适应新技术的发展

上文中论及是否适用“服务器标准”的两个案例都涉及美国版权法中的公开展示权，根据美国《版权法》第 106 条（5）的定义以及第 101 条（A）中的解释，展示作品，是指直接或者以胶片、幻灯片、电视图像和其他装置或方法呈现作品的复制件。❷ 在 Perfect 10 案中，被告将原告的图片缓存到服务器上生成的副本，而且网络用户通过 Google 搜索服务在浏览器上可以获取该图片的缩略图，法院因此认定被告的行为构成对展示权的侵犯，但被告展示原图的行为因为没有将原图的副本存储在自己的服务器中而不构成对展示权的侵犯。❸ 同样的对原图（照片）未经存储而展示的行为，在 Justin 案中被告的行为被认定为侵权。类似的行为之所以会出现不同的审理结果，其根本看似在于是否适用“服务器标准”，但究其本质在于对“展示权”的正确理解。根据上文的定义，美国版权法的定义中并没有要求对展示权的侵犯以存储该作品为前提条件，相反，美国《版权法》第 101 条中关于“展示权”的进一步解释中明确展示的方式和途径可以是“任何的设备或者途径”，为了更加灵活面对日后可能会出现的新型传播方式，例如 Justin 案中出现的“嵌入”式等方式，法条中对任何设备和途径进一步作出说明，即“人们目前已知或未来发展”的新方式。由此可知，Perfect 10 案中，美国联邦第九巡回上诉法院运用“服务器标准”判断是否构成对“展示权”的侵犯是对“展示权”的误读。

---

❶ 所谓“嵌入”方式在网页上“嵌入”图像是一种编码员的行为，该编码人员有意将特定的“嵌入”代码添加到 HTML 指令中，该代码将合并在第三方服务器上的图像合并到网页上。为了嵌入图像，编码器或网页设计师将在 HTML 指令中添加一个“嵌入代码”。此代码将浏览器指向第三方服务器以检索图像。之后，嵌入的图像将超链接链接到第三方网站。其结果是：一个无缝集成的网页，混合了文字和图像，但底层图像可能托管在不同的位置。大多数社交媒体网站（如 Facebook，Twitter 和 YouTube）都提供了代码和网页设计师可以轻松复制的代码，以便能够嵌入自己的网页中。参见：Justin Goldman v. Breitbart News Network，LLC，ect，2018 CV 3144 KBF（S. D. N. Y. Feb. 15，2018）.

❷ 杜颖、张启晨译：《美国著作权法》，知识产权出版社，2013 年版，第 3 页。

❸ Perfect 10，Inc，ect. V. google，Inc.（508 F. 3d 1146，2007）.

其次，虽然Perfect 10案是由美国联邦第九巡回上诉法院作出的裁决，但是对于“服务器标准”适用于判断展示权侵权以及公开发行权❶的裁判思路美国的法院大多持保留意见。例如纽约州的多个地区法院以及科罗拉多州及得克萨斯州等法院在不同的案件中分别指出不予适用“服务器标准”。❷ 纽约南部地区法院认为如果采用“服务器标准”，可能会带来灾难性的后果。权利人可能因为无法控制自己拥有版权的作品而损失授权费用，从而损害权利人继续创造的意愿，进而对行业的发展带来负面影响。❸

5.2.3.3 美国联邦最高法院裁判思路的借鉴

美国联邦最高法院虽然没有对判断展示权、公开发表权等是否适用“服务器标准”给出答案，但是其在ABC，Inc. V. Aereo，Inc.❹ 案中的裁判思路为我们解决该问题提供了有益的借鉴。本案中被告Aereo公司通过订阅用户付费的形式，将广播电视频道播出的节目在用户点击选择观看或录制某一节目时，转化为用户可以在互联网上观看的节目形式，❺ 用户可以在其手机、电脑上等与互联网相连接的终端上观看这些节目。Aereo的行为没有获得版权人关于录制和传送这些节目的合法授权。美国联邦最高法院在该案件中推翻了一审和二审法院的判决，认定Aereo公司的行为侵犯了原告的“公开表演权”。

该案的争议在于Aereo公司的行为是否够成“公开表演”？根据美国《版

---

❶ 在Perfect 10 v. Google一案中也有阐述，一审法院认为对版权作品的要求“实际散播作品的复制件”，也即将作品从一台电脑转移到另外一台电脑，一审法院认为Google虽然设置链接但是并没有将原有尺寸大图片直接传送到用户的电脑中，因此不构成发行。Google设置链接的行为虽然为用户找到完整尺寸的图片提供了路径，但是没有实际将复制件发送给用户，因此不构成侵犯发行权。该案对公开发行权的判断依然采用“服务器标准”。

❷ 在Live Face on Web，LLC. v. Biblio Holdings LLC，（S. D. N. Y. Sept. 12，2016）、MyPlayCity，Inc. v. Conduit Ltd.，（S. D. N. Y. Mar 30，2012）、Person Education，Inc. v. Ishayev，936 F. Supp. 2d 239（S. D. N. Y. 2013）、Grady v. Iacullo（D. Colo. Apr. 18，2016）、The leader's Institute，LLC. V. Jackson（N. D. Tex. Nov. 22，2017）等案中，法院分别表达了类似的观点。

❸ Justin Goldman v. Breitbart News Network，LLC，ect，2018 CV 3144 KBF（S. D. N. Y. Feb. 15，2018）.

❹ ABC，Inc. V. Aereo，Inc.（134 S. Ct. 2498，2014）.

❺ 当用户选择观看或录制某一个节目时，网页浏览器会给Aereo“应用服务器”（application server）发送一个请求，然后应用服务器会发送用户的信息以及它选择的节目给“天线服务器”（antenna server），然后天线服务器会分配一个特定的天线给用户，这些天线就负责从广播电视频道接收用户选择的节目信号。天线服务器从天线处接收到数据后，就会把该数据发送到“中心服务器”，在该中心服务器，会生成用户的个人的文件目录，并将节目复制件置入该文件目录里，无论用户选择观看节目还是选择录制节目，系统都会按照这样的流程运行。参见：ABC V. Aereo（134 S. Ct. 2498，2014）。

权法》第 101 条 A 款额定义，版权权利人享有“公开表演其作品的排他性权利”[1]，其中包括“向公众传播或提供受版权保护的作品，通过任何设备或程序，无论公众能否接收到该表演，也无论公众在同样的地点或不同的地点，同时或在不同的时间接收该表演。”[2] 如何判断美国法上是否构成“表演”？美国国会指出[3]“公开表演”的概念不仅包括初始的提供或展示，也包括之后进一步向提供或传播公众的行为。[4] 根据这个判断标准，法院认为，Aereo 公司不仅仅是简单的设备提供者，其行为的性质类似于有线广播公司，其出售的服务可以使其订阅者在网络上获得电视节目，其服务提升了用户获得电视节目的范围，因此构成“表演”。最高院通过本案传达了这样的裁判思路：如果说本案中的 Aereo 公司提供作品的行为可以被定义为“被动性”（用户对观看节目的选择可以视为“主动性”），那么在 Justin 案中，几家媒体公司的行为更具有“主动性”，公众无法对媒体提供的新闻内容和图片做出选择。这种被动提供作品的行为尚构成侵权，那么主动提供侵权作品的行为更具可责性。[5] 此外，最高院强调对于具体技术细节的不同，对用户没有区别，其结果用户获得了具体的作品。这种结果导向性的裁判思路为网络环境中传播作品的侵权判断提供了可行的思考路径。

结合上述判例可以发现美国通过对公开展示权、公开发行权、公开表演权的规定对版权人的“向公众传播权”做出了较为全面的、高标准的保护，包括初始的提供以及后续的传播。美国判例法中的“服务器标准”备受质疑，在现行技术快速发展的时代已经不能适应新技术的发展。我国的信息网络传播权在美国法版权法上并没有完全相对应的一个权利，而是美国法上公开展示权、公开发行权、公开表演权的组合。如果根据服务器标准来判断我国信息网络传播权控制的提供行为，将会得出信息网络传播权仅仅只控制上传到服务器中的行为，而不包括后续向公众传播的结论，这与 WCT 第八条规定的“向公众传播权”以及美国法律对版权人的向公众传播权利的保护相比显得不足。

美国国会在 1976 年版权法案报告中指出：美国《版权法》第 101 条中所包

---

[1] 17 U. S. C. 106（4）.

[2] 17 U. S. C. 101.

[3] ABC V. Aereo（134 S. Ct. 2498，2014）.

[4] ABC V. Aereo（134 S. Ct. 2498，2014）.

[5] Justin Goldman v. Breitbart News Network，LLC，ect，2018 CV 3144 KBF（S. D. N. Y. Feb. 15，2018）.

括的“公开表演、公开展示、传输等”概念，不仅仅包括初始的提供和展示，也包括进一步向公众进行提供和展示的行为。在 Fox Televison，Inc. v. Filmon X LLC.[1] 案中，法院引用了国会的上述的观点认为“任何一种由图片或声音构成的作品向公众进行表演或展示的方法都可以被认为是传播。”[2] 那么在数字环境中，对作品传播的控制才是权利人对作品使用的合理控制，我们对版权的规制路径也应由传统的以复制权为核心向以传播权为核心进行转换。美国最高法院以结果为导向性的裁判思路或许是我们可以借鉴的有益探索。

5.2.4 从版权立法本意探索聚合盗链的法律规制路径

从上述对 WCT 相关规定以及美国版权法权利设置中可以看出法律不仅应当保护版权人初始上传作品的权利，同时也应当保护版权人后续传播的权利。从法经济学的角度亦可得出同样的结论，建立在工具主义或者说公共福利基础之上的激励论是一个版权法的重要哲学基础，版权法中激励作者创作的价值目标与商业化和相关的市场回报问题密切相关。从版权法的经济学方面看，可以将作者视为版权法中经济利益的搜寻者。当作者从事了版权法保障的对作品的市场控制行为并试图获取经济上的利益时，他就无形中将自己置于版权制度的激励结构中。[3] 版权法鼓励作品的创作与传播，作品的传播与版权市场密切相关，根据“理性经济人”的假设，版权人在作品的传播市场中可以获取填补其创作成本的收益，在此种前提下，版权人才会更多地创作作品将其投入市场中传播，从而达到版权法鼓励创作与传播的目的。

在聚合盗链的商业模式中，版权传播市场不再受版权人控制，而是聚合软件可以随意打破市场的边界，扩大传播的范围，版权人无法从传播市场中获取利益填补成本势必会造成版权人的创作激情削弱，从而影响我国文化产业的繁荣。另外，经济学讲究成本效益原则，成本如何适当收回并获得必要的利益是经济学的基本考量。在聚合盗链商业模式中，聚合软件与正版视频网站的成本收益显著失衡，正版网站花费巨额成本购买版权以及带宽，架设服务器，而聚合盗链者却搭便车分流走用户流量，用低廉的成本攫取本应属于正版网站的经济利益，这种成本效益失衡的商业模式会影响市场资源分配效率与市场公平。在一定程度上，版权财产权的赋予就是保障版权人获得经济利益的制度设计，

[1] Fox Televison，Inc. v. Filmon X LLC，966 F. Supp. 2d 30（2013）.

[2] Fox Televison，Inc. v. Filmon X LLC，966 F. Supp. 2d 30（2013）.

[3] 冯晓青：《著作权法之激励理论研究》，《法律科学》，2006 年第 6 期。

版权人实现版权法为其提供的利益主要来源于从专有的权利和商业化中受益。版权专有权也应当与版权人商业模式相适应，所以说，在版权激励理论视角下，传播产生市场，市场产生版权人利益，因而版权专有权应当控制传播，聚合盗链行为构成对信息网络传播权的直接侵权。

理解“传播”行为，需要从“市场”和“技术”两个维度来进行❶。上文已经分析了传播与市场的相关性，而从技术的维度来理解传播需要结合现代网络技术下传播的新形势。有学者认为，传播需要形成传播源。❷ 在日新月异的互联网技术发展下，传播技术相较于制定 WCT 条约时已发生了翻天覆地的变化，难以预见在未来传播会演变成什么新形势，所以在司法中对信息网络传播权控制的传播进行界定时，不应拘泥于立法者在条文制定时是否对新技术条件下的行为方式有无预见。❸

版权是否还能够在一个免费且容易获得复制的数字世界中生存？美国出版商协会版权理事会的法律顾问查尔斯·克拉克认为技术世界里问题不在于如何阻止人们获取和使用享有版权的作品，而是在于“如何控制这些获取和使用”。❹ 根据版权控制理论，版权是具有排他效力的财产权，是一种绝对性权利。而信息网络传播权是版权中的一项排他性权利，其权利人应当能对提供行为以及传播范围进行控制才能保障权利的实现，因而上传行为本身只是信息网络传播权规制的一个阶段或者说是一部分，并不能涵盖信息网络传播权的全部范围。上传之后权利人进一步控制作品的传播行为即对公众开放的行为才是该权利的核心内容。在数字环境中，对作品传播的控制才是权利人对作品使用的合理控制，因而聚合盗链行为应当属于信息网络传播权控制下的传播行为，只有将“聚合盗链”装入“传播”的笼子，才是对我国版权专有权的合理解读，才能实现新技术形式及新商业模式下版权人利益的有效保护。

---

❶ 杨明：《聚合链接行为定性研究》，《知识产权》，2017 年第 4 期。

❷ 王迁：《论提供“深层链接”行为的法律定性及其规制》，《法学》，2016 年第 10 期。作者认为：世界知识产权组织指出“传播总是涉及传输”，实际上就是要求传播行为必须在客观上形成“传播源”，并以之为起点传送作品。

❸ 熊琦：《聚合平台深层链接究竟适用什么标准》，《中国知识产权报》，2017 年 2 月 10 日第 10 页。

❹ ［美］保罗·戈斯汀，金海军译，《著作权之道——从古登堡到数字点播机》，北京大学出版社，2008 年版，第 170 页。

5.3 避风港规则的改革与合理使用因素的考量

5.3.1 改革避风港规则的呼声渐起

近年来，论坛、博客、SNS、微博等社交媒体以及视频、照片分享网站纷纷开启以UGC（User-Generated Content）为主的运营模式，普通网民创造、上传内容变得轻而易举。UGC模式给普通网民提供了个性表达、张扬创意的机会，也给网站带来了用户和利润，但同时也催生了平台内大量网络版权侵权问题。一方面，UGC平台作为信息存储服务提供商，享受避风港规则的庇护；另一方面，YouTube等大型音乐平台上确实存在着很多用户上传的侵权作品，而版权所有人凭借“通知—删除规则”并不能对海量的侵权行为予以遏制。为此，美国版权所有人开始呼吁出现对避风港规则进行变革。

2015年7月，美国作家协会致信众议院立法委员会，声称各大互联网公司通过放任盗版横行、掠夺版权人的劳动成果来获取巨额财富，要求互联网服务提供者承担主动监控和过滤网上侵权信息的义务。2016年，美国电影协会（MPAA）、美国唱片工业协会（RIAA）以及其他产业组织呼吁全面修订DMCA，不希望各大网络服务提供者躲在安全港的庇护下，并要求出台“通知+永久删除”（notice and stay down）政策，以确保内容一旦删除后不会再在其他地方出现。

特朗普大选获胜后，ASCAP、BMI、RIAA等机构联合向其写信呼吁，要求当选总统打击非法分享与下载网站。信件指出，一些搜索引擎和文件分享网站违反美国法律向用户提供非法音乐下载、使用渠道，而它们一直都没有向音乐创作者支付相对应的版权费。虽然这封信件并未提及具体的网站名称，但这些机构曾在4月向美版权办公室发送的请愿书中将YouTube、Tumblr等网站与从非法传播中牟利的平台画上等号。信件写道：“很明显，这些全球最先进的技术公司们可以做得更好——通过协助遏制非法访问、向音乐行业支付基于自由市场设立的合理市场价。对知识产权强有力的保护才能确保创造力与技术的发展、才能让美国的整体经济受益。”

对此，美国互联网界则表达了针锋相对的看法，极力要求维持现状。2017年11月14日，谷歌、Facebook、亚马逊等四十家互联网公司组成的美国互联网协会（Internet Association）致信特朗普，信中支持安全港规则，并认为削弱安全港规则会造成法律的不确定性，强迫互联网公司进行网络管制，且有损于创新和网络言论自由，破坏法律的协作框架。12 月 21 日，美国科技界致信联邦政府，表达了对欧盟版权改革提案两项内容的反对：其一是要求互联网企业研发内容过滤软件以探查受版权保护的内容。对此互联网科技公司认为这破坏了已建立的国际标准，并且对互联网企业苛以不当的责任，让那些实际发布侵权内容的平台成为漏网之鱼。其二是关于邻接权的提案，提案主张如果在线平台刊登了出版商具有邻接权的内容，即使是很小比例的内容如新闻提要等，出版商可以对在线平台收取费用，也就是在欧盟国家弄得满城风雨的“谷歌税”问题。

对于产业界的呼吁，美国国会图书馆也在考虑如何对避风港规则予以调整。去年 11 月 8 日，国会图书馆在官网上公开征询意见，特别是针对该制度目前存在的问题，及如何进行改革，以及改革后可能会对网络的创新和内容发展产生的影响等问题进行了公开征求意见。目前，国会图书馆还未就这一问题得出结论，但美国进行改革避风港规则的意图已经基本确定。

5.3.2　新现象引发的思考

随着互联网的发展进入 Web2.0 时代，互联网用户的身份从内容的被动接收者和消费者逐渐转为内容的主动创造者，而由用户创作产生的作品内容我们称为 UGC（User-Generated-Content）。虽然学界和实务界经常提及 UGC 概念，但是对这一概念做出准确特征概括的是经济合作和发展组织（OECD，Organization for Economic Cooperation and Development）在其报告中提及的“UGC 无论其内容如何，应包括主要三个特征：线上公开发表；创造性的努力以及在该创造性活动并非基于专业性实践产生。”UGC 内容的产生与技术的发展紧密相关，借助音视频技术的发展，以往只能由 PGC（Professional-Generated-Content）创作完成的视频和音频等内容的制作，普通用户现在只需要移动设备和若干功能强大的软件或 App 就能轻松完成。新技术的普及和发展不仅极大降低了专业内容制作的技术门槛，也减少了内容创作的成本。

UGC 内容的创作者一般为个人用户或者非专业的内容制作者，虽然 UGC 内容的制作成本一般较低，且不需要太多的专业设备和技能，但是其在网络上的传播速度和盈利能力却不容小觑。2015 年，美国福布斯杂志公布了 YouTube 平台上顶级的 UGC 内容创作者的年盈利情况，例如广受欢迎的瑞典籍游戏体验者 Pew Die Pie，其在 YouTube 上的订阅用户达到5 670万人，年收入更是高达1 200万美元。以美国最大的视频内容开放平台 YouTube 为例，据统计，其平台用户每分钟会上传 400 小时的视频内容，而这些 UGC 用户在上传这些视频内容前基本都没有考虑过是否会侵犯他人版权的问题。以美国 YouTube、Facebook、Reddit、SoundCloud 为代表的免费开放平台鼓励用户创作 UGC 内容并进行上传，以此吸引更多的用户访问以增加流量，进而通过广告或会员付费等增值业务模式进行盈利。我国目前的微信、腾讯视频、爱奇艺视频、优酷视频、QQ 音乐、网易音乐等多个平台也开始尝试开放平台的模式进行 UGC 内容的运营，但是其具体的操作模式和用户权限等与美国的这些开放平台模式存在些许差异。我国的视频平台基本上是由美国的 Hulu 模式 加 YouTube 模式构成，也即我国视频网站上的内容一部分是自有版权内容，另外是 UGC 内容。

与开放平台的兴起和 UGC 内容涌现相伴而生的问题是这些 UGC 内容的创作者在创作视频或音频内容时，不可避免地会使用他人已经创作完成并受版权法保护的作品，这些用户在使用前如果没有获得合法授权，会引发相应的侵权问题。同时，也有很多用户在创作 UGC 内容时少量使用他人作品的行为符合合理使用的判断要素却因权利人的滥发通知而被删除。在实践中，每年巨额的通知数量和少数的反通知数量形成鲜明对比，权利人滥用通知机制达到自己的各种目的，平台方在接到权利人发出的侵权通知后，为了躲进“避风港”，通常选择删除作品及其链接。用户在面临权利人的诉讼威胁和平台方的删除措施，版权法提供了反通知机制作为救济途径。但是在实践中反通知机制的运行效果如何？该机制是否真正起到了平衡用户和权利人之间权利义务的功能呢？

5.3.3 “反通知”机制的原有机制建构设想与我国的立法规定

版权法的制度设计可以被看作是平衡各方利益的天平，天平的一端是以权利人为代表的作品的创作者，另一端是以使用者为代表的作品的传播者。这种表达的自由与传播的利用之间平衡的实现是通过不断调整使用者、创作者和公众利益实现的，[1] 例如版权法中的“思想-表达二分法”、合理使用制度乃至法定许可等制度。在网络环境中，由于传播者和传播媒介的扩展，版权制度中需要平衡的主体样态更加多元化。因此，在制度设计方面也更加复杂，既要考虑到网络环境以流量经济和注意力经济为核心的新盈利模式，更要考虑到使用者

---

[1] See Matthew Sag, *Internet Safe Harbors and the Transformation of Copyright Law*, 93 Notre Dame L. Rev. 499 (2017), P500.

和权利人乃至平台方在获取信息和利用信息方面所具有的信息不对称性。肇始于美国数字千年法案的避风港规则可谓是网络环境中利益衡平的制度代表之一。美国1998年的《数字千年法案》(DMCA, The Digital Millennium Copyright Act)(以下简称“法案”)是各方利益角力的结果,美国国会在数字技术环境下试图为权利人提供更好的权利保护。与此同时,美国国会也希望公众能够更加方便和快捷地通过互联网获取作品和扩大作品的传播。我们需要注意的是在当时的互联网发展环境下,该“法案”规制的对象仅针对将传统的内容生产者例如出版社、报社等生产出的作品通过用户点击搜索或订阅等方式在互联网环境中进行获取的行为。[1] 美国国会还没有预见到UGC内容、Tweets、Vines、Snapchat以及instagram等这些新型作品传播渠道和商业模式。即便除此,该“法案”创造性地设立了最为瞩目的避风港规则。

避风港规则设计的最初目的在于平衡权利人、网络服务提供者[2]和用户三者的利益。“通知—删除”机制的运行原理是当网络服务提供者收到权利人发出的侵权通知时,就应知晓该侵权内容存在于其网络系统中,如果网络服务提供者及时删除被控侵权的内容,可以免于承担相应的间接侵权责任。[3] 如果说“通知—删除”机制的建构目的在于免除网络服务提供商因提供的网络服务而承担侵权责任,[4] 那么“反通知”机制的设立旨在为使用者提供一个合法抗辩和救济的机制,从而能更好地维护自身权利。美国法上的“反通知”机制与“通知—删除”机制略有不同:网络服务提供者收到反通知之后,必须立即将反通知告知发出侵权通知的权利人,权利人可以在10个工作日内向法院起诉,并将起诉通知网络服务提供者,后者则不应当恢复被指控内容;如果权利人在10个工作日内没有起诉,网络服务提供者应当在10~14个工作日内恢复被指控内容。[5] 如果网络服务提供者根据上述规则来操作,美国版权法对其免责。可见,美国法上的“通知—删除”机制与“反通知”机制是为权利人和用户在网络环境中提供维护自身合法权利并同时提供相应救济和抗辩途径的平衡制度。

---

[1] See Bonneville Int'l Corp. v. Peters, 153 F. Supp. 2d 763, 767 (E. D. Pa. 2001), affd, 347 F. 3d 485 (3d Cir. 2003). See generally Paul Goldstein, *Copyright's Highway: From Gutenberg to the Celestial Jukebox*, 187-188 (rev. ed. 2003).

[2] 本书所指的网络服务提供者借鉴美国DMCA中规定的四类主体,主要包括信息存储服务提供者、信息定位服务提供者、自动缓存服务提供者和临时数字网络传输服务提供者。

[3] 王迁:《网络环境中的著作权保护研究》,法律出版社,2011年版,第251页。

[4] 熊文聪:《避风港中的通知与反通知规则——中美比较研究》,《比较法研究》,2014年第4期,第123页。

[5] See 17 USC 512 (g).

我国对美国避风港规则的引入最早见于2000年《最高人民法院关于审理涉及计算机网络著作权纠纷案件适用法律若干问题的解释》中的第8条第1款，❶其部分借鉴了美国避风港中的“通知—删除”机制，但是却没有同时引入与“通知—删除”机制配套的“反通知”机制。之后在2006年通过的《信息网络传播权保护条例》第14条至第17条分别规定了“通知—删除”机制和“反通知”机制。与美国法上的“反通知”机制规定的10~14天的期限所不同的是，我国在引入“反通知”机制时要求“网络服务提供者接到服务对象的书面说明后，应当立即恢复被删除的作品、表演、录音录像制品……。”❷2013年我国对《信息网络传播权保护条例》进行了修改，但是这几条并未做调整，依然保留原有规定。如果说前两部立法性文件是我国对美国避风港规则进行法律移植的尝试，2009年我国的《侵权责任法》在法律层级上吸纳了该制度，但是令人更加遗憾的是此次立法的引入依然不尽如人意。《侵权责任法》第36条第1款规定了“网络用户利用网络服务实施侵权行为的，被侵权人有权通知网络服务提供者采取删除、屏蔽、断开链接等必要措施。网络服务提供者接到通知后未及时采取必要措施的，对损害的扩大部分与该网络用户承担连带责任。”也就是美国法上的“通知—删除”规则。至于《侵权责任法》第36条第2款“网络用户利用网络服务实施侵权行为的，被侵权人有权通知网络服务提供者采取删除、屏蔽、断开链接等必要措施。网络服务提供者接到通知后未及时采取必要措施的，对损害的扩大部分与该网络用户承担连带责任”是否暗含了网络用户的反通知权利，杨立新教授认为“尽管法条中表面上规定的是通知及其效果，但是其在法条背后却包含着反通知规则及其效果。”❸笔者对此并不认同。法律要求具有明确性以便于执行和实施，如果在一部法律文件中包含两种地位相等的法律机制，为何对于“通知—删除”机制在法条中予以明示而对于“反通知”机制却要以暗示的方式体现？这样的制度性安排不具有可操作性也容易引起误解，况且从法条的规定来看，我们似乎也无法合理推理出其中暗含的“反通知”机制。

由此，我国可以看到，虽然我国在2000年就已经开始试探性地在我国版权法语境下引入美国的避风港制度，但是从法律移植的过程中，却出现了偏差

❶ 第八条：网络服务提供者经著作权人提出确有证据的警告而采取移除被控侵权内容等措施，被控侵权人要求网络服务提供者承担违约责任的，人民法院不予支持。

❷ 《信息网络传播权保护条例》第17条。

❸ 杨立新、李佳伦：《论网络侵权责任中的反通知及效果》，《法律科学》，2012年第2期，第157页。

或者说部分引入的情况。从1998年美国《数字千年法案》中首次出现“避风港”规则至今已有二十年的时间，这期间互联网的发展也经历了一次次的技术革新，新的商业模式和流量经济的兴起为“避风港”规则的法律运用提出了新的挑战。对这一机制的实施效果我们应从“通知—删除”机制和“反通知”机制两个层面进行考量，国内外学者对前者的研究和关注较多，❶ 而后者鲜有文献论述。下面本书将进一步分析“反通知”机制的实际运行效果。

5.3.4 “反通知”机制实施的效果评价

根据美国《版权法》第512条g款的规定，“反通知”机制即被通知人有权发出反通知，反驳其行为不属于侵权，从而迅速恢复其遭到删除的内容。但是该规则在实际运用过程中却没有达到预期效果。首先网络用户在收到涉嫌侵权的通知后，往往会选择不发起反通知，这是因为他们普遍认为反通知的发出容易招来诉讼，而面对财力雄厚的权利人的起诉，普通用户是无力抵挡的。为了扭转这种失衡的局面，美国商务部下属的网络政策工作组（Internet Policy Task Force）在其2016年1月公布的《混合、首次销售及法定赔偿白皮书》中建议，调低美国版权法中的法定赔偿额度，以此降低侵权人的负担。❷ 除此以外，包括YouTube在内的多个网络服务提供者也发动了各种资助网络用户来对抗权利滥用的行动。但是，这些措施充其量只是反通知机制的配套补救措施，无法从根本上拯救“反通知—恢复”机制。事实上，权利人之所以会起诉网络用户，是为了利用天价赔偿的震慑力，达到杀一儆百的目的。对此，囿于自身实力和反通知机制的孱弱，网络用户可谓是毫无办法。❸

5.3.4.1 “通知”与“反通知”存在巨大的数量反差

在美国的实践中，网络服务提供商每年收到的通知和反通知的数量呈现出

---

❶ 相关研究参见：蔡唱：《网络服务提供者侵权责任规则的反思与重构》，《法商研究》2013年第2期；王利明：《论网络侵权中的通知规则》，《北方法学》2014年第2期；徐伟：《网络侵权治理中通知删移除制度的局限性及其破解》，《法学》2015年第1期；崔国斌：《论网络服务商版权内容过滤义务》，《中国法学》2017年第2期；杜颖：《网络交易平台上的知识产权恶意投诉及其应对》，《知识产权》2017年第9期等。

❷ See The Department of Commerce Internet Policy Task Force, *White Paper on Remixes, First Sale, and Statutory Damages: Copyright Policy, Creativity, and Innovation in the Digital Economy*, 2016, P90-101.

❸ Annemarie Bridy, *A New Case Against DMCA Counter-Notice Senders*, Stanford Law School, Feb. 9, 2016, https://cyberlaw.stanford.edu/blog/2016/02/new-case-chilling-effects-against-dmca-counter-notice-senders-2.

巨大的反差。根据美国国会发布的报告显示，包括谷歌公司在内的多家网络服务提供商每年会处理上千万条通知，但是收到的反通知数量占比仅为0.08%~0.6%。❶ 根据Twitter公司2015年的年度报告显示，2015年其收到的通知数量约为56971条，与之相对的反通知数量仅为65条，约占所有通知数量的0.11%。❷ 美国Tumblr公司2015年的报告显示，在其2015年收到的77357条侵权通知中仅有0.08%的通知发出后收到了反通知。❸ 此外，美国的Automattic公司的报告也显示，在其2015年的收到的所有通知中，仅有少于0.6%的通知发出后收到了反通知，而在这些反通知中，权利人针对反通知采取进一步行动例如提起诉讼的仅有一件。❹ 这些反通知的数量还远不及每年发出的恶意通知和错误通知的数量。而根据笔者的随机调查显示，在我国的主要互联网企业中，网络服务提供者每年收到的通知数量也远远超过反通知的数量，甚至有的网络服务提供者根本没有将涉嫌侵权的通知告知被通知人或者为其提供发出反通知的途径。

5.3.4.2 “通知”与“反通知”的形式和实质性要求不同

一方面是反通知的数量较少，被通知人怠于积极主动通过反通知程序进行抗辩。另一方面虽然美国《版权法》和我国《信息网络传播权保护条例》中第15条和第16条分别对通知和反通知的形式要求做出了相似的规定，需要提供权利人/服务对象的姓名、联系方式和地址；要求删除或者断开连接/恢复的作品、表演、录音录像制品的名称和网址及不构成侵权的初步证明材料。但是在实践中，网络服务提供者对反通知受理要求的门槛相对较高，根据我国学者的实证分析显示，网络服务提供者原则上不受理反通知，提供了新证据、新理由才予以受理的占到全部反通知数量的63.64%；没有任何理由对反通知不予受理的占到18.18%；对反通知均受理，重新审查涉事信息的数量为零。❺ 与

---

❶ See Annemarie Bridy & Daphne Keller, *Comments Submitted in Response to U.S. Copyright Office's*, Dec. 31, 2015 Notice of Inquiry, at 28.

❷ See Twitter, *Transparency Report*, *Copyright Notices* (2015), https://transparency.twitter.com/copyright-notices/2015/jul-dec.

❸ Tumblr, *Copyright and Trademark Transparency Report* (2015), http://static.tumblr.com/zyubucd/0uWntp2iw/iptransparencyreport2015a_updatedfinal.pdf.

❹ GitHub, *Transparency Report* (2014), https://github.com/blog/1987-github-s-2014-transparency-report.

❺ 蔡唱、颜瑶：《网络服务提供者侵权规则实施的实证研究》，《时代法学》，2014年4月第12卷第2期，第44页。

此同时，对比我国的网络服务提供者对于通知的受理要求，将近一半的网络服务提供者认为通知人提出通知即可。要求通知人提供构成侵权的初步证明材料的仅占不到1/3。[1] 可见，这种对反通知受理的高门槛与对通知受理的低门槛相比形成鲜明反差。

5.3.4.3 “反通知”机制的运行效果有限，无法为被通知人提供合理的救济途径

如果说“被虚设和滥用是当前‘通知—删除’机制运作的真实状况”，[2] 那么鲜为人知和无人问津可以被用来形容“反通知”机制的目前运行状况。“通知—删除”机制和“反通知”机制中一个关键的第三方即网络服务提供者，其在这两个机制运行过程中扮演着极为重要的角色，甚至有学者称“网络服务提供者已经转变为版权警察”[3]。网络服务提供者面对海量的通知，既要尽到审查的义务，也要根据所谓的“红旗标准”对一些明显侵权内容主动审查和监测。为了获得“避风港”的庇护，网络服务提供者在审查侵权通知时，只要权利人发出的通知符合法律规定的形式要件，网络服务提供者就会进行删除或断开侵权链接等并不对通知的内容进行实质性审查。但是，网络服务提供者对其收到的反通知，除要求这些反通知必须符合法律规定的形式要件外，还需要对其内容进行实质性审查即对被控侵权人提出的诸如合理使用抗辩事由是否成立进行人工审查。实践中，能够满足这样形式要求和实质要求的反通知数量极少，尤其对于 UGC 用户来说，由于其知识水平和能力等方面的限制，能够了解并启动这一机制的人数并不多。为其施加举证证明自己的使用行为是合理使用这一法律难题更加难以完成，即便被控侵权人认为自己的行为是合理使用行为，却很难通过该程序完成相应的抗辩。在这样的情况下，“反通知”机制虽然名义上是为用户提供了一条维护自身权利的合法路径，在实践中的运行效果却非常有限，成为名存实亡的制度。

5.3.4.5 “反通知”机制失灵的原因分析

第一，通知的滥用导致被通知人的合法权利受到侵害。根据 2016 年美国

---

[1] 蔡唱、颜瑶：《网络服务提供者侵权规则实施的实证研究》，《时代法学》，2014 年 4 月第 12 卷第 2 期，第 42 页。

[2] 徐伟：《网络侵权治理中通知移除制度的局限性及其破解》，《法学》，2015 年第 1 期，第 132 页。

[3] 梁志文：《网络服务提供者的版权法规则模式》，《法律科学》，2017 年第 2 期，第 107 页。

哥伦比亚大学和加州大学的学者联合发布的研究报告《日常实践中的通知—删除规则》（NTEP，Notice and Takedown in Everyday Practice）显示，2013年的5月到10月，以Lumen公司收到的所有1800条通知作为样本分析，其中4.2%的通知是具有“根本性的错误”，因为这些通知根本没有指出侵权作品的名称等基本信息；另有28.4%的通知存在有效性问题，不能构成合格的通知。在这些不合格的通知中，又有其中15%的通知没有指出侵权之处；6.6%的通知存在合理使用抗辩的问题；另有2.3%的通知是涉及商标权侵权和诽谤等非版权侵权问题。约有一半以上的通知发出方其通知针对的对象是其商业竞争对手。[1] 此外，在Google Web Search服务收到的涉及侵权的通知中，高达70%的通知存在合格性问题。在如此多的不合格通知中，针对这些通知所回馈得到的反通知数量却是以个位数计算。通知机制成为权利人用来打压竞争对手的有力武器，而对方却没有能够通过反通知机制得以反击。大量不合格性的通知在未得到充分审查的情况下就获得了网络服务提供商的积极回应，使得“通知—删除”机制沦为一种滥用网络版权的“标准化流程”，长此以往，最终将使DMCA伤及版权法的根本，版权的平衡机制也将被打破。[2]

第二，“反通知”机制的效果有限，主要源于“反通知—恢复”机制中额外的交易成本。“反通知”机制要求用户在收到通知后，在有限的时间内做出不侵权的抗辩，在此过程中，咨询专家、联络服务提供者以及侵权判定等工作都属于额外的交易成本。这些交易成本的总量也许不大，但是他们足以让普通的网络用户望而却步。[3] 对于普通用户来说，面对涉嫌侵权的诉讼威胁之外，还要承担起主动收集和证明自己的行为不属于侵权行为的证据收集和整理工作。这些时间成本和交易成本的巨大负担使其难以承受。

第三，反通知机制的流程性规范不足造成了“反通知”机制难以有效运行。根据DMCA第512条的规定[4]和我国《信息网络传播权保护条例》（以下

---

[1] See Jennifer M. Urban et al., *Notice and Takedown in Everyday Practice* (Univ. of Cal. Berkeley, Public Law Research Paper No. 2755628, 2017), http://ssrn.com/abstract=2755628.

[2] See Mark Peterson, *Fan Fair Use: The Right to Participate in Culture*, 17 U. C. Davis Bus. L. J. 217, 252 (2017).

[3] Gideon Parchomovsky & Philip J. Weiser, *Beyond Fair Use*, 96 Cornell L. Rev. 91, 109 (2010).

[4] “反通知必须以书面形式送达网络服务提供者的指定代理人，并大体包含下列内容：服务对象的物理签名或电子签名；要求恢复的资料的名称和网络地址；在通知中指出，通知人有合理的理由相信，要求恢复的资料是由错误或误认而被删除或被禁止访问的，并愿意承担伪证责任。”参见：杜颖、张启晨译：《美国著作权法》，知识产权出版社，2013年版，第152页。

简称“条例”）第16条的规定❶，反通知的形式要求之一，是被通知人必须提供其真实姓名和居住地址，此类个人信息的披露，在无形中对被通知人施加了压力，其需要担心在网络环境中个人信息被泄露的风险。此外，对于UGC内容来说，由于网络用户在网络服务提供平台上注册时并不必然要求提供邮件地址和其他联系信息，结果网络服务提供者在试图将侵权通知转送给被通知人时可能无法送达或者联系到被通知人。这时被通知人在没有收到侵权通知的情况下，更无法发出相应的反通知。此外，有些网络服务提供商为了减轻自身的工作量，并没有对用户如何进行反通知做出明确的形式要件的规定或进行相应的流程指引，使得用户希望进行反通知的意愿落空。❷

第四，时限差异也是造成其机制失灵的重要原因。从实然法角度的规定分析，美国《版权法》和我国“条例”中要求网络服务提供商接到“通知”后“立即删除”被主张侵权的资料或禁止访问这些资料。❸ 根据调查，上述条款中的“立即”，在实践中已经可以用分钟来计算，可见删除内容的速度之快。我国“条例”第17条规定，网络服务提供商在收到反通知后应该立即恢复被删除的内容。❹ 从我国的立法角度来看，我国法律所规定的“立即”删除和“立即”恢复其实是一个弹性条款，具体多久可以被视为“立即”法律并没有做出明确规定。根据学者的实证分析，网络服务提供者对反通知的处理期限的行业标准为3～10天。❺ 可见，与法律明确规定的网络服务商在收到通知后

---

❶ 第十六条 服务对象接到网络服务提供者转送的通知书后，认为其提供的作品、表演、录音录像制品未侵犯他人权利的，可以向网络服务提供者提交书面说明，要求恢复被删除的作品、表演、录音录像制品，或者恢复与被断开的作品、表演、录音录像制品的链接。书面说明应当包含下列内容：

（一）服务对象的姓名（名称）、联系方式和地址；

（二）要求恢复的作品、表演、录音录像制品的名称和网络地址；

（三）不构成侵权的初步证明材料。

服务对象应当对书面说明的真实性负责。

❷ 孙洁：《浅析适用避风港原则中有关“通知”的几个问题》，《中国版权》，2013年第2期。

❸ 参见美国《版权法》第512（b）（E）：“……网络服务提供者接到所述主张侵权的通知书后，应当立即删除被主张侵权的资料或者禁止访问这些资料……”我国《信息网络传播权保护条例》第15条规定：“网络服务提供者接到权利人的通知书后，应当立即删除涉嫌侵权的作品、表演、录音录像制品，或者断开与涉嫌侵权的作品、表演、录音录像制品的链接……”

❹ 第十七条 网络服务提供者接到服务对象的书面说明后，应当立即恢复被删除的作品、表演、录音录像制品，或者可以恢复与被断开的作品、表演、录音录像制品的链接，同时将服务对象的书面说明转送权利人。权利人不得再通知网络服务提供者删除该作品、表演、录音录像制品，或者断开与该作品、表演、录音录像制品的链接。

❺ 蔡唱、颜瑶：《网络服务提供者侵权规则实施的实证研究》，《时代法学》，2014年4月第12卷第2期，第45页。

"立即"删除的处理期限相比，反通知的处理期限相关宽松，相较之下，反通知规制要求网络服务提供商在收到反通知后10~14天内恢复被删除的内容即可。[1] 从美国规定的10~14天到我国的行业标准的3~10天，两者的鲜明差别不得不说在机制设计时，立法者对通知人和被通知人的权利在网络服务提供者的处理时限可谓旷日持久，极不公平。况且，不同类型的ISP在依据其收到的反通知恢复内容后，是否还能得到避风港的保护？法条中对此的规定并不明确。这也是网络服务提供者消极对待反通知机制的原因之一。从司法实践来看，以美国的"跳舞婴儿"案[2]为例，原告Stephanie Lenz将其孩子跟随著名歌手Prince作品《Let's Go Crazy》的音乐"蹒跚学舞"的视频上传至YouTube网站和公众分享。数月后，上述作品的权利人美国环球唱片公司向YouTube发出了删除通知，要求其删除视频链接，而后者在24小时内就作出了相应的措施。随后，Lenz向YouTube发出了反通知，其诉求在反通知发出42天也即1008小时之后才得到回应并恢复视频链接。

第五，当事人私下的合同约定与"反通知"机制的抵触。根据美国国会的报告显示，实践中存在网络服务提供者与权利人私下签订合同，约定如发现疑似侵权情况，权利人可以无条件要求平台做出断链措施，且后者不得再基于用户的抗辩而恢复链接。[3] 由于这种断链要求是基于缔约责任而非避风港原则，权利人可以无条件地提出，既然是无条件，也就意味着权利人无须进行合理使用审查。而网络平台在做出断链措施后，无论用户如何抗辩，囿于缔约责任的束缚，平台都不可能再恢复链接。这种权利人和网络服务提供者之间的秘密合同一方面是因为两者之间可能会存在一定的利益关系，企业通过并购等手段可以将互联网内容的创作和传播两个主体连接起来。其次，这种秘密合同的约定不仅漠视用户的抗辩权利，也损害了公众利益，属于违法法律规定的无效合同。但是随着近几年在美国此类秘密合同逐渐浮出水面，此前的很长时间里都不曾被各界发觉，这也从侧面反映了公众在遭到断链后，极少有人选择积极

---

[1] 美国版权法第512（g）（2）（B）款规定："接到服务对象的反通知后，立即将反通知的副本转送提供通知书中的权利人，并通知该权利人网络服务提供者将在10个工作日后恢复被删除或禁止被访问资料的。"此外，第512（g）（2）（C）除非制定代理人收到提供通知书中的权利人关于其已经提起诉讼，要求法院下令纸质服务对象与网络服务提供者的网络或网络中资料有关的侵权活动的通知，在收到反通知的10个工作日后至14个工作日内，恢复被删除或被禁止访问的资料。

[2] Lenz v. Universal Music Corp., 572 F. Supp. 2d 1150, 1155 (N. D. Cal. 2008).

[3] U. S. Copyright Office, Section 512 Study (Docket No. 2015-7), *Comments of Annemarie Bridy and Daphne Keller*, March 30, 2016, P25.

抗辩，权利受到侵害后也无法获得救济的境遇。[1]

第六，用户主动维护自身合法权利的动力不足。一方面，权利人往往是如迪士尼、索尼、环球这样的大型公司，其拥有强大的人力、财力和物力，同时如上文所述，这些企业与大的网络服务提供者之间往往存在一定的利益关系。面对强势的权利人，网络服务提供者担心因为没有及时删除侵权内容而面对诉讼并承担相应的侵权责任，通常在收到通知后会迅速删除或断开侵权链接。另一方面，用户即被通知方尤其是在UGC内容下一般是普通民众，从心理层面上是惧怕诉讼的，在面对侵权通知和权利人的诉讼威胁时，沉默成为通常做法。即使个别用户对网络服务提供者的错误删除行为提起诉讼，其结果也往往因默示合同条款和其他理由以败诉收场。美国为数不多的几例由用户因网络服务提供者错误删除行为提起的诉讼中，原告方都无一例外的败诉。[2] 这样的判例结果对本就惮于诉讼的用户来说无疑是雪上加霜，而网络服务提供者也因此对反通知的处理更加的轻视甚至搁置处理。综上各种因素共同导致了“反通知—恢复”机制的失灵，犹如天平的两端在其中一端过轻的情况下会致使天平失衡。随着我国《著作权法》第三次修改的加紧进行，相应的配套立法性文件也应随之做出调整。完善我国现行立法中的“反通知”机制并使其与“通知—删除”机制得以匹配，更好地处理网络环境下的侵权案件是立法修改的应有之义。

5.3.5 “反通知”机制的重构及与“通知—删除”机制的衔接

完善相应的机制重构，犹如要更改天平两端的砝码重量，如果只调整其中一边可能会导致天平的再次失衡。因此，要重新调整两边的机制设计，构建合理的“以网络服务提供者为中心、以被侵权人、侵权网络用户和其他相关网络用户构成的复杂的网络侵权法律关系网”。[3] 需要从“反通知”机制的实质性要件、程序性要求、时间审查期限和相关配套机制等多方面进行修改，同时

---

[1] See Amul Kalia, *Casualty of YouTube's "Contractual Obligations": User's Free Speech*, Electronic Frontier Foundation, Nov. 13, 2015, https://www.eff.org/deeplinks/2015/11/casualty-youtubes-contractual-obligations-users-free-speech.

[2] 在Song Fi, Inc. v. Google, Inc. 2015 WL 3624335 (N. D. June 10, 2015). 案中，法院最终以YouTube的默示合同并不构成违法而否决了原告的即席判决请求。另外，在Lewis v. YouTube LLc. 2015 WL 9480614 (Cal. App. Ct. Dec. 28, 2015) 案中，法院最终也以原告的行为违法了YouTube的合同条款，进而认定YouTube删除原告上传内容及其账户的行为不违法。

[3] 杨立新、李佳伦：《论网络侵权责任中的反通知及效果》，《法律科学》，2012年第2期，第158页。

注意与“通知—删除”机制的协调，从而达到平衡各方利益的目的。

第一，构建“通知—转通知”机制与“反通知”机制相匹配。通过完善反通知机制以及在程序上向被通知人提供异议机制来平衡“反通知”机制。可以适当借鉴加拿大《版权法》中关于“通知—转通知”机制的设计，即对于 UGC 内容可以先由网络服务提供者在收到侵权通知后，转送给被通知人，被通知人在收到该通知后，可以进一步决定是否提出异议。❶ 具体做法是，在收到删除通知后，网络服务提供者应当立即告知用户而不是“删除”，并且向用户预留一个 24~48 小时的异议窗口，期间允许用户提出异议。该异议的提出及其观点的正确与否，不会为用户带来法律责任。只有用户在 24~48 小时内不做出反应，网络服务提供者方可删除侵权内容。❷ 之所以如此规定，是为了向公众做出合理使用申辩提供更大的空间，同时，废除原有的“即通知即删除”机制，压缩权利人的滥用空间。当然，即便在删除以后，用户仍然可以通过反通知主张合理使用。此外，在流程优化管理方面，网络服务提供者也需要强制用户在 UGC 内容上传时使用可以送达的有效邮箱地址并通过验证等手段保证地址的真实性，从而保证通知可以被有效送达被通知人。

第二，将反通知的审查要求从实质性审查转变为形式性审查，减低网络服务提供者的审查义务。如上文所述，虽然立法明确规定了反通知的形式要求，但是在司法实践中，网络服务提供者依然对被通知人发出的反通知做相应的实质性审查，并要求提供新证据和新材料用以判断被通知人的行为是否构成合理使用等抗辩。这样的证明标准对于普通用户无疑是难以完成的。此外，将是否构成“合理使用”这样主观性较强的专业性判断交由网络服务提供者完成不具有合理性。作为中立的第三方，网络服务提供者只需要完成形式上的审查要求就可以进入版权法所设置的“避风港”进行免责。这样的角色转换在欧盟已经开始尝试，将原本由网络服务提供者对是否构成侵权的材料的判断工作改为由法院进行。❸

第三，明确“反通知”的时间，积极维护用户权益。美国版权法规定的网络服务提供者需要在接到反通知后，如果权利人没有提起诉讼，则应在 10~14 天内恢复被删除的内容。我国立法在反通知的恢复问题上没有规定明确的

❶ 徐伟：《网络侵权治理中通知移除制度的局限性及其破解》，《法学》，2015 年第 1 期，第 137 页。

❷ See Andrew T. Warren, *GIF Gaffe: How Big Sports Ignored Lenz and Used the DMCA to Chill Free Speech on Twitter*, 27 Fordham Intell. Prop. Media & Ent. L. J. 103, 142 (2016).

❸ 梁志文：《网络服务提供者的版权法规制模式》，《法律科学》，2017 年第 2 期，第 102 页。

响应时间，导致我国的司法实践中没有具体的操作标准，可在立法中对于反通知恢复的时间按照我国的实际情况定为 7～10 天。由于网络经济的快速迭代性的特点，很多热点的内容如果在短时间内没有得到及时的恢复和处理，消费者的注意力已经转移，其内容的价值在短时间内会迅速消失。如果网络服务提供者在处理反通知的问题上进行拖延甚至放任不处理，用户的维权的意义也随之消失。

第四，设立相应的“诉讼基金”，用以鼓励用户通过诉讼维权。UGC 平台为了主动对用户上传内容进行审查，通常会采用内容主动审查和过滤系统，例如 YouTube 的内容 ID 识别系统（Content ID）和 Vimeo 的版权比对系统（Copyright Match）。以 YouTube 的内容 ID 识别系统为例，其通过数字指纹识别技术将平台内部的数据库与用户上传的内容进行比对，如果发现比对的结果一致，则会采取几种处理方法：第一种方法是将上传的视频内容进行消音处理，使得用户无法观看；第二种方法是完全屏蔽 UGC 上传的视频内容；第三种方法是跟踪该视频的观众观看统计数据；第四种方法是将 UGC 视频获得的广告收益直接转移给权利人。[1] 在这几种方法中，绝大多数的权利人会选择最后一种处理方式。但是最后一种做法直接忽略用户本身通过“反通知”制度进行抗辩的权利。可以探索在 UGC 内容上传后，如果接到涉及侵权的通知，可以将这广告收益纳入“诉讼基金”中。UGC 用户可以利用该笔经费对权利人滥发通知的行为进行诉讼。如果诉讼结果败诉，这笔费用可以转为权利人所有，如果诉讼胜诉，则这笔经费归提起诉讼的用户所有。

第五，具体到立法层面的细化和完善方案，建议修改《信息网络传播权保护条例》中现行的第 15 条至第 17 条的内容，规定如下：

第十五条 网络服务提供者接到权利人的通知书后，应当将通知书转送给服务对象。服务对象网络地址不明、无法转送的，应当将通知书的内容同时在信息网络上公告。接到通知书的服务对象应在 24～48 小时内进行书面反馈。如果服务对象在规定期限内没有做出书面反馈，网络服务提供者应立即删除涉嫌侵权的作品、表演、录音录像制品，或者断开与涉嫌侵权的作品、表演、录音录像制品的链接，网络服务提供者不承担由此产生的法律责任。

服务对象在规定期限内发出反通知，网络服务提供者应将该反通知告知权利人，权利人认为服务对象的抗辩不成立，应在 7 天内向法院提起诉讼。如果

[1] Google, *How Google Fights Piracy* 10 (2014), see https://drive.google.com/file/d/0BwxyRPFduTN2NmdYdGdJQnFTeTA/view.

权利人在7日内没有向法院提起诉讼，网络服务提供者应在7日后至10日内恢复该作品、表演、录音录像制品。

第十六条 服务对象接到网络服务提供者转送的通知书后，认为其提供的作品、表演、录音录像制品未侵犯他人权利的，可以向网络服务提供者提交书面说明，要求恢复被删除的作品、表演、录音录像制品，或者恢复与被断开的作品、表演、录音录像制品的链接。书面说明应当包含下列内容：

（一）服务对象的姓名（名称）、联系方式和地址；

（二）要求恢复的作品、表演、录音录像制品的名称和网络地址；

（三）不构成侵权的初步证明材料。

服务对象应当对书面说明的真实性负责，网络服务提供者不负责对服务对象是否构成合理使用等侵权抗辩事由进行实质性审查。

第十七条 网络服务提供者应当在其账户中设立专项的诉讼基金，专项基金主要来源并不限于网络用户主动上传内容而产生的广告收益等。该笔基金用于支持网络用户通过诉讼渠道维护自身合法权利。

6. 结　论

“营造一种环境，孕育一种精神，培养一种观点以提供一种激励；艺术家与公众能够彼此维护并生存于一个联合体中，这种联合体在过去的文明生活的伟大时代也存在过。❶” 而在当代，这种联合体就是数字内容产业。其以海纳百川的精神容纳了传统艺术家的艺术创作产品，也囊括了 UGC、PUGC 这样的用户自创内容。在这样的融合体中，国家政策和法律制度发挥着至关重要的作用。从内容产业发展的模式来看，当其增加值超过一国的 GDP 的 5%时就被称为国民经济发展的支柱性产业。根据我国统计局的统计口径，我国的数字内容产业从产业规模来看，已经成为我国国民经济发展的支柱性产业之一。内容产业的模式之一是“同心圆模式”，即内容产品和服务的文化价值是内容产业是其核心价值，同时，随着文化内涵的不断丰富，其价值的外延也随着扩大。在圆的中心是那些根据给定的标准来看文化内涵与商业内涵的比最高的核心产业，随着产品和服务的文化内涵降低，商业价值升高，圆弧一层层地向外扩展。❷

从互联网内容产业的产品特征来看，其内容产品的特征兼具使用价值和交换价值。其交换价值在于对于人类的生存发展而言是必不可少的，我们的生活缺少了内容产品的滋养将如贫瘠的土壤。而其交换机制的存在使其可以在世界范围内进行交易，而且有时其市场价值很难预估，内容产品这种兼具如钻石

❶ 罗德·凯恩斯发表在 1945 年 7 月 12 日的《听众》广播上。

❷ ［澳］戴维·索罗斯比，易昕译，《文化政策经济学》，东北财经大学出版社，2013 年版，第 9 页。

和水两种交换价值和使用价值的特征的价值悖论现象，[1] 使得传统的经济学无法用现有的标准化程式对其进行阐述和研究，一定程度上制约了该领域理论的研究和发展。随着互联网更加深入人们的生活，对于内容产品的生产和消费对经济社会的发展日趋重要，与此同时，政府关于这些产业的政策决策过程也日趋复杂，深入了解不同国家不同内容产业发展的特征和历史阶段，把握其中的发展规律，尤其是产业、政策和司法三者的互动关系，对于相关决策者的决策至关重要。

6.1 技术在促进数字内容产业传递过程中发挥内生性作用，促进知识在供应链前后的双向流动

内容的传递可以有多重媒介和途径，可以通过音频、视频、广播、电视、文字等多种形式，技术的每次更新在促进内容传播方面具有内生性作用。一方面，技术激发如 P2P、流媒体等新的传播途径的产生，有学者在研究版权扩张的原因时，得出结论：技术的发展是版权扩张的直接原因。[2] 另一方面，随着数字化的深入发展，侵权盗版的成本也变得更加容易，其发展速度更加迅猛，权利人更加难以发现。而水印技术、数字加密技术和区块链等技术的发展使得未经授权而进行的复制行为变得困难，为版权管理和版权交易提供了良好的环境。

通常情况下，信息通过数字内容产品和服务供应链的前后进行双向流动，一个有创意的内容 IP 可以产生与任何一个环节。如果是产生于头部环节，例如《鬼吹灯》这样的网络文学作品，在其后的供应链环节可以被改编为电影、电视剧甚至是网络游戏等多种形式，也可以通过 IP 授权的方式在其他周边产品甚至是主题乐园等不同场景下进行价值变现。在价值变现后，又可以通过资金的反向流动反哺原始网络文学作者的再创作，激励其进行内容的进一步升级或者开发新的内容。即便优质内容产生于中间环节，如一部电影中的角色形

---

[1] ［澳］戴维·索罗斯比，易昕译，《文化政策经济学》，东北财经大学出版社，2013 年版，第 3 页。

[2] 易健雄：《版权扩张历程之透析》，《西南民族大学学报（人文社科版）》，2009 年第 6 期。

象，美国队长、钢铁侠、蜘蛛侠、超人等在脱离了其产生的内容情节本身，也可以产生出巨大的商业价值，其 IP 的衍生开发也会沿着上下游方向呈现出散射性发展，呈现出双向流动性特点。创造性的投入和内容创新不仅对数字内容产业本身具有积极的影响，同时其对经济中其他部门的创新也会产生重要影响，这种反向的联系可以在其他经济部门激发出新的形式创新。[1]

6.2 技术发展与文化进化有同质性，遵循同样的进化路径

技术的发展在传统的观点来看，仅仅是作为人类的工具，是社会发展的辅助性工具。随着数字技术的不断发展和扩展，技术的演化已经成为社会文化领域的创新和变革的本体驱动力，[2] 这种观点我们可以称其为“技术决定论”。与数学、计算机科学等自然科学学科所不同的是，“技术决定论”认为“技术具有直接而强大的社会影响。社会的命运似乎依赖于影响社会却不受社会影响的非社会因素。”[3]“技术决定论”在企业和政府中普遍存在，认为技术进步是一种影响社会的外生力量，而不是一种文化和价值变迁的表达。但是这种“技术决定论”过分夸大了技术在社会生活乃至人类进步中的作用，这点在数字内容产业中表现尤为明显。如果说人类的延续是依靠 DNA 进行复制进化，那么技术就是文化进化和发展的 DNA。长期以来政策的变化性较强，尤其是一国的文化政策经常在文化制度的运行过程中缺乏稳定性和恒常性，导致一个缺乏系统稳定性的文化制度系统很难在较长的时间内拥有有机统一的体系。同时，在制度创新过程中，技术理性有时会超越临界值，走向其反面，成为颠覆文化自由和制度运行的技术暴力。那么技术在文化发展过程中的作用需要我们来分析文化进化的规律。

正如吴晓波从中国几十年的改革史的发展历程中得出的结论那样，“所有的重大变革都是由两个因素造成的，一个是制度的创新与勇气，另一个是技术

---

[1] 哈桑·巴克什与其同事在运用投入-产出模式对英国的经济进行研究后，得出的实证结果证明了供应链的角色在促成知识在创意产业及其他产业的企业之间传递的重要性。[澳] 戴维·索罗斯比：《文化政策经济学》，易昕译，东北财经大学出版社，2013 年版，第 105 页。

[2] 王列生：《论文化制度创新中的技术支撑》，《文艺研究》，2010 年第 5 期，第 41 页。

[3] [加] 安德鲁·芬博格著：《在理性与经验之间——论技术与现代性》，高海青译，金城出版社，2015 年版，第 16 页。

带来的破壁效应”。[1] 由于各国特有的国情选择及在以往制度选择过程中形成的路径依赖，制度的创新往往很难在短时间内有所突破和改变，但是技术带来的破壁效应，我们也可以称为颠覆式创新，在某个时间节点的出现可能会导致一个行业的突然崛起和另一个行业的瞬间崩坍。在注意力经济的数字社会，消费者的注意力成为稀缺资源，成为各主体争相竞争的对象。同时，技术带来的破壁效应除了在促进创新发展方面有着重要的作用之外，也遵循着一国文化进化的路径。这种文化进化的选择是由一国的历史传统积淀形成的，有着每个国家和民族独特的文化基因。这种文化基因在数字环境中虽然可以供各个国家之间相互借鉴，却具有不可替代性。这一点体现在数字内容产品的特征上尤为明显，例如以好莱坞大片为代表的美国电影产业，其电影作品的输出在面向中国市场时也会选择具有中国文化元素和文化基因的作品，如功夫熊猫、花木兰等，这样的作品在受众国的市场销量往往较好。同时，如美国队长、蝙蝠侠、钢铁侠等这样题材的英雄电影在输出时由于两国受众群体的文化断层，其价值观的渗入效应不明显，这时就需要依靠特效和场景等其他技术手段进行弥补，以增加内容产品的竞争力。

6.3 以技术发展为缘由的产业发展，要求国家的产业政策和司法制度进行回应性调整

在数字内容生产领域，每一次技术的重大变革必然会使产业进行相应的调整，与之相伴而生的是新技术和新传播途径孕育出的新表达方式，这些新的表达方式开阔了新的内容交换途径。同时，新技术会促使内容产品的生产者通过新的途径来改善信息和市场服务，不断开发新的数字内容产品，赋能传统文化产品。如目前很多图书馆和博物馆等都进行图书和馆藏品的数字化，以谷歌为代表的企业用数字化图书的方式促进书籍的使用和利用，方便读者查阅，但是也由此触及了传统企业的核心利益，引发了国内外的诉讼。一方面，新的线上销售渠道和电子阅读方式的增加，已经开始影响一部分传统出版产业的收入，使其开始紧跟产业发展需求，做出销售方式和内容形式的不断创新。技术的快速更新，尤其是视听类产品的生产和使用，为内容产业的发展降低甚至是消除

[1] 吴晓波：《激荡十年，水大鱼大》，中信出版集团，2017年版，第7页。

了再生产成本和分销成本，使其成为一国经济中的一个必不可少的部分。另一方面，内容消费方式的改变促使消费者角色发生转变，消费者从以前被动的文化内容的受众向文化内容的主动输出者积极转变。这种身份的变化也使得国家在政策制定时需要考虑主体的多样性和不同身份，对于传统的内容生产企业和个人用户给予的发展和扶持政策应有所不同，同时给予其相关的责任也应有所差别。

与此同时，国家对于数字内容产业的政策，也从传统文化产业中只关注高层次的艺术形式向关注一系列的以经济利益为驱动的多种形式的内容产品进行转化。技术的快速发展促使政策调整的范围不断扩展，国家政策和司法进行回应性调整的周期不断缩短，甚至出现了提前进行调整的例子。例如美国诉派拉蒙影业公司案[1]，是美国电影历史上具有里程碑意义的裁决。该诉讼被告分为三类：（1）制作电影的派拉蒙影业公司，勒夫公司，Radio-Keith-Orpheum 公司，华纳兄弟影业公司，二十世纪福克斯电影公司，及其分发和展示电影的各自的子公司或附属公司。这些被称为五大被告。（2）制作电影的美国哥伦比亚电影公司和环球公司及其分发电影的子公司。（3）仅从事电影发行的联美公司。投诉指控被告生产商企图垄断和垄断电影的制作，所有被告分销商共谋约束和垄断问题，并限制和垄断州际间的电影发行和展览。五大被告在全国大部分大城市进行电影放映时，限制和垄断州际贸易。指控提出，五大被告各自制作，发行和展示电影的纵向组合违反了《谢尔曼法》第 1 条和第 2 条的规定。每名被告分销商与参展商签订了各种不合理限制贸易的合同，在电影发行中未将电影出售给参展商，参展商的预期收入大大减少。几大被告利用其对整个上下游的垂直垄断，造成虚假的供不应求的市场情况进行谋利。1948 年 5 月美国最高法院根据《谢尔曼法》对此案做出裁决，判定大制片厂垂直垄断为非法，要求制片公司放弃电影发行和电影院放映的业务，切断了大公司的主要财源，迫使公司大幅度减少影片生产。[2]

该判决指出美国电影制片厂不得拥有自己的院线，并要求影院对自己公司的影片独家包销。这也改变了美国电影工业的制作、发行和播映方式。法院对该案的判决结果影响到了大部分的美国电影生产和发行公司，派拉蒙被要求强制出售其所拥有的连锁影院，由美国广播公司进行收购。本案的判决对于美国

---

[1] 334 US 131 (1948).

[2] 范志忠、范静涵：《2016 年中国电影产业热点述评》，《浙江传媒大学学院学报》，2017 年第 4 期。

反垄断法的发展和美国电影产业的格局转化和利益分配都有深远的影响。对于前者而言，本案是垂直整合行销案件中的一个里程碑式的判决；对于后者来说，它终结了传统好莱坞式的大片场系统。[1] 本案判决之后，美国的电影放映方可以自由选择放映的电影。为了争夺影片在院线的放映，获得更多的排片档期和票房收入，各大电影片厂之间的竞争开始越来越激烈。同时，影片的独立发行权也收归影片独立放映方所有。这些改变都给美国的电影产业发展带来深远影响。越来越多的独立制片人和片厂可以不再受制于大片厂，可以自由制作自己的电影。1948 年美国最高法院的该判决，给好莱坞片厂以沉重打击，终结了旧影院模式。这一案件也大大影响了独立制片人并直接促成了美国独立制片协会 SIMPP（The Society of Independent Motion Picture Producers）的成立。

另外，美国版权法也会为了保护本国产业集团的利益而做出积极的调整。以美国版权法上著名的“米老鼠”条款为例，根据 1976 年美国《版权法》的规定，美国迪士尼公司的经典卡通米老鼠形象的保护期限至 2003 年，之后便进入公有领域。但是，1998 年，当我们认为米老鼠形象的版权将于五年后到期进入公有领域时，美国国会在利益集团的大力游说之下，通过了《版权保护期限延长法》（*Sonny Bono Copyright Term Extension Act*）。根据该法案，1978 年以前已经发表或已经登记的作品，只要在 28 年保护期限届满后进行有效续展的，最长可以获得 95 年的版权保护。据此，米老鼠形象的版权保护期限被推迟到 2023 年。这种司法的提早回应和调整，反映了美国对该领域的产业利益的保护，反映了产业需求和司法保护之间的良性互动关系。从经济分析的角度考虑，如果市场的一端在没有完全告知存在产品或者服务贸易的情况下，会导致市场交易的失败，这时政府进行适度的市场干预可以促进经济效率的提高。在标准的市场交易模型中，交易效率的取得基于市场参与者拥有完整的信息。[2] 在数字内容产品的市场上，消费者和权利人通常拥有的信息不对称，政府的参与可以促进市场交易更加顺畅地进行，同时通过调整市场交易规则，例如保护特定的商业模式，例如数字产品交易平台的存在，保障交易的顺利达成，同时注重对私人产权的保护。

---

[1] 参见：中国电影百科网 http://www.cinepedia.cn/w/派拉蒙案/，最后访问时间：2018 年 2 月 7 日。

[2] ［澳］戴维·索罗斯比：《文化政策经济学》，易昕译，东北财经大学出版社，2013 年版，第 41 页。

6.4 法律和政策对产业的调整和规制，需要考虑公共利益和私人利益的平衡

日本法学家穗积陈重曾说："法律既为社会力，则社会变迁，法现象不能不与之俱变。"❶ 科技的每一次革新，必然会引起社会制度包括法律制度的调整，反之，法律制度的每次调整也会从某种程度上促进或阻碍新技术的产生与发展。以新技术的产生与发展为因由的社会变化，对其调整的法律手段也不仅仅局限于民事领域，更需要行政执法和刑事司法的介入共同调整，以保障技术的发展为人类谋福祉。

从美国的实践来看，1986 年数字录音机在美国出现，由原件复制而成的数字录音带其音质与原件一样完美，录音制品产业曾试图通过诉讼遏制，但想到美国最高院对索尼案的态度，认为私人复制不是版权人可以干预的领域。1989 年录音制品业者要求在数字录音机中加入一种"连续复制管理系统"（Serial Copy Management System，SCMS）技术，这一技术可以自动识别录音带与复制录音带，消费者对原版录音带进行复制不会遇到任何困难，但是要想对复制录音带继续再复制，SCMS 将会阻止这一操作的执行。但是歌曲创作者与音乐出版商对此却表示反对。经过多年的谈判与协商，1992 年各方终于达成协议：美国境内的所有销售的数字录音机都必须加装 SCMS，数字录音制造商及空白数字录音带制造商还必须向美国版权局缴纳法定许可费。❷ 在这一背景下美国 1992 年《家庭录音法》生效。该立法虽然考虑了产业中的各方利益，但是没有考虑消费者的利益，法定许可费最终由消费者买单，这使得数字录音机及录音带的销量不好，最终法定许可费用的收入也甚微，产业界的各方并没有获得预期的收益，这体现了立法在调整利益冲突时，由于代表公共利益的缺位，导致预期的立法目标根本无法实现，因此在法律和政策对产业进行介入调整时，需要在综合考虑各方利益的同时，充分考虑消费者的权益也就是公共利益的问题，才能达到预期的政策效果。

---

❶ ［日］穗积陈重：《法律进化论（法源论）》，黄尊三、萨孟武、陶汇曾等译，中国政法大学出版社，1997 年版，第 53 页。

❷ 易建雄：《技术发展与版权扩张》，法律出版社，2009 年版，第 156 页。

6.5　技术、政策与法律的互动关系

在分析了技术发展的特征与法律和政策制定过程中的考量因素等问题后，我们需要分析技术、政策与法律三者在市场经济活动中对产业发展的影响。本书以数字内容产业为分析对象进行剖析，其中不同的数字内容产业技术发展的快慢程度不尽相同，法律制度建构和政策的完善程度也不完全一致。但是，从上文分析的中美两国的产业实践、政策选择和法律实践可以概括出其具有的一些共性特征。这些特征是分析整个行业的整体发展脉络及梳理三者的关系的重要依据。对于其他以科技为引领、以传播为媒介、以内容为核心的相关产业的分析也具有积极的借鉴意义。

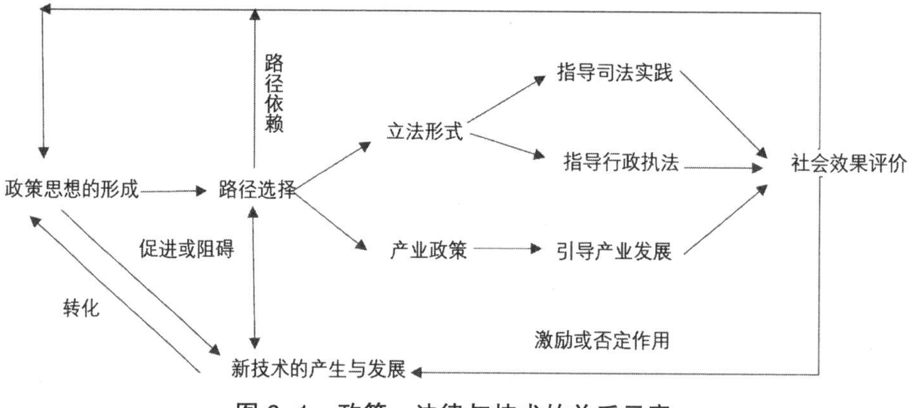

图 6-1　政策、法律与技术的关系示意

以新技术为代表的力量会促进企业不断进行技术创新，但是这种新技术的产生与发展并不会必然使得企业获得良好的经济效益。也就是说市场这只看不见的手并不必然会认同企业对某个产业的新的研发投入。如果国家对新兴技术持肯定的态度，会选择该技术应用的产业进行重点扶持。反之，如果国家对该技术持否定的态度，也会出台相关的政策予以抑制。这种政策思想的生成很大程度上是由技术的产生与发展转化而来的。但是在技术的发展过程中，“由技术导致的社会变迁通常具有非计划性，似乎是必然的性质。一旦新技术产生出来，人们往往会忽略其道德和社会的潜在影响而加以利用。”❶ 例如 P2P 技术，

❶ ［美］戴维·波普诺：《社会学》，李强等译，中国人民大学出版社，1999 年版，第 622 页。

其带来了用户之间传输的便利，却也跨过了网络服务提供者这样的中间第三方，使其成为盗版滋生与传播的温床。在这种情况下，政府在考量新技术给社会生活带来的影响时，需要平衡公共利益和权利人利益等多方因素，选择合适的规制路径。

在路径选择上，国家可以选择出台产业政策的方式或者法律的形式。第一条路径是产业政策的路径，其行业色彩较为明显。政策在具体的划分上又可以细分为国家宏观政策和具体的产业政策。国家宏观政策，例如美国的“信息高速公路计划”、我国的“知识产权战略纲要”“知识产权强国战略”等。这类宏观政策是对未来几年甚至是几十年国家政策的方向性指引。另一类政策是对某些产业进行具体指导的产业政策，其对产业直接作用的效果显著，例如税收优惠措施、专项资金支持等，在中美数字内容产业发展的各个阶段两国都有运用。第二条路径是法律规制路径。“一个国家的经济增长，是国家与市场合谋的结果。而他们合谋的媒介就是法律。”❶ 在法律规制的选择上，通过立法的形式予以体现，这里的“立法”在不同的国家有不同表现形式，从上文对我国数字内容产业的立法文件梳理来看，不仅仅包括一级二级的成文法立法文件，也包括司法解释等具有法律权威效力的法律文件。以美国为代表的英美法系，其立法的表现形式不仅仅包括美国法典，更包括对其他法院判决有不同拘束力的判例法。这些立法文件的效果不仅仅会作用于司法实践，也会成为行政执法的依据。国家通过法律来规范和引导不同的产业发展方向，期望达到其所预想的社会治理效果。正如英国法学家阿迪亚（P. S. Atiyah）曾言：“法律在很大程度上是政策的工具。虽然在某种程度上也可以采取其他手段实现，但是从最广泛的意义上来说，其可以通过追求目标或价值的一致性使法律成为最主要的手段。”❷

通过法律和政策对产业的调整，政府会评价其所达到的社会效果。这些社会效果的评价可能来自于产业界、司法界乃至社会公众，作为进其一步调整期政策思想的来源与依据，甚至也会影响技术的更新与发展。以美国法中的 Napser 案件为例，由于法院在该案中禁止 P2P 软件的运用，导致该产业技术的发展朝着更加去中心化和加密传输的方式演化，发展出新一代 P2P 技术和

❶ 易继明：《技术理性、社会发展与自由——科技法学导论》，北京大学出版社，2005 年版，第 54 页。

❷ ［英］P. S. 阿迪亚：《法律与现代社会》，范悦、全兆一、白厚洪等译，全兆一校，辽宁教育出版社，1998 年版，第 134 页。

Aimster 案件的出现。在这样的社会反馈、政策调整、政策转化与路径选择的过程中，会形成国家对新技术发展应对的政策内循环。这种循环过程因循本国历史上政策决策的路径依赖，会按照本国特有的治理体系和文化治理理念进行，在特定的情况下会对本国新生产力形式的出现起到抑制作用。因此需要进行法律的移植和治理模式的借鉴，打破旧有的治理模式，相互学习借鉴。

6.6 中美两国法律治理模式的差异及未来数字内容产业治理的道路选择

美国的诺内特曾在其论著中根据社会中存在的不同法律现象区分为三种类型："压制型法""自治型法"和"回应型法"，在某种意义上也可以说是法律与政治秩序和社会秩序的关系的进化阶段。❶ 在"压制型法"的发展阶段，法律体系表现出的特征有明显的政治强制色彩，例如法律机构容易直接受到政治权力的影响、权威的维护是法律官员首选关注的问题、警察等这类专门控制力量变为独立的权力中心、刑法典反应居支配地位的道德态度、法律道德主义盛行等。❷ 这种法律发展的阶段以我国古代社会的法治为代表，具有刑民合一、高度政治化的特点。随着社会的变迁与发展，法律秩序成为控制压制的一种方法，"自治型法"诞生。在这种法律模式下，法律与政治相分离，司法与立法和司法职能之间进行严格划分；以规则为焦点的法律审判体系有助于法官的自由裁量权的发挥；程序是法律的中心，法律秩序的首要目的是规则性和公平性，而非实质正义的实现。❸ 根据这些特征可以判断，目前美国法的模式是其典型代表。第三种法律模式是"回应性法"。这种法律模式下，法律推理中目的的权威得以加强，目的可以缓和服从法律的义务。此外，法律的目的的权威性和法律秩序的整合性来自更有效率的法律制度的设计，其实质是使得法律不拘泥于形式主义，而是通过理论和实践相结合进一步探索法律和政策中所蕴含

❶ P. 诺内特、P. 塞尔兹尼克：《转变中的法律与社会：迈向回应型法》，张志铭译，中国政法大学出版社，2004 年版，第 3 页。

❷ P. 诺内特、P. 塞尔兹尼克：《转变中的法律与社会：迈向回应型法》，张志铭译，中国政法大学出版社，2004 年版，第 35 页。

❸ P. 诺内特、P. 塞尔兹尼克：《转变中的法律与社会：迈向回应型法》，张志铭译，中国政法大学出版社，2004 年版，第 60 页。

的社会价值。[1] 这种模式下，由于法律具有更加开放性和灵活性的特征，由此产生的力量虽然有助于修正和改变法律机构的行为，使其可以更好地适应社会发展要求，但是也有损害法律体系完整性的危险性。三种法律类型的产生代表了不同法律发展时期的法治模式的改变，也反映了随着信息技术、大数据、人工智能、区块链等新技术的发展，社会治理需求的不断提升，法治的模式也从“硬性法治”要求向“软性法治”的逐渐转变。目前美国数字内容产业治理的法律模式可以归为“自治型法”，而我国数字内容产业治理的法律模式正从以往的“压力型法”的模式向“回应型法”模式阶段逐渐过渡。

技术的发展可能为权利人带来新的市场，新的市场机会和利益的驱动会促使版权利益集团利用各种手段来争夺市场，也包括司法资源。由于是判例法国家，美国的产业利益集团往往会以案件为突破口，希望在法院获得利益上的确认，根据以往的规律，当美国的法院在新技术面前持保守态度，不愿意扩张版权人权利时，美国国会通常会在随后的立法中扩张版权人的权利或给版权人以某种救济。[2]。在激烈的立法过程的较量之后，部分利益集团的核心利益诉求得以实现。这种利益诉求的实现会通过法律的形式约束全社会，获得普遍的遵守。美国国会与联邦法院的关系表明，法院自动执行司法机关自我限制原则，对版权的扩张保持克制态度。[3] 从 1851 年的“汤姆叔叔小屋”案件到 1870 年的版权法修改、1909 年和 1912 年的版权法修改，再到 1968 年“有线电视案”和 1975 年“图书馆复印案”，以及 1976 年版权法修订的情况可以看出，在新技术的发展和涌现后，美国法院的态度倾向于使用人，而国会的态度则往往更利于版权人。

与此同时，我国国内法院系统对知识产权保护似乎有积极主动态势，[4] 我国虽然是成文法国家，成文法的特点在于“执法者和被执法者之间建立起共知性和双向约束性，从而形成对执法者权力的有效控制”[5]，但是随着新技术的快速发展与迭代，成文法国家中的法律修改越发频繁，这种成文法的双向约

---

[1] P. 诺内特、P. 塞尔兹尼克：《转变中的法律与社会：迈向回应型法》，张志铭译，中国政法大学出版社，2004 年版，第 87 页。

[2] 易建雄：《技术发展与版权扩张》，法律出版社，2009 年版，第 139 页。

[3] 易健雄：《版权扩张历程之透析》，《西南民族大学学报（人文社科版）》，2009 年第 6 期，第 78 页。

[4] 崔国斌：《知识产权法官造法批判》，载《中国法学》，2006 年第 1 期，第 56 页。

[5] 易继明：《技术理性、社会发展与自由——科技法学导论》，北京大学出版社，2005 年版，第 10 页。

束性的功能减弱，对执法者的控制力也会减低，同时降低执法的可预期性。成文法对技术发展的被动性、回应性的调整，长期来看会影响成文法的稳定性和权威性。“法须稳定，但勿僵直。”❶ 如何在保持稳定与寻求改变直接合理配置立法与司法资源，寻找和维系两者之间的平衡，这个过程类似于工业工程，美国的法学家庞德认为在法律世界中这个过程可以被比喻为“社会工程”。❷

从中美两国的制度对比和产业发展现状分析可见，两国基于不同文化基础形成的政治体制和法律体系，在调整社会关系方面都有其各自的特点。以数字内容产业为视角，我国社会如何构建未来版权法，这需要我们直接面对变迁的基本方面——变迁的特征。路径依赖意味着“现在的选择要受到从过去积累而成的制度传统的约束”。❸ 在包括法律制度在内的社会制度的变迁过程中，信念、制度和组织的相互作用使得路径依赖成为保持社会连续性和稳定性的一个基本因素。❹ 因此，路径依赖与其说是一种惯性，还不如说是过去的历史对于现在人们的选择所施加的约束。我国的法律体系的形成受到经济发展情况和政治体制的影响，决定了我们可能在法律制度的改革方面不宜采取激进式改革方式。目前我国的《著作权法》第三次修改是面对新技术的冲击和影响下的一次新的挑战，但是应采取渐进式发展路径。

成文法国家法律的稳定性要求与技术快速发展所带来的挑战和法律灵活性处理的冲突在数字环境下变现得尤为明显。以美国为代表的判例法国家可以通过判例制度进行相对灵活和快速的反应，对产业触达的灵敏度更高。那么我国面对法律政策与技术发展之间的紧张关系应该如何化解呢？案例指导制度与立法修正案的结合是未来解决这一紧张关系合理的法律路径。我国现阶段的案例指导制度的性质，最高人民法院和最高人民检察院将其定性为“法律解释机制”，即运用案例的形式解释法律规则的含义，指导司法机关适用法律的机制而非“造法”机制。❺ 案例指导制度能够很好地指导疑难、热点案例。通过筛选出的指导性案例具有很强的代表性，能够及时回应实践中的热点和难点问题，可以缓解法律的稳定性与灵活性之间的矛盾。之后，再将一定时期内的指

---

❶ ［美］罗斯科·庞德：《法的新路径》，李立丰译，北京大学出版社，2016 年版，第 3 页。

❷ ［美］罗斯科·庞德：《法的新路径》，李立丰译，北京大学出版社，2016 年版，第 5 页。

❸ 张志华：《诺思产权制度研究的三个阶段及对中国社会转型阶段产权制度研究的启示》，《制度经济学研究》，2013 年第 3 期。

❹ ［美］道格拉斯·诺思：《理解经济变迁过程》，钟正生等译，中国人民大学出版社，2013 年版，第 49 页。

❺ 刘克毅：《法律解释抑或司法造法——论案例指导制度的法律定位》，《法律科学》，2016 年第 5 期，第 193 页。

导性案例做一定的梳理，抽象出其中的法律原则，可以作为下一步法律修改的重要依据。正如哈贝马斯早先指出的，社会合理性的构建既包括技术维度，也包括社会规范维度。❶ 法律和政策体系的合理建构是社会规范维度的应然之意，只有在正确理解技术发展趋势的基础上，构建符合本国国情的法律和政策体系，才能促进社会公平、正义等基本价值的实现。

❶ ［加］安德鲁·芬伯格著：《在理性与经验之间——论技术与现代性》，高海青译，金城出版社，2015 年版，第 176 页。

致　谢

人生若只如初见，当倚寒枝待笑看。2016 年的仲夏，北京潮热的空气中弥漫着我人生中最后一个毕业季的些许感伤，我就这样走出了安然栖息十余年的象牙塔，走进了一个名叫“社会”的地方。充满些许兴奋与不安地开始了自己的第一份工作，一份需要脑力和耐力付出的研究工作——博士后。当初之所以选择做社科院法学所与腾讯公司联合培养的博士后，是希望自己的视野能从象牙塔的小窗中走出来，推开一扇门，而企业无疑是通往这扇门最好的途径。能进入腾讯公司这样世界级的企业进行研究工作，可以说是机缘巧合，自己心存感恩，感谢这样的一个机会让我结识了腾讯研究院的每一个充满工作激情的小伙伴，也感谢这样的机遇使我走进中国社科院法学所，与法学所里的各位前辈虚心学习。

日常在腾讯工作站的工作是快节奏和充满挑战的，每一天互联网圈都会发生形形色色的新鲜事，世界互联网舞台中的主角快速迭代，如戏曲舞台上的生旦净末丑你方唱罢我登场。从最初的不适应到慢慢进入角色，在慢慢跟上这个城市的节奏，跟上互联网时代的呼吸。这两年的研究工作一方面以自己的兴趣为导向，持续关注互联网领域与知识产权方向相关的热点问题，同时意识到自身对行业认识的不足，在补短板的同时，与同事们在沟通的过程中不断学习新的研究方法，如量化分析方法，定性与定量研究相结合的方法等。研究院的同事们有着多学科的学术背景，社会学研究方法、经济学研究方法、统计学研究方法等极大地丰富了我对法律学科的理解和对互联网的理解。

初入腾讯时分享经济还很火热，滴滴和快滴还在拼价格战，到人工智能经历第三次浪潮迎来涨潮期，深度学习、大数据成为热门词汇，再到如今区块链技术、数字货币等的兴起，新技术不断刷新着我对已有世界的理解。同时，以IP为源头的数字内容产业正迎来新机遇，网络文学为代表的中国数字内容正走向世界，成为与好莱坞电影、日本动漫、韩国流行乐可以比肩的“新四大发明”。知识产权学科也因产业的发展而从小众学科逐渐成为备受人们关注的学科。因在这个学科中研究，倍感理解行业发展、理解产业动态、理解技术特征的重要性。如果说当初选择知识产权学科作为自己的研究方向是凭借当时的一己喜好，那么在这条学术道路上的执着追求需要的是不断挑战自己的勇气和一往无前的信念。

这两年博士后工作期间，我需要特别感谢腾讯研究院的司晓、张钦坤、蔡雄山、周子祺、田小军、巴洁如、曹建峰、程明霞、吴绪亮、周政华、刘金松、柳雁军、王融、杨乐、徐思彦、马天骄、曾雄、余洁等同事对我的支持和帮助。尤其是我的导师张钦坤博士，在工作站工作期间，当我遇到困难的时候，他总是给予我最坚强的支持和鼓励，在他的帮助下，我才能够顺利完成博士后的研究工作。感激在这个大家庭中遇到了我的好友巴洁如，能够分享彼此的心声，陪伴我在工作中共同成长。还要感谢腾讯法务团队的李平、王喆、张鑫、邱少林、刘政操、刘青、徐钢、黄汉章、梁博文等同事对我不定期骚扰的容忍和耐心解答，是你们让我看到了互联网人积极进取、不断创新的品质，让我看到了即便是同龄人的你们正在引领未来互联网行业的发展方向。

同时也要特别感谢中国社科院法学所知识产权研究室的李明德老师、管育鹰老师、李顺德老师、周林老师、李菊丹老师、张鹏老师等对我研究工作给予的指导以及缪树蕾老师对我工作的帮助。尤其是我的导师管育鹰老师对我从事博士后研究以来耐心、细致的指导，管老师专心治学的学术品格和为人谦逊的态度值得我一生学习。也要特别感谢我的博士生导师易继明老师在我博士毕业后仍然在学术道路上给予我提携和教诲，易老师严谨治学的态度使我始终铭记，也是我今后学术道路上的榜样。还要感谢在我博士后开题、中期考核和出站答辩等环节为我的报告提出宝贵修改意见的中国政法大学的张今老师、刘承韪老师，中国科学院大学的闫文军老师、中国传媒大学的李丹林老师和魏晓阳老师等。

感谢家人和朋友对我在生活上给予我的关怀和体谅，使我可以有时间沉浸在自己的学术研究中，无时无刻不给予我关心和鼓励，你们坚强的支持是我前进的动力和幸福的源泉。

时隔两年后的仲夏北京，我即将离开这个生活了十几年的城市，到另外一个城市开始我新的职业生涯，从刻苦求学到认真钻研再到未来的桃李芬芳，人生充满惊喜与未知，希望日后的自己在学术道路上如静波水莲，安心治学。期待在学术的道路上砥砺前行，致深致远！

2018 年春于腾讯公司

参考文献

著作

[1]［法］弗雷德里克·马特尔. 主流：谁将打赢全球文化战争［M］. 刘成富，译，北京：商务印书馆，2012.

[2]［英］露丝·陶斯. 文化经济学［M］. 周正兵，译，大连：东北财经大学出版社，2016.

[3]［德］马克思·霍克海默，西奥多·阿道尔诺. 启蒙辩证法：哲学断片［M］. 渠敬东，曹卫东，译，上海：上海人民出版社，2006.

[4]［英］约翰·霍金斯. 创意经济［M］. 上海：上海三联书店，2009.

[5]［美］理查德·E. 凯弗斯. 创意产业经济学：艺术的商业之道［M］. 孙绯，等，译，北京：新华出版社，2004.

[6]［法］弗雷德里·克马特尔. 论美国的文化——在本土与全球之间双向运行的文化体制［M］. 北京：商务印书馆，2013.

[7]［澳］戴维·索罗斯比. 文化政策经济学［M］. 易昕，译，大连：东北财经大学出版社，2013.

[8]［美］P. 诺内特，P. 塞尔兹尼克. 转变中的法律与社会：迈向回应型法［M］. 张志铭，译，北京：中国政法大学出版社，2004.

[9]［美］莱曼·雷·帕特森，斯坦利·W. 林德伯格. 版权的本质：保护使用者权利的法律［M］. 郑重，译. 北京：法律出版社，2015.

[10]［美］保罗·戈斯汀. 著作权之道——从古登堡到数字点播机［M］. 金海军，译，北京：北京大学出版社，2008.

[11]［美］道格拉斯·诺思. 理解经济变迁过程［M］. 钟正生，等，译，北京：中国人民大学出版社，2013.

[12] 蔡翔，王巧林. 版权与文化产业国际竞争力研究［M］. 北京：中国传媒大学出版社，2013.

[13] 世界知识产权组织. 版权产业的经济贡献调研指南 [M]. 北京：法律出版社，2006.
[14] 金元浦. 文化创意产业概论 [M]. 北京：高等教育出版社，2010.
[15] 欧阳坚. 文化产业政策与文化产业发展研究 [M]. 北京：中国经济出版社，2011.
[16] 胡惠林. 文化产业学——现代文化产业理论与政策 [M]. 上海：上海文艺出版社，2006.
[17] 季琼. 国际文化产业发展理论、政策与实践 [M]. 北京：经济日报出版社，2016.
[18] 熊澄宇，张铮，孔少华. 世界数字文化产业发展现状与趋势 [M]. 清华大学出版社，2016.
[19] 张慧娟. 美国文化产业政策研究 [M]. 北京：学苑出版社，2015.
[20] 苏竣. 公共科技政策导论 [M]. 北京：科学出版社，2014.
[21] 黄萃. 政策文献量化研究 [M]. 北京：科学出版社，2016.
[22] 周志平. 媒体融合背景下数字内容产业创新发展研究 [M]. 杭州：浙江工商大学出版社，2015.
[23] 李明德. 美国知识产权法 [M]. (第二版)，北京：法律出版社，2014.
[24] 冯晓青. 知识产权法利益平衡理论 [M]. 北京：中国政法大学出版社 2006.
[25] 易建雄. 技术发展与版权扩张 [M]. 北京：法律出版社，2009.
[26] 杜颖. 美国著作权法 [M]. 张启晨，译，北京：知识产权出版社，2013.
[27] 吴晓波. 激荡十年，水大鱼大 [M]. 北京：中信出版集团，2017.
[28] 易继明. 技术理性、社会发展与自由——科技法学导论 [M]. 北京：北京大学出版社，2005.

期刊

[1] 罗海蛟. 发展数字内容产业是国家级的战略决策 [J]. 中国信息界，2010 (3).
[2] 王斌，蔡宏波. 数字内容产业的内涵、界定及其国别比较 [J]. 财贸经济，2010 (2).
[3] 蒋志培. 他山之石——美国网络版权保护的判例与经验 [J]. 中国知识产权，2016 (3).
[4] 翁鸣江，武雷. Napster 诉讼案及其对美国版权法的影响 [J]. 法制与社会发展 [J]. 2002 (2).
[5] 田小军，张钦坤. 我国网络版权产业发展态势与挑战应对 [J]. 出版发行研

究，2017（11）.
［6］易健雄. 版权扩张历程之透析［J］. 西南民族大学学报（人文社科版），2009（6）.
［7］常凌翀. 中西方文化产业理论嬗变对比研究［J］. 民族论坛，2013（11）.
［8］罗建幸. 刍议文化创意产业的定义与分类［J］. 科技、经济、社会，2012（1）.
［9］吴庆阳. 文化创意产业概念辨析［J］. 经济师，2010（8）.
［10］苑洁. 文化产业行业界定的比较研究［J］. 理论建设，2005（2）.
［11］罗兵，温思美. 文化产业与创意产业概念的外延与内涵比较研究［J］. 甘肃社会科学，2006（5）.
［12］梁昊光，闵婕. 知识经济的层次分析与产业测度研究—基于北京市产业发展的经验证据［J］. 经济与管理战略研究，2013（5）.
［13］来尧静，徐梁. 发达国家数字内容产业：发展历程与配套措施［J］. 学海，2010（6）.
［14］郑鲁英. 文化产业与我国著作权集体管理组织角色的重新定位［J］. 中国文化产业评论，2012（9）.
［15］姚杰，刘俊杰，高成. 广告创意产业竞争力评估指标体系构建—对南京市国家产业园的实证研究［J］. 中国广告，2016（12）.
［16］任弢，黄萃，苏竣. 公共政策文本研究的路径与发展趋势［J］. 中国行政管理，2017（5）.
［17］盘剑，方明星. 论中国动漫产业发展的“杭州模式”［J］. 当代电影，2010（12）.
［18］孙那. 知识产权惩罚性赔偿制度研究［J］. 私法，2016（12）：31.
［19］刘强. 机会主义行为规制与知识产权制度完善［J］. 知识产权，2013（5）.
［20］谢友宁，杨海平，金旭虹. 数字内容产业发展研究——以内容产业评估指标为对象的探讨［J］. 图书情报工作，2010（12）.
［21］白玉. 浅析二战后美国娱乐业的发展及对社会的影响［J］. 湖北成人教育学院学报，2012（3）.
［22］张慧娟. 美国文化产业发展的历程及启示［J］. 中国党政干部论坛，2011（10）.
［23］吴艳. 网络服务提供者在第三方侵权行为中的责任认定［J］. 科技与法律，2012（8）.
［24］曹阳. 知识产权间接侵权责任的主观要件分析——以网络服务提供者为主要研究对象［J］. 知识产权，2012（11）.
［25］王京案，徐梁. 美国数字内容产业发展历程及其启示［J］. 现代情报，2010（8）：30.

[26] 张昌兵. 美国版权产业保护政策的历史演变与启示 [J]. 中外企业家, 2010 (7).
[27] [美] 大卫·科茨. 美国新自由主义的衰落和社会主义的未来 [J]. 当代世界与社会主义, 2016 (2).
[28] 杨东德. 关于中国国家创新体系建设的思考 [J]. 创新, 2015 (11).
[29] 王迁. 暴风雨下的安全港—美国家庭娱乐与版权法案评析 [J]. 电子知识产权, 2005 (6).
[30] 肖叶飞. 数字时代的版权贸易与版权保护 [J]. 文化产业研究, 2014 (12).
[31] 郭登杰, 袁琳. 数字时代美国国家版权立法新趋势研究 [J]. 新闻传播, 2016 (3).
[32] 高晓莹. 论非法经营罪在著作权刑事保护领域的误用与退出 [J]. 当代法学, 2011 (2).
[33] 刘媛. 浅谈北知院判决中三段论推理之判例方法运用——以腾讯公司诉电蟒公司案为例 [J]. 牡丹江大学学报, 2017 (10).
[34] 李颖. 快看影视 APP 盗链侵权案的审理思路和相关思考 [J]. 中国版权, 2016 (8).
[35] 王艳芳. 论侵害信息网络传播权行为的认定标准 [J]. 中外法学, 2017 (4).
[36] 陈琦. 网络聚合平台的著作权侵权问题研究 [J]. 电子知识产权, 2016 (9).
[37] 阮开欣. 体育赛事的反不正当竞争法保护问题研究 [J]. 电子知识产权, 2015 (9).
[38] 朱一飞. 论知识产权行政执法权的配置模式 [J]. 法学杂志, 2011 (4).
[39] 郝凤军. 论我国著作权行政保护的完善路径 [J]. 中国版权, 2016 (6).
[40] 李顺德. 对加强著作权行政执法的思考 [J]. 知识产权, 2015 (11).
[41] 阎晓宏. 新常态下深入推进版权执法监管工作 [J]. 中国版权, 2015 (10).
[42] 杨明. 聚合链接行为定性研究 [J]. 知识产权, 2017 (4).
[43] 王迁. 论提供"深层链接"行为的法律定性及其规制 [J]. 法学, 2016 (10).
[44] 杜颖. 网络交易平台上的知识产权恶意投诉及其应对 [J]. 知识产权, 2017 (9).
[45] 徐伟. 网络侵权治理中通知删移除制度的局限性及其破解 [J]. 法学, 2015 (1).
[46] 蔡唱. 网络服务提供者侵权责任规则的反思与重构 [J]. 法商研究, 2013 (2).
[47] 崔国斌. 论网络服务商版权内容过滤义务 [J]. 中国法学, 2017 (2).
[48] 刘克毅. 法律解释抑或司法造法——论案例指导制度的法律定位 [J]. 法律科学, 2016 (5).

英文参考文献

[1] Peter S. Menell. *Economic analysis of network effects and intellectual property*. Research

Handbook on the Economics of Intellectual Property Law: Vol I. Theory, 2018.

[2] Jane C. Ginsburg. *Intellectual property as seen by Barbie and Mickey: the reciprocal relationship of copyright and trademark law*, Columbia University, Law School, 2017.

[3] Dan L. Burk. *Algorithmic fair use*, University of California, Irvine School of Law, 2017.

[4] John T. Scott, Troy J. Scott. *Intellectual property, competition, and science versus technology*. University of Chicago Law Review, 2017.

[5] Ilanah Simon Fhima. *Fairness in copyright law: an Anglo-American comparison*. Santa Clara Computer and High Technology Law Journal, Vol. 34, 2017.

[6] Jane C. Ginsburg, LukeBudiardjo. *Liability for providing hyperlinks to copyright-infringing content: international and comparative law perspectives*. Columbia Public Law Research Paper No. 14-563, 2017.

[7] Urban et al. *Notice and Takedown in Everyday Practice*. UC Berkeley Public Law Research Paper No. 2755628, March 22, 2017.

[8] Mark Peterson. *Fan Fair Use: The Right to Participate in Culture*. 17 U. C. Davis Bus. L. J. 217, 252, 2017.

[9] Pere Arque-Castells, Daniel F. Spulber. *The market for technology: harnessing creative destruction*. Northwestern Law & Econ Research Paper, 2016.

[10] Andrew T. Warren, GIF Gaffe. *How Big Sports Ignored Lenz and Used the DMCA to Chill Free Speech on Twitter*. 27 Fordham 6、Intell. Prop. Media & Ent. L. J. 103, 142, 2016.

[11] Lydia Pallas Loren, *Fair Use: An Affirmative Defense*. 90 Wash. L. Rev. 685, 688, 2015.

[12] Peter S. Menell. *This American Copyright Life: Reflections on Re-Equilibrating Copyright for the Internet Age*. 61J. Copyright Soc'y U. S. A, 2014.

[13] Lydia Pallas Loren. *The Dual Narratives in the Landscape of Music Copyright*. 52Hous. L. Rev. 573, 2013-2014.

[14] R. Anthony Reese. *Copyright Subject Matter in the Next Great Copyright Act*. 29 Berkerley TECH. L. J. 1489, 2014.

[15] Robert P. Merges, Peter S. Menell & Mark A. Lemley. *Intellectual Property in the New Technological Age* 13, 6th ed. 2012.

[16] Andrew T. Warren. *Economic Effects of Copyright—Empirical Evidence So Far*. April 2011.

[17] Edward J. Damich. *The Philosophical Postulates of Current Copyright Law: A View of the Legislative History*. 4 J. L. Phil. & Culture 107, 2009.

[18] Bill D. Herman &Oscra H. GandyJr.. *A Legislative History and Constitutional Analysis of the DMCA Exemption Proceedings*. 24 CARDOZO ARTS & ENT. L. J. 121, 155-58, 2006.

[19] Christopher R. Perry. *Exporting American Copyright Law*. 37 Gonz. L. Rev. 451, 2001.

[20] ThomasW. Merrill & Henry E. Smith, *What Happened to Property in Law and Economics*. Yale Law Journal, 2001.

[21] Irina Y. Dmitrieva. *I Know It When I See It: Should Internet Providers Recognize Copyright Violation When They See lt*. 16 SANTA CLARA COMPUTER & HIGH TECH. L. J. 233, 244-46, 2000.

[22] DavidNimmer. *A Riff on Fair Use in the Digital Millennium Copyright Act*. 148 U. PA. L. REV. 673, 682, 2000.

[23] LehmannM. *Property and Intellecutal Property-Property Rights as Restrictions on Competiton in Furtherance of Competition*. 20 International Review of Industrial Property and Copyright Law, 1999.

[24] Michael S. Sawyer. *Filters, Fair Use & Feedback: User-Generated Content Principles and the DMCA*, 24 Berkeley Tech. L. J. 363, 404, 2009.

[25] PeterDrahos. *A philosophy of Intellectual Property*, Aldershort, Brookfied, USA. Dartmouth Publishing Company Limited, 1996.

[26] MarthaWoodmansee. *The Author, Art, and the Market: Rereading the History of Aesthetics*. New York: Columbia University Press, 1994.

[27] Rosemary J. Coombe. *Challenging Paternity: Histories of Copyright*. Yale Journal of Law & the Humanities, Volm6, 397, 1994.

[28] MarkRose. *Authors and Owners: The Invention of Copyright*. Cambridge: Harvard University Press, 1993.

[29] DavidSaunders. *Authorship and Copyright*. New York: Routledge, 1992.

[30] GerardMagavero. *History and Background of American Copyright Law: An Overview*, 6 IJLL 151, 1978.

附　录

附录一：美国促进数字内容产业相关法律及政策性文件（节选）

序号	时间	相关政策文件	发布机构
1	1993 年	国家信息基础设施行动计划	美国政府
2	1994 年	全球信息基础设施行动计划	美国政府
3	2003 年	国家创新计划	美国竞争力委员会
4	2004 年	《创新美国：在挑战与变革的世界中达到繁荣》	美国竞争力委员会
5	2004 年	《维护国家的创新生态系统：信息技术制造和竞争力的报告》	总统科学和技术顾问委员会
6	2005 年	《对美国创新的投资》声明	美国商务部
7	2006 年	《美国竞争力计划：在创新中领导世界》	美国政府
8	2007 年	《竞争力指标：美国的位置》	美国竞争力委员会
9	2007 年	《行动呼吁——美国为什么需要创新》	全美州长协会
10	2007 年	《为有意义地促进一流的技术、教育与科学创造机会法》（又称《美国竞争法》）	美国国会
11	2009 年	《美国创新战略：推动可持续增长和高质量就业》	美国总统执行办公室、国家经济委员会和科技政策办公室联合发布
12	2011 年	《美国创新分战略：确保经济增长与繁荣》	美国政府
13	2012 年	《美国竞争和创新能力》	美国商务部

附录二：我国关于内容产业发展相关政策性文件（节选）

序号	名称	生效日期	发布单位	类型
1	中国共产党第十九次全国代表大会报告	2017.10.18	中共中央	党内文件
2	关于完善产权保护制度依法保护产权的意见	2016.11	中共中央、国务院	规范性文件
3	关于推动数字文化产业创新发展的指导意见	2016.4	文化部	规范性文件
4	关于进一步深化文化市场综合执法改革的意见	2016.4	国务院	规范性文件
5	“十三五”规划纲要	2016.3	中共中央、国务院	规范性文件
6	中共中央关于繁荣发展社会主义文艺的意见	2015.3	中共中央	党内文件
7	关于推动传统媒体和新兴媒体融合发展的指导意见	2014.8	中共中央	党内文件
8	国务院办公厅关于印发文化体制改革中经营性文化事业单位转制为企业和进一步支持文化企业发展两个规定的通知	2014.2	国务院	规范性文件
9	国务院关于推进文化创意和设计服务与相关产业融合发展的若干意见	2014.2	国务院	规范性文件
10	中共中央关于全面深化改革若干重大问题的决定	2013.11	中共中央	党内文件
11	中国共产党第十八次全国代表大会报告	2012.11	中共中央	党内文件
12	关于贯彻落实十七届六中全会精神做好财政支持文化改革发展工作的通知	2012.4	财政部	规范性文件
13	国家“十二五”规划纲要	2012.2	中共中央、国务院	规范性文件
14	“十二五”时期文化产业倍增计划	2012.2	文化部	规范性文件

续表

序号	名称	生效日期	发布单位	类型
15	国家“十二五”时期文化改革发展规划纲要	2012.2	中共中央、国务院	规范性文件
16	中共中央关于深化文化体制改革推动社会主义文化大发展大繁荣若干重大问题的决定	2011.10	中共中央	党内文件
17	关于金融支持文化产业振兴和发展繁荣的指导意见	2010.3	中央宣传部、中国人民银行、财政部、文化部、广电总局、新闻出版总署、银监会、证监会、保监会	规范性文件
18	文化部关于加快文化产业发展的指导意见	2009.9	文化部	规范性文件
19	文化产业振兴规划	2009.9	国务院	规范性文件
20	关于支持文化企业发展若干税收政策问题的通知	2009.3	财政部、海关总署、国家税务总局	规范性文件
21	国家知识产权战略纲要	2008.6	国家知识产权局	规范性文件
22	国务院办公厅关于印发文化体制改革中经营性文化事业单位转制为企业和支持文化产业发展两个规定的通知	2008.10	国务院	规范性文件
23	中国共产党第十七次全国代表大会报告	2007.10	中共中央	党内文件
24	国务院办公厅转发财政部中宣部关于进一步支持文化事业发展若干经济政策的通知	2006.6	国务院	规范性文件
25	国家“十一五”规划纲要	2006.3	中共中央、国务院	规范性文件
26	关于深化文化体制改革的若干意见	2006.1	中共中央、国务院	规范性文件
27	关于文化领域引进外资的若干意见	2005.7	文化部、广电总局、新闻出版总署、国家发改委、商务部	规范性文件

续表

序号	名称	生效日期	发布单位	类型
28	国务院关于非公有资本进入文化产业的若干决定	2005. 4	国务院	规范性文件
29	关于鼓励、支持和引导非公有制经济发展文化产业的意见	2004. 10	文化部	规范性文件
30	关于支持和促进文化产业发展的若干意见	2003. 9	文化部	规范性文件
31	文化体制改革中经营性文化事业单位转制为企业的规定	2003. 6	国务院	规范性文件
32	中国共产党第十六次全国代表大会报告	2002. 11	中共中央	党内文件